本书受到2020年云南省哲学社会科学
学术著作出版专项经费资助

高中生学习参与的质性研究

马蕾迪 著

中国社会科学出版社

图书在版编目（CIP）数据

高中生学习参与的质性研究 / 马蕾迪著. —北京：中国社会科学出版社，2021.6

ISBN 978-7-5203-8289-2

Ⅰ.①高⋯ Ⅱ.①马⋯ Ⅲ.①高中生—学习过程—研究 Ⅳ.①G632.46

中国版本图书馆 CIP 数据核字（2021）第 067992 号

出 版 人	赵剑英
责任编辑	高 歌
责任校对	刘 娟
责任印制	戴 宽

出　　版	中国社会科学出版社
社　　址	北京鼓楼西大街甲 158 号
邮　　编	100720
网　　址	http://www.csspw.cn
发 行 部	010-84083685
门 市 部	010-84029450
经　　销	新华书店及其他书店
印刷装订	三河弘翰印务有限公司
版　　次	2021 年 6 月第 1 版
印　　次	2021 年 6 月第 1 次印刷
开　　本	710×1000　1/16
印　　张	16.5
插　　页	2
字　　数	263 千字
定　　价	88.00 元

凡购买中国社会科学出版社图书，如有质量问题请与本社营销中心联系调换
电话：010-84083683
版权所有　侵权必究

前　言

　　本书是在我博士论文的基础上修改完成的。作为一名在校学习了二十多年的学生，我始终不太明白何为学习？学习的意义是什么？为什么没有人在乎学生的所思所想、所喜所恶？记忆中大多数教师进入教室只顾讲授知识，不顾学生是否参与学习，而如果学生不参与，学习又如何发生呢？

　　基于以上思考，本书集中探讨高中生学习参与的现实样态和历时轨迹以及影响学生学习参与的因素。笔者通过进入高中进行扎根研究，以访谈法、观察法、实物分析法和问卷调查法收集资料，既以"局内人"的生命关怀关注学生在校学习生存的样态，又以"局外人"的理性慎思审视学校教育的当下。研究的主要结论是高中生的学习参与表现为五种参与样态和四种参与轨迹，受学习参与的影响，学生形成了不同的自我概念；影响学生学习参与的重要因素是每天和学生发生持续、广泛交互作用的同辈群体、教师及学生的成绩，影响学生学习参与的主要因素是学生的学习兴趣、学习习惯和态度、自我概念。

　　本书首先从哲学认识论和心理学学习理论梳理有关"学习"的理论，发现对"学习"的解释主要有"接受说"和"参与说"。"接受说"源于客观主义认识论，客观主义将知识看作普遍的、确定的真理，将学习看成去发现并获得这种确定的、具有普遍意义的知识。哲学认识论对知识的假设影响了心理学对学习本质的追问，行为主义和认知主义认为学习是受客观规律支配的心理现象，使得教育情境中，学习异化为反复强化的"训练"和对知识不加批判的"复制"和"吸收"。"参与说"源于解释主义，解释主义认为知识是个体自我建构的过程而不是结果，强调知识的情境性、文化性和意义性，突出学习的自我建构性。受解释主义的影响，建构主义将学习看成学习者与客观世界交互作用的结果，将知识视为个人与社会之间互动的产物。故研究将学习参与界定为：在教学活动中，学生与周围世界、与他人、与自我之间的关系中所表现出来的一种主动的学习倾向和行为。

第二章和第三章主要以横向上学生学习参与的现时样态和纵向上学生学习参与的轨迹为明线，结合学生学习参与内涵表征的暗线，在此基础上建构影响学生学习参与的生态图谱。

现时态的高中生学习参与表现为五种：他控下的被动参与、他控下的主动参与、自控下的被动参与、自控下的主动参与和选择性参与。这五种学习参与的样态不是孤立存在的，它们有时是相互交织并存的，学生正是在他控和自控的情境下主动和被动地参与学习。

历时态的学习参与轨迹有四种：从中心移至边缘的离心、完全的离心、从边缘移至中心的向心、完全的向心。与学生学习参与轨迹相对应的是，离心的参与轨迹或处于离心状态让学生形成"平庸之人"的自我概念。向心的参与轨迹和处于向心状态则使学生形成"充分参与者"的自我概念。通过对学生学习参与现时态和历时态的考察，本书揭示出学生学习参与的结果在于学生个体自我概念的建构。

第四章主要探究影响学生学习参与的因素。结合学生对学校和学习的认知及意义赋予，及学生学习参与的现时样态和历史轨迹的考察，采用布朗芬布伦纳提出的人类发展的生物生态学模型，归纳出影响学生学习参与的生态模型，主要包括"过程—学习者—环境—时间"四个核心内容。其中，过程和学习者是两个主要内容。作为最近过程的学生成绩、同辈群体和教师的教学是学生学习空间的异质外壳，这些因素只有和学习者产生交叉和相互作用，才能促进学生的学习参与；同样，作为学习的主体，学生的学习兴趣、学习习惯和自我概念是与最近过程中的各因素发生持久交互作用的三个主要因素。研究还发现，学生成绩、学习兴趣、学习习惯和自我概念不仅是影响学生学习参与的因素，也是学生学习参与的结果，这些因素和学生的学习是相互依存、互为因果的关系。

第五章基于学生在校的学习生存状态——学习的"异化"及学校对学生身体和心灵的束缚，提出"参与学习"的学习方式，力图还原学习最本真的内涵。从"参与学习"的个体维度和社会维度,揭示学习是学生与周围世界、学生与他人、学生与自我的相遇和对话。具体来说,"参与学习"体现的是自在的时空观、自为的知识观、自明的学习观以及我—你的师生关系、共学的生生关系,从中映射出的是合作性、体验性和情境性的学习特征。最后,本书结合学生学习参与的主要影响因素和可控因素,提出走向"参与学习"的实践策略:培养学生的积极自我是关键;转变教师的教学行为是重点;平衡学校的生态秩序是保障。

目 录

绪 论 …………………………………………………………… (1)
  第一节 研究源起 ………………………………………… (2)
    一 理论发展——学习理论的转向 ………………… (2)
    二 实践呼唤——学生学习的"异化" ……………… (12)
  第二节 文献综述 ………………………………………… (14)
    一 "学生参与"的内涵 ……………………………… (15)
    二 "学生参与"的意义 ……………………………… (20)
    三 "学生参与"的实证研究 ………………………… (22)
  第三节 概念界定 ………………………………………… (28)
    一 学习 ………………………………………………… (28)
    二 学习参与 …………………………………………… (29)
  第四节 研究目的及意义 ………………………………… (31)
    一 研究目的 …………………………………………… (31)
    二 研究意义 …………………………………………… (31)

第一章 研究设计与过程 …………………………………… (33)
  第一节 研究问题的提出 ………………………………… (33)
  第二节 研究方法的选择 ………………………………… (36)
  第三节 研究路线的构想 ………………………………… (37)
  第四节 研究过程的展开 ………………………………… (38)
    一 样本的选择 ………………………………………… (38)
    二 资料的收集 ………………………………………… (40)

三　资料的整理与分析 …………………………………… (48)
　第五节　研究者的反思 …………………………………………… (51)
　　一　研究的效度和推广度 ………………………………… (51)
　　二　研究的伦理道德问题 ………………………………… (53)
　　三　作为研究工具的研究者 ……………………………… (54)
　　四　研究可能存在的局限性 ……………………………… (57)

第二章　学生学习参与的图景及意义建构 ……………………… (58)
　第一节　课堂教学中学生学习参与的现时样态 ………………… (58)
　　一　"被动"：置身前台的身体规训 …………………… (58)
　　二　"走神"：藏在后台的自由意志 …………………… (68)
　第二节　学生对学校的认知及意义赋予 ………………………… (71)
　　一　"牢笼"：学生在校的直观感受 …………………… (72)
　　二　"游戏场"：学生在校的内心寄托 ………………… (84)
　　三　"家"：学生在校的精神归属 ……………………… (87)
　第三节　学生对学习的认知及意义赋予 ………………………… (90)
　　一　"掌握知识"：学习的"复制"说 ………………… (90)
　　二　"机械劳动"：学习的"训练"说 ………………… (93)
　　三　"好工作和好生活"：学习的外在意义 …………… (96)
　　四　"提升素质和培养能力"：学习的内在意义 ……… (97)

第三章　学生学习参与的轨迹及自我建构 …………………… (101)
　第一节　教育过程中学生学习参与的历时轨迹 ………………… (102)
　　一　中心移至边缘的离心 ………………………………… (103)
　　二　完全离心 ……………………………………………… (105)
　　三　边缘移至中心的向心 ………………………………… (107)
　　四　完全向心 ……………………………………………… (108)
　第二节　学生学习参与中形成的学业自我概念 ………………… (114)
　　一　"保送生" …………………………………………… (114)
　　二　"平庸之人" ………………………………………… (116)
　　三　"充分参与者" ……………………………………… (125)

第三节　学生学习参与中自我概念的建构历程 …………… (134)
　　　一　以自我知觉为基础的内部路径 …………………………… (135)
　　　二　以镜像自我为参照的外周路径 …………………………… (136)

第四章　学生学习参与的影响因素 ………………………………… (139)
　　第一节　最近过程：影响学生学习参与的黏合剂 …………… (141)
　　　一　成绩是强化学生学习参与的象征物 ……………………… (142)
　　　二　同辈群体是影响学生学习参与的关系网 ………………… (151)
　　　三　教学模式是促使学生学习参与的助推手 ………………… (154)
　　第二节　学习者：影响学生学习参与的动力源 ……………… (164)
　　　一　学习兴趣是激发学生学习参与的直接动力 ……………… (165)
　　　二　学习习惯是影响学生学习参与的持久动力 ……………… (167)
　　　三　自我概念是影响学生学习参与的深层动力 ……………… (170)
　　第三节　环境：影响学生学习参与的隐课程 ………………… (173)
　　　一　宏观系统 …………………………………………………… (173)
　　　二　微观系统 …………………………………………………… (174)
　　第四节　时间：影响学生学习参与的经验事件 ……………… (175)

第五章　走向"参与学习" ………………………………………… (177)
　　第一节　走向"参与学习"的必要性与可能性 ……………… (177)
　　第二节　"参与学习"的内蕴 ………………………………… (180)
　　　一　"参与学习"的个体维度 ………………………………… (180)
　　　二　"参与学习"的社会维度 ………………………………… (187)
　　　三　"参与学习"的特征 ……………………………………… (190)
　　第三节　走向"参与学习"的实践策略 ……………………… (191)
　　　一　反抗"平庸"：培养学生的积极自我 …………………… (191)
　　　二　超越"模式"：转变教师的教学行为 …………………… (195)
　　　三　重建"家园"：平衡学校的生态秩序 …………………… (206)

第六章　结语 ………………………………………………………… (214)

参考文献 …………………………………………………（218）

附录一 ……………………………………………………（235）

附录二 ……………………………………………………（244）

附录三 ……………………………………………………（245）

附录四 ……………………………………………………（247）

附录五 ……………………………………………………（249）

后　记 ……………………………………………………（251）

绪　　论

　　何谓学习？为什么我们总是被告诫要好好学习？学习的意义是什么？学习有一般的有效的方法吗？什么因素阻碍学习？什么因素又能促进学习？关于"学习"的思考伴随着人类的发展史，早在春秋战国时期，人们就试图探索有关"学习"的论题。孔子在《论语》[①]中最早论述了学、思、行的关系，为学的态度和方法，如"学而时习之"指明，学然后按一定的时间去实习/演习；"学而不思则罔，思而不学则殆"突出学和思之间的辩证关系；"默而知之，学而不厌""温故知新"则指出学习的态度和方法。《荀子》第一篇《劝学》中的首句"学不可以已"[②]是全篇的中心论点，全篇围绕着"学习不可以停止"这一主旨展开论述，如"君子之学也，以美其身；小人之学也，以为禽犊"，说明学习的根本目的在于完善自身，"积土成山，风雨兴焉；积水成渊，蛟龙生焉；积善成德，而神明自得，圣心备焉"，指出学习的方法重在积累；而"用心一也"是学习所应具有的态度。《学记》作为世界上第一部系统论述教育教学的论著，它突破了像孔子、荀子那样单纯论述学习的局限，将对学习的思考拓展到教育、教师教的问题上来，其所提出的"学学半"，将教和学结合起来，形成教学的全过程，是《学记》在教育史上的重大贡献。

　　学必然伴随着教，正如维果茨基的发展观所提出的"学的进展促进教，教的进展促进学"，从教育史的发展来看，教育工作者历来重视"教"的问题，力图通过"处方性的"教学策略改进学生学习的效果，提

[①] 杨伯峻：《论语译注》，中华书局1980年版。
[②] 安小兰：《荀子》，中华书局2007年版。

出掌握知识的最佳方法。从夸美纽斯在《大教学论》中提出教学是"把一切事物教给一切人类的艺术"到以赫尔巴特为代表的传统教育的"教师中心说",教育工作者们对教师应该如何教的论述远远超过对学生如何学的讨论,而历史告诉我们,不考虑学生如何学而空谈教师如何教的理论将在实践中因噎废食、歧路亡羊,不能真正为教学本身服务。现代教育将学生如何学习、学习的性质、学习的动机等问题带入人们的视野,将教学理解为基于学生学习的教,学生的原有经验、学生的学习兴趣和学习动机受到了广泛关注,这一转变主要受到哲学认识论中对知识性质的追问以及心理学中对学习的发生机制和影响因素的探讨。哲学认识论中客观主义对确定性知识的寻求和建构主义强调知识的情境性、不确定性影响了人们对学习的认知,是心理学中行为主义和认知主义的源头。心理学对人类如何学习的研究为理解"学习"做出了极大的贡献,而与心理学中对"学习"广泛探讨形成鲜明对比的是,课程教学论领域中对学生学习的研究并不多见,当将它学科的研究成果为本学科所用时,我们发现:心理学对学生学习的研究在人性假设上模糊了人与动物学习的区别,将动物的学习泛化到人类身上,是一种简单的外周还原论的方法论;再加上心理学家追求将心理学科学化,从而将人的学习解释为遵循客观规律的发生机制,把学习变为一套按一定规则运行的操作程序,忽视了人的复杂性和社会性,致使现实情境中的学习异化为生产线上的流水活动。这是促使我思考的起点,基于此,我将关注的目光集中在真实情境中学生的学习,由此伴随的追问是:在学校的日常生活情境中,学生如何定义学习?学生眼里的学校生活是怎样的?学生赋予学校、学习的意义是什么?什么因素影响学生的学习?正是这些问题激发了我研究的兴趣并形成了研究的图景。

第一节　研究源起

一　理论发展——学习理论的转向

（一）从客观主义到解释主义的方法论背景

关于学习的解释,主要有两个来源,一个来源是哲学,另一个来源是心理学。作为所有学科的基础,哲学对学习的解释涉及认识论的问题,由于学习涉及知识的习得,哲学家对于知识的假设影响着人们的学习观。知识是什么,知识的性质以及人们如何识知成为认识论探讨的问题。从西方哲学史来看,比较有代表性的有客观主义和解释主义。客观主义认为知识是人类认识的结晶,是认识主体对客观世界的正确反映。因此,知识具有客观性、普适性及中立性。其中,客观性是其主要特征。客观主义视知识为认识主体对客观世界的镜式反映,它超越了任何社会条件、具体的问题情境及价值观念,成为放之四海而皆准的真理,具有普遍的应用价值和学习价值。

追溯其源头,客观主义的认识论思想以古希腊的"哲学三杰"为代表。在希腊的启蒙时期,由于智者派提出"人是万物的尺度,是存在的事物存在的尺度,不存在的事物不存在的尺度"这一学说,认为个人在知识上是他自己的法则,一个人看来是真的东西,对他而言就是真的,不存在客观真理,而只存在主观的意见。① 智者派主观主义的认识论成为苏格拉底反驳的观点,他认为怀疑论不能代表世界的真理,虽然思想具有多样性,每个人都可以形成自己的观点,他坚信所有的想法背后都存在着某个共同的基础,事物的背后总有一个"一",认识的任务就是去发现这个普遍存在的、客观的"一"。因此,他通过助产的方法帮助人们去获得诸如什么是正义、什么是美德之类的定义,通过对概念的明晰获得知识,去认识事物背后先在的"一"。柏拉图也继承了苏格拉底关于知识的学说,认为真正的知识总是关于概念的,他认为经由感官获得的知识不配称为知识,知识是绝对的真理。作为柏拉图学生的亚里士多德同样继承了柏拉图的理念论,他的形式质料说与柏拉图的理念有许多相似之处。他们的分歧在于知识来源的问题,柏拉图认为知识来源于推理/理性,而亚里士多德认为知识来源于经验,但他们对于世界先在本质的假设却是一致的。如他在《形而上学》中讲到,经验可以积累知识,但是它没有技术的知识高级、稳定;经验的知识只能解决个别的问题,而技术可以解决比较普遍的问题。② 因此,罗素评论说:"他告诉我们说形式

---

① [美] 弗兰克·梯利:《西方哲学史》,贾辰阳等译,光明日报出版社2014年版,第49页。

② 叶秀山:《哲学要义》,世界图书出版公司2010年版,第103页。

比质料更加实在；这就使人们想到理念具有唯一的实在性。看起来似乎亚里士多德对于柏拉图形而上学实际上所做的改变，比起他自己所以为的要少得多。"①

正是这种对于"先在本质"的先设，影响了近代自然科学家对世界的认识。"自牛顿时代开始，学者们就习惯于将世界看作一台运作良好的机器。至少在理论上他们相信，在某种程度上，世界是受一定的基本法则约束和控制的。通过对世界的研究我们可以发现其中的顺序性和确定性。"② 这种"机械决定论"是一种旁观者式的认识论③，这种认识论的危险之处在于将知识看作外在于人而存在的客观的、确定的真理，忽视了求知过程中知识与行动的关系，因此将学习看成去发现并获得这种确定的、具有普遍意义的知识，使教学变成接受既定的教材结论和课程知识的、教师讲授—学生聆听的简单的授受关系。

20世纪以来，从胡塞尔开始的现象学运动试图抵御客观性、封闭性的工具理性对人精神领域的侵蚀，"回到实事本身"的现象学态度以及海德格尔"我们如何生存"的反思将人类带入意义关照的世界，人与知识不再是指向客观规律的认识关系，而是一种有关人自身存在意义的本源性追问；存在主义以人的存在为出发点，认为人是"自我意识"的存在，批判性地指出现实生活中人被异化为一种客观存在，让·保罗·萨特（Jean Paul Sartre）提出"存在先于本质"是存在主义的主要命题，认为通过客观的手段所得到的任何知识都是假设性的，真正的知识是通过人的直觉而得到的。④ 知识社会学的代表人物马克斯·舍勒（Max Scheler）提出就认识的全部发展史而言，人们都是先对认识对象产生爱或者恨，之后才通过知性来对它们进行认识、分析和判断的。⑤

因此，解释主义相对于客观主义提出的知识是对客观实在的准确表征，他们反对将知识作为确定性和客观性的认识结果，认为知识是在问

---

① ［英］罗素：《西方哲学史》（上卷），何兆武等译，商务印书馆1963年版，第217页。
② ［美］艾伦·C. 奥恩斯坦等：《课程：基础、原理和问题》，柯森主译，江苏教育出版社2012年版，第226页。
③ ［美］杜威：《确定性的寻求》，傅统先译，上海人民出版社2005年版，第16页。
④ 黄济：《教育哲学》，山西教育出版社1997年版，第241页。
⑤ ［德］马克斯·舍勒：《知识社会学》，艾彦译，译林出版社2012年版，第15页。

题情境中，个体自我建构的过程而不是结果，强调知识的情境性、文化性和意义性。教学是教师和学生共同参与建构知识的过程，这其中包含着教师的课程理解，也有着学生既有知识经验的加入，师生彼此参与对方的思考和理解。

（二）由接受到参与的学习隐喻转变

除了哲学认识论对学习理论的贡献外，19世纪初期，心理学从哲学和生理学中分离出来成为一门独立的学科，心理学就致力于探讨学习的性质和过程、学习策略、学习动机等。学习理论作为心理学中核心的领域，由于其哲学基础、研究的手段和方法不同而形成了不同的理论流派，每个学派对学习的解释也不同，致使学习的隐喻不断地变化和更新。

1. 学习是刺激—反应的联结

20世纪上半叶，行为主义占据了学习理论的舞台。"在西方心理学界，一些学者把学习理论等同于行为主义学习理论。"[①] 甚至有些学习理论的专著，是基于行为主义理论的视域去概述学习论的，[②] 可见行为主义对学习理论的影响之深。最初的行为主义反对构造主义将人类意识还原为元素进行研究，他们力图使心理学研究科学化、客观化，因此采用可观察、可测量的行为来解释学习，使学习得以外显化。

在心理学史上，最早发现动物具有刺激—反应模式的是伊万·巴甫洛夫（Ivan Pavlov）的经典条件作用，而爱德华·L.桑代克（Edward L. Thorndike）是第一个用动物行为实验来建立学习理论的人，他通过桑代克迷箱记录5只猫学习的曲线，由此否定了当时比较流行的学习是观念之间的联结的观点，得出猫的学习不是观念之间的联结，而是刺激情境与正确反应之间的联结。桑代克认为刺激与反应之间的联结是通过试误学习的方式建立起来的，影响学习发生的学习律主要有准备律（law of readiness），指学习者必须处于一种有需求的状态下，才能对出现的刺激表现出反应；效果律（law of effect），指因反应的效果令人满意与否而产生的行为加强或减弱；练习律（law of exercise），通过重复的方式使刺激和反应的联结得到加强。效果律是桑代克学习律中的主要方面。

---

① 施良方：《学习论》，人民教育出版社2001年版，第7页。
② 如美国B.R.赫根汉、马修·H.奥尔森合著的《学习理论导论》一书。

B. F. 斯金纳（B. F. Skinner）的操作条件作用依然认为学习是刺激—反应的联结，但他发展的强化原理在社会实际情境中得到了应用。斯金纳的强化原理建立在桑代克效果律的基础上，他认为影响学习发生的主要因素是强化，强化被赋予操作性定义：在条件作用中，能引起行为反应频率增加的一切安排，因此，如何安排强化才是学习发生的核心。斯金纳通过对强化的安排来塑造行为，也用强化来消退或使行为得以保持。

行为主义在一定程度上描述了学习的一般原理，对教师的教学设计有一定的启发意义，如斯金纳的强化原理对班级管理、行为矫治起到了一些效用。然而，无论是经典条件作用还是操作条件作用，行为主义者们都是通过对动物行为的研究，将动物简单的学习行为泛化到人的复杂的学习中，从而建立学习理论，将学习隐喻为"刺激—反应的联结"是对人的学习行为简单机械的还原，该理论受到早期外周论、还原论和机械论哲学思想的影响，认为人的复杂行为是由简单行为联想组合的。据此而设计的教学，将学习看成倚靠外界环境的简单行为，教师注重使用奖惩来强化学生的学习行为，使教学成为一个塑造行为的过程，比较典型的是斯金纳提出的程序教学法，从学生的起点水平到终点目标的完成，通过找出强化物，让学生按步骤接受学习，这样的教学使教师成为动物园的训练员，学生成为受外在环境控制的反应者。另外，由于忽视认识、情感等因素在学习中所起的作用，将学习简化为刺激—反应的联结，忽视了人在学习情境中的主动性，行为主义学习理论很快受到了格式塔和认知学派的挑战。

2. 学习是个体内部认知结构的重组

行为主义重视环境对学习者的影响，学习者在环境中成为被动的反应者，随后发展起来的格式塔和认知学派认为人是学习中主动的建构者。早在1912年，以马克斯·韦特海默（Max Wertheimer）为主的格式塔认知学派提出从整体上研究人的意识，对以冯特为代表的传统构造心理学和行为主义提出挑战。格式塔心理学家认为，学习意味着从一种混沌的模糊状态，突然知觉到问题的情境和性质，产生顿悟，从而认清事物之间的内在联系，实现知觉重组或认知重组。韦特海默提出，行为主义的刺激—反应原理使学习成为习得机械记忆的内容，而顿悟是对学习内容的理解，有利于促进学习的迁移，同时，通过顿悟习得的知识，是经过学习者加工理解后的知识，真正理解的知识是不会遗忘的。"顿悟"是格式塔心理学派的核心词，相比于行为主义提出的试误说，它突出了人类学习的主动性和情感方面的因素。格式塔心理学家认为，通过顿悟产生的学习，其本身带有一种愉悦感，这种愉悦感作为一种学习动机促进了学习的发生。虽然格式塔认知学派提出理解在学习中的重要性，但当时正值行为主义理论一统天下，格式塔认知学派的理论又缺乏足够的说服力，并未得到人们的重视。

到20世纪50年代，苏美在国防方面竞争，苏联的人造卫星升空震惊了美国朝野，人们将科学的落后归于教育的失败。因此，强调死记硬背、被动机械学习的行为主义遭到人们的指责，认知学习论受到了人们的关注。"他们一般强调，学习是主动的心智活动，是内在认知表征（如知识系统的形成）、丰富或改组的过程，而不简单是行为习惯的加强或改变。"[1] 认知学习论强调学习者的认知结构，关注学习者有效地获取和保持知识，反对行为主义只关注外在的行为表现。

正如行为主义是众多理论的总称一样，认知学习论也非一家之言，它们是各家学说的和众多理论派系的总称。虽然理论观点有些出入，但是他们对学习的解释却有很多相似点。以杰罗姆·布鲁纳（Jerome Bruner）、大卫·P.奥苏贝尔（David P. Ausubel）为代表的认知结构学习论认为学习是一种能动建构的过程，学习者在新的学习情境中，基于已有的认知结构去认识、辨别、理解所遇到的新的问题情境，在此历程中，实现认知结构的改造或重组。认知结构的改造也被布鲁纳称为智慧生长，布鲁纳认为，智慧使人成为万物之首，教学的目的在于实现智慧生长，而要实现智慧生长，必须通过三种表征系统来完成，即动作表征、肖像表征和符号表征。三种表征系统也即三种信息加工系统，它们的功能在于发展人类的动作能力、感觉能力和推理能力，同时也适于解释儿童不同阶段的学习。但是他不主张刻板地按表征系统的阶段进行教学，他认为教学活动应按照学生的认知发展水平和已有经验来进行，因此他提倡发现学习法，并强调学生是学习过程中的积极建构者，而不是被动、消极的知识接受者。

---

[1] 陈琦、刘儒德主编：《教育心理学》，高等教育出版社2005年版，第132页。

随着计算机科学的兴起，信息加工论者将人类的学习比拟为电脑对信息的输入和输出，将学习看作环境中的刺激输入，引起人的各种感受器，如眼睛、耳朵等的感官登录，通过对一部分信息的注意和知觉识别，这些信息进入短时记忆，短时记忆因记忆量有限和保存的时间较短，需要对信息进行组块或重复以使信息得以保持，从而通过新旧信息的联系，将新信息储存到长时记忆中。信息加工论者打开了被行为主义作为"暗箱"的内部信息加工过程，通过对选择性注意—编码—储存—提取的学习和记忆加工过程，有助于了解人类学习的内部过程。如罗伯特·M. 加涅（Robert M. Gagne）在信息加工的基础上提出累积学习理论，指出学习的过程包含八个阶段。动机阶段——形成预期，是学习的准备阶段；领会阶段——对刺激进行选择性注意；习得阶段——对选择性注意的信息进行编码、储存登记；保持阶段——信息由短时记忆进入长时记忆；回忆阶段——对信息进行提取；概括阶段——促进学习的迁移；作业阶段——反映学生学习的结果；反馈阶段——对学习进行强化。[①] 加涅认为，学习是通过教学这个外部事件，促进学生心理倾向和能力的变化。

认知学习论认为学习是基于个体原有经验的认知结构的改造和重组，他们基于人脑认知结构和信息加工的过程提出个体学习的表征方式/信息加工系统。布鲁纳提出认知表征的三个阶段，并以此为依据提出"任何学科都可以以某种方式教给任何年龄阶段的任何人"的论断，从而提出发现教学法。信息加工论者借助电脑模拟人的认知过程，用信息加工模型来分析学习的认知过程和有效条件，使人从行为主义中被动的反应者成为积极的信息加工者。然而，认知学习论对学习的解释与行为主义一样是偏颇的。其一，认知学习论者在方法上继承了行为主义在控制条件下进行实验，脱离了学习发生的社会条件和具体情境；其二，认知学习论者将学习看成是发生在个体头脑中的事件，只关注学习的内部加工过程，是一种静态的知识表征方式，忽视了历史文化环境的因素在人的学习过程中的动态交互作用。

3. 学习是学习者与环境的交互作用

如果说刺激—反应说注重环境在学习中所发挥的作用，认知学习论

[①] 施良方：《学习论》，人民教育出版社2001年版，第319页。

注重学习者个体的经验和认知，那么建构主义则是从学习者与环境的相互作用中来解释学习的。20世纪80年代中期以来，建构主义基于人脑研究人类学习的历程，针对传统教学教授学生零碎的知识，把学生当作一个空的容器进行确定性知识的灌输，提出知识不是对现实的准确表征，它只是一种解释。虽然知识具有一定的外在形式，但由于学生所具有的知识经验不同，对知识的理解也不相同，因而学习不是从外界吸收知识的过程，而是学习者主动建构知识的过程。"学习是学习者主动的知识建构"的隐喻作为一种重要的学习理论思想影响了教育教学改革。学习者作为积极主动的建构者，既基于自己原有的知识经验进行知识和意义的建构，又参与社会文化从而实现知识的内化。建构主义是认知学习论的新发展，其自身并没有一个完整的理论体系，而且包含很多不一致的理论，陈琦和刘儒德将建构主义学习论分为个体建构主义和社会建构主义，本研究采用了这一划分取向。①

个体建构主义主要以让·皮亚杰（Jean Piaget）的认知结构论为代表，皮亚杰认为知识不是主观的，也不是客观的，而是个体在与环境的交互作用的过程中逐渐建构的结果。因此，他认为影响学习的因素既不来自主体，也不受外界环境的影响，而是个体与环境的交互作用，在此基础上，他提出影响个体认知发展的因素有个体自身神经系统和内分泌系统的成熟、个体自身动作调节系统的物理环境、人与人之间相互作用的社会环境、调节个体成熟与物理环境、社会环境之间交互作用的平衡。平衡是皮亚杰认知发展理论的核心，他认为人的认知发展有同化、顺化和平衡三个过程，同化是个体将外在刺激纳入已有的认知图示，是外物同化于个体中；顺化是认知图式顺应于外在环境；而平衡之所以重要，是因为平衡调节同化与顺化间的关系、调节个体知识中各子系统之间的关系、调节个体知识中整体与部分的关系，通过这三种调节方式促进人的思维由一种较低水平的平衡状态，过渡到一种较高水平的平衡状态。

社会建构主义主要以列夫·维果茨基（Lev Vygotsky）、约翰·杜威（John Dewey）以及情境学习理论为代表。维果茨基是文化历史理论的

---

① 陈琦、刘儒德主编：《教育心理学》，高等教育出版社2005年版，第156页。

创始人,他特别强调社会文化是影响儿童认知的重要因素,这在当时行为主义占主导地位的历史背景下是难能可贵的。维果茨基认为,儿童从生下来的第一天起就处在他的周围社会环境的影响下,这种影响促使人产生新的行为系统,并伴随着生物的成熟由低级机能发展为高级机能。高级心理机能的发展问题是维果茨基文化历史学说的核心问题,他在其代表作《思维与语言》中通过对思维与语言的关系来回答人的高级心理机能的问题,他认为"思维与语言在个体发生的过程中发展根源不同;在言语发展中,存在一个前智力阶段,而在思维发展中,存在一个前言语阶段;在某个关键时刻之前,两条曲线是不同的,互相之间是独立的;在某个关键时刻,两条曲线开始会合,于是思维变成了言语的东西,而言语变成了智力的东西"。① 正是在此基础上,维果茨基讨论了心理功能的成熟水平以及学校教育对它的发展的影响,并提出教学所需的心理基础的发展并不先于教学,而是在与教学连续的相互作用中展开的,从教学的过程与相应的心理功能的发展的时间序列上,教学先于发展,因此,维果茨基提出最近发展区(zone of proximal development)②的概念,指出学生所具有的实际发展水平和可能发展水平之间的差距,对学生在教学中超越实际发展水平,促进认知能力的发展提供了理论上的支撑。

杜威可以说是 20 世纪最伟大的教育哲学家,他在深刻地批判传统教育中存在的认识论根源和社会根源的问题后,开启了现代教育的大门。他认为传统教育将认识的主体和认识的客体分裂、对立起来,从而陷入"二元论"的认识误区,赫尔巴特的"外铄说"和卢梭的"展开说"是其代表。杜威受达尔文生物学的启示,注意到有机体与环境的交互作用在生物进化中的重要意义,他超越传统认识论的二元论传统,进而提出学习是人与环境之间的交互作用,这种交互作用表现在两个方面:一方面,人主动的作用于环境;另一方面,人作用于环境所产生的结果又反

---

① [俄]列夫·维果茨基:《思维与语言》,李维译,北京大学出版社 2010 年版,第 13 页。
② [俄]列夫·维果茨基:《思维与语言》,李维译,北京大学出版社 2010 年版,第 122 页。

过来作用于人本身。杜威所提出的这种学习观是一种基于个体经验的，在经验中，由于经验和为着经验的（学习观）。① 基于此，杜威提出"做中学"的教学思想，杜威认为，经验中包含思维，让学生在做中学，在问题情境中学习，正是让学习者在与环境持续的交互作用中学会如何解决问题，从而帮助学习者经验的持续生长，而这也正是教育本身的目的。

20世纪80年代末，情境学习理论兴起，它的提倡者提出情境学习理论的基本前提是："我们是社会的人，这一事实远不是一般的正确，而是学习的核心方面；就有价值的事业，知识是能力的一个方面；在追求这些事业时，识知是一个参与的问题，也就是说，主动的参与到世界中；我们体验世界的能力且我们投入世界是有意义的，意义是学习最终产生的东西。"② 莱夫和温格在《合法的边缘性参与》一书中将学习者看成一个完整的人，将知识视为个人与社会之间互动的产物，基于知识建构性的特征，指出参与是学习的关键特征，最终提出"学习是合法的边缘性参与"这一深具反思性的理念。学习被认为是社会性的或情境性的活动，在学习过程中，学习者需要参与到人与人、人与世界的交互作用中，在这种交往中，实现知识的建构和学习者身份的改变或转化，这样就形成了新的学习的隐喻，即"学习是合法的边缘性参与"。

综上所述，学习理论在哲学认识论领域和心理学学习心理方面的新进展，使人们对学习的认知发生了转变，从早期认为学习是对环境简单的刺激—反应的联结，经由关注个体内部认知经验和结构，到提出学习是个体和环境之间交互作用的结果，学习是个体作用于环境，同时又受到环境的影响，关于学习是什么的隐喻从接受转变为参与。本研究基于建构主义学习理论的观点，认为学习是人与环境之间交互作用的结果。

---

① ［美］约翰·杜威：《我们怎样思维、经验与教育》，姜文闵译，人民教育出版社1991年版，第256页。

② Etienne Wenger, *Communities of Practice: Learning, Meaning, and Identity*, New York: Cambridge University Press, 1998, p.4.

二 实践呼唤——学生学习的"异化"

学生学习"异化"的问题，在实践中主要表现为两个方面：功利主义的教育价值观对学生生活世界的消解；学生学习的接受模式，不经消化和吸收的"知识"摧毁着学生的想象力和创造力。

（一）功利主义的教育价值观对学生生活世界的消解

教育本应是培养自由的、全面发展的人的实践活动；教育本应是一棵树摇动另一棵树，一朵云推动另一朵云，一个灵魂唤醒另一个灵魂，教育本应如此。然而，现实景况是：随着现代社会竞争的加剧，教育日益功利化。

功利主义的教育价值观在各相关行为主体身上都有突出表现。首先是学校。在学校里，学生个人的学业成败是学生考试成绩的成败。成绩成为学校唯一的评价标准。成绩具有的"蝴蝶效应"不仅能影响学生个人的评价，也是教师的教学质量和学校声誉的评价标准。在现实中，好成绩代表好学生，好成绩代表好教师，好成绩代表好学校成为人人认可的评价标准。每年高考成绩公布以后，每个学校忙于向公众"晒"学生的好成绩，以此为"荣耀"已经屡见不鲜，如：

热烈祝贺我校在 2015 年高考中再创辉煌！

裸分上线情况：重本文科上线 76 人，理科上线 299 人，文理合计重本上线 375 人，上线比率 43.5%。

本科文科上线 178 人，理科上线 571 人，本科合计上线 749 人，本科上线比率 86.8%！各项指标均位列委属重点中学之首！

高 2015 级学生 A 同学以 678 分的高分勇夺某某区委属中学理科状元。

此次高考中，我校总分上 600 分的高达 182 人，特此祝贺。

学校的基本活动均围绕着中、高考升学率展开。首先是教师，学生入学始就被教师告诫"万般皆下品，唯有读书高""书中自有颜如玉，书中自有黄金屋"，教师对成绩好的学生关爱有加，对成绩不好的学生加之以"恶名"和"诨名"。学生学习的动机更倾向于获得高分、考好学校和找好工作,学习本应具有的内在价值淹没在功利化的教育价值观中。① 其次是家长。家长在"望子成龙,望女成凤"的心理驱使下,抱着"不让孩子输在起跑线上"的心态,让孩子上各种辅导班、培训班以增加孩子在将来竞争中的"砝码",以"还给你童年,你将输掉成年"的借口压榨孩子的休息和玩乐的时间。最后是社会。学校里对学生好成绩的过度宣扬,表现在社会上近年对高考状元的追捧。2015 年 7 月 26 日《法制晚报》报道:"7 月 25 日,山西晋城,皇城相府'2015 年全国高考状元敕封典礼'在此举行。来自甘肃、吉林、内蒙古、山东、河北、河南、山西 7 省市自治区的 10 名高考状元接受'康熙皇帝'敕封。"② 这一消息在网上引起了人们的热议。支持的人认为民间重奖高考状元无可厚非,有利于激发人们发奋读书的动力,客观上促进教育发展,尤其是对于那些即将高考的学子来说,可以起到一个标杆的作用……更多批评的声音指出这种追捧"状元文化"其实是教育功利化倾向的表现。

功利主义的教育价值观使莘莘学子埋头于书堆,营造出高时间高精力投入就一定会产生好成绩的"假象",描绘当下的辛苦是为了"明天"美好生活的未来图景。以至于学生们过着一种没有激情、没有热情,没有属于自己的时间和空间的"训练生活"。学生生活的世界里没有教育,只有训练;没有学校;只有作坊;没有生活的乐园;只有"集中营";没有丰富多彩的世界,只有白纸黑字的书本;没有理解、体验、感悟和启迪,只有灌输、劝导、威胁和训斥。③ 学生生活中的乐趣均被书本"知识"取而代之,每年高考过后,好几米高的复习资料成为压抑学生精神的"见证者",而学生举行的"疯狂撕书大战"是长期压迫后的"解放"。

(二) 学习的接受模式对学生想象力的压榨

学习的接受模式是行为主义和认知主义学习理论在实践中的表现。

---

① 马蕾迪等:《学习参与度对初中生数学成绩的影响研究》,《中国教育学刊》2015 年第 2 期。

② 张伯晋:《高考状元骑马游街为何令人反感》,《人民网》2015 年 7 月,http://edu.people.com.cn/n/2015/0727/c244541-27364133.html。

③ 郭元祥:《生活与教育——回归生活世界的基础教育论纲》,华中师范大学出版社 2002 年版,第 3 页。

心理学对学习的内在本质的解释将学习发展为有"迹"可循的机械训练。心理学家对学习的解释的偏出现颇在于：受实证主义的影响，心理学家力图使心理学科学化，在探求人的学习规律的过程中，忽视了人的社会性和复杂性。行为主义用动物基于本能的刺激—反应的学习类推解释人的学习，认知主义将计算机对信息的输入—输出的过程比拟为人学习的过程，使得教育情境中，学习异化为反复强化的"训练"和对知识不加批判的"复制"和"吸收"。教师只注重教授确证了的事实性、教条性、结论性的知识，把教学内容作为一种既定的结论灌输给学生。如语文课是对文本标准答案的"强调"，历史课是对历史时间、地点、人物、事件、意义等提纲式的记忆。学生不加批判和思考的接受式学习造就的是学习的机器、是生产流水线上等待加工的"产品"，是马尔库塞笔下被奴化的、没有反抗意识的"单向度的人"——同一的思想、知识的保管人。我们的学生往往不缺乏知识，缺乏的是想象力和创造力。正如有学者所言："我国基础教育的问题不是学业失败，而是学习的异化：学得越多，越被动；知识技能越多，创新精神与实践能力越少；满腹经纶，却迷失了自我。"①

学生学习的"异化"是功利主义价值观对学生生活世界的消解，是学习的接受模式对学生想象力和创造力的侵蚀和压榨，是人之为人对自我的无力和疏离。

第二节　文献综述

美国社会学家阿历克斯·英格尔斯（Alex Inkeles）在《社会学是什么》一书中指出给社会学下定义的三条途径：第一，历史的途径——"创始人说了什么？"第二，经验主义的途径——"当代社会学家在做什么？"第三，分析的途径——"理性的指示是什么？"② 英格尔斯提出的三条途径对于本研究的理论背景分析具有很大的启发作用：下文将结合

---

① 张华：《学习哲学论》，《全球教育展望》2010 年第 6 期。
② ［美］阿历克斯·英格尔斯：《社会学是什么》，陈观胜等译，中国社会科学出版社 1981 年版，第 23 页。

历史的和理论的线索，并兼顾现实的路径梳理有关"学生学习参与"的国内外研究现状。

与一般社会科学中的文献综述不一样的是，本研究采用质的研究方法，对"学生学习参与"现有研究成果的介绍，不是为了给本研究提供一个理论分析框架，然后通过研究设计去验证研究的假设，而是为了使研究站在一个宽厚的理论基础上，让研究者明白前人在这个研究领域已经取得了哪些可靠的研究成果，使研究者知道自己的研究处于该领域中的哪个位置，以及可以从什么新的角度进行研究和解释，同时也为研究资料的分析和"扎根理论"的建立提供参考。

对资料的检索和分析发现，现有文献中很少直接出现"学生学习参与"这一概念，它一般被包含在"学生参与"这一概念中，因此，为了与原有文献保持一致，对相关文献进行检索和述评时，仍然采用"学生参与"这一概念。"学生参与"是一个比较宽泛、指代内容较为庞杂的概念。本研究将学生参与限定在学生的学习活动中，专指学生的学习参与。文献中学生参与还涉及一些其他的内容，而如学生参与学校改进、学生参与课程决策、学生参与学校管理等内容与本研究内容相关不大，将不进行介绍。下文有"学生参与"这一表述的，均和"学生学习参与"表示同一个意思。

国外将"学生参与"作为一个研究领域起自 20 世纪 60 年代，我国对"学生参与"的研究较晚，主要源于 20 世纪 90 年代主体教育思想和新课程改革的推动。对于"学生参与"研究成果的介绍，我将从学生参与的内涵、学生参与的意义和学生参与的现状调查三个层面进行介绍，并按照国外研究和国内研究两条主线进行梳理，将国内外在这一领域的研究成果进行对比，可以帮助我们整体把握"学生参与"这一研究领域的相关研究成果，帮助我们对研究问题的聚焦，进而提出新的看问题的角度和分析资料的方法。

一 "学生参与"的内涵

（一）国外"学生参与"内涵的相关研究

20 世纪 60 年代到 70 年代，"学生参与"作为一个学术概念得到发展，主要强调学生对任务的投入时间和参加学习活动。随后，出现了

"学生参与"的一维模型,主要关注学生的心理或认知参与。[①]

20世纪80年代到90年代,学者们对"学生参与"的内涵有了进一步的认识,并将"学生参与"的一维模型发展为二维模型(行为和心理参与),甚至三维模型(行为、认知、情感参与),从文献分析来看,使用三维划分的较多,但是每个维度之下的构成又不一样(见表0—1)。

表0—1   "学生参与"的维度界定及构成[②]

学生参与的维度	维度界定及构成	研究者
行为参与 (behavioral engagement)	A. 积极的表现,如遵守学校和班级的规定(与破坏行为、逃课和制造麻烦相对) B. 参加学习并完成任务,如努力、坚持、专心、注意力、问问题和参加班级讨论 C. 参加和学校有关的活动,如运动和学校管理	Finn, 1993; Finn, Pannozzo & Voelkl, 1995; Finn & Rock, 1997; B. Birch & Ladd, 1997; Finn et al., 1995; Skinner & Belmont, 1993; C. Finn, 1993; Finn et al., 1995
情感参与 (emotional engagement)	A. 学生在课堂上的情绪反应,包括兴趣、厌恶、快乐、伤心和焦虑 B. 学生对学校和教师的积极反应 C. 对学校的认同,包括归属感(感觉学校重要)和价值(和学校有关的结果的成功感)	Connell & Wellborn, 1991; Skinner & Belmont, 1993; B. Lee & Smith, 1995; Stipek, 2002; C. Finn, 1989; Voelkl, 1997

[①] Lois Ruth Harris, "A Phenomenographic Investigation of Teacher Conceptions of Student Engagement in Learning", *The Australian Educational Researcher*, Vol. 35, No. 1, 2008, p. 58.

[②] Fredricks, J. A., Blumenfeld, P. C., " Paris School Potential Engagement: Potential of the Concept, State of the Evidence", *Review of Educational Research*, Vol. 74, No. 1, 2004, pp. 59 - 109.

续表

学生参与的维度	维度界定及构成	研究者
认知参与 （cognitive engagement）	A. 学生在心理上的投入，渴望超越规则和偏爱挑战，包括解决问题的灵活性、努力学习、积极的面对失败 B. 学习的动机、学习目标 C. 学习策略和自我调节，如当完成任务时使用元认知计划、监督和评价他们的认知	Connell & Wellborn，1991； Newmann et al.，1992； Wehlage et al.，1989； B. Brophy，1987； Ames，1992； Dweck & Leggett，1988； C. Pintrich & De Groot，1990； Zimmerman，1990

从表0—1中可以看出，研究者们对学生参与所包含的三个维度的界定和划分各不相同，其中也有一些重复的内容，表0—1中有研究者在情感参与的维度之下包含着兴趣，有研究者在认知参与的维度之下又把动机纳入其下，这两个维度所包含的内容就是重复的。概念和维度划分的不清晰，容易造成同类研究得出不同的研究结果。

进入21世纪，伴随着研究方法的完善以及经过对学生参与内涵的探索和发展阶段，学者们对学生参与内涵的理解逐渐走向成熟。美国印第安纳大学（Indiana University）评价与教育政策中心（the Center for Evaluation & Education Policy）的高中生学习参与调查（The High School Survey of Student Engagement，HSSSE），其中对学生参与这个概念的认识也经历了一段时间的深化和拓展。2004年第一次测评，将学生参与界定为学生投入到对他们学术成绩、个人和社会有积极作用的教育活动中的时间和精力。[①] 值得注意的是，该中心在2005年的报告中并没有对学生参与的概念进行明确说明，直到2006年的报告中又进一步阐述了学生参与的内涵，认为参与暗含了一种关系，学生参与意味着学生和学区的关系，具体指学生和成人、同辈群体，学生和课程、教学内容、教学方法、学习机会之间的关系，学生的参与度取决于他们在生活和学校学习

---

① HSSSE 2004 Overview，http：//ceep.indiana.edu/hssse/news/publications.shtml.

中和这些因素的关系的质量、深度和广度，① 最终将学生参与界定为认知/智力/学术参与（做家庭作业的情况、为课程的准备、班级讨论、任务完成和学生自我报告的学术挑战水平）、社会/行为参与（学生参加校内外的活动，学生之间的交往和方式）、情感参与（学生对学校的情感）。

有研究者注意到对学生参与内涵的研究主要是理论上的探讨，研究者在概念的建构时多采用理论思辨的研究方法。因此，为了进一步明晰学生参与的内涵，有学者采用访谈法，从教师的视角探寻学生参与的内涵。该研究指出，教师对学生参与的内涵有不同的理解，在对20名中学教师（35%的女性和65%的男性）进行45分钟到60分钟访谈后，归纳总结出教师理解的学生参与的概念主要有六个类别：行为、乐趣、动机、思考、有目的的看和归属感。研究的结论也印证了理论研究对学生参与三维度划分的合理性。②

（二）国内"学生参与"内涵的相关研究

从心理学的角度来看，立足学生个体的身心特点和学生参与的内在机理进行界定。有学者在分析国外文献的基础上，得出两种学生参与的概念。其一是将学生参与作为一种主动的个体化的课程经验，其二是将学生参与看作以学生行为投入为载体的心理活动，并认为学生参与是情感参与、认知参与和行为参与的有机组合。③ 也有学者借鉴国外研究者界定的概念，引用奥斯汀（Astin）对学生参与的界定，认为学生参与是反映学生在与学业有关的活动中投入生理和心理能量的状态变量。④ 有学者在借鉴PISA（Program for International Student Assessment）测量工具和学生问卷中的维度后提出，学习参与包括心理和行为两个层面的含义。⑤ 有学者提出教育活动中学生作为主体的参与应该包括两个方面：

---

① Yazzie-Mintz, E., *Voices of Students on Engagement: A Report on the 2006 High School Survey of Student Engagement.* Bloomington, Center for Evaluation & Education Policy, 2007.

② Lois Ruth Harris, "A Phenomenographic Investigation of Teacher Conceptions of Student Engagement in Learning", *The Australian Educational Researcher*, 2008, Vol. 35, No. 1, p. 58.

③ 孔企平：《学生投入的概念内涵与结构》，《外国教育资料》2000年第2期。

④ 曾琦：《学生的参与的结构及特点》，《心理科学》2001年第2期。

⑤ 陆璟：《PISA学习参与度评价》，《上海教育科研》2009年第12期。

主体接受性参与和主体体验性参与。前者是接受主体的求真活动,指向逻辑认知层面,旨在生成人的知识性、技术性和实用性;后者是体验主体的趋善活动,指向情感态度层面,以生成人的道德人格为价值归宿,因此,提出体验性是学生参与的一个重要维度,应当受到重视。①

从教育学的角度来看,一方面从阐述教育与人的关系进行界定。有学者立足发展性教学中学生的主体性地位,提出学生主体参与就是在现代教育理论的指导下,师生双方进入教学活动,自主地、主动地、创造性地完成教学任务的一种倾向性表现行为。② 这种倾向性包括心理和行为层面的倾向。有学者从教育对人的正向功能进行界定,认为学生参与是学生在教师指导下积极参与教育教学活动,实现学生主体建构与发展的过程。③ 另一方面从人与社会的关系、知识与人的关系的角度,有学者提出学生课程参与指的是学生围绕学校课程与教学活动进行的,交织着多重个体心理(动机、认知等)和社会因素(身份、权力等)共同作用的个人或群体的主动倾向和行为。④

综上所述,研究者从多维视角去界定"学生参与",对学生参与内涵的理解也越来越丰富。从关注学生参与的内在机理,即基于学生参与的维度划分,到涉及学生参与的内在和外在机制去界定,也就是从个人和社会两方面进行界定,最后落实到参与对人的发展功能上。总体上看,学者们对学生参与的内涵界定具有一定的趋同性,维度划分主要在借鉴国外研究成果的基础上,提出二维(心理和行为参与)或三维(心理、行为和认知参与)之说。但是,维度划分只是为了方便对"学生参与"进行量化分析,并没有真正触及概念的实质内涵。而且各维度之下具体包含哪些内容和不包含哪些内容没有清晰的界定,不同的研究却包含着不同的范畴,有时候各维度之下的内容也有重叠。

---

① 沈建:《体验性:学生主体参与的一个重要维度》,《中国教育学刊》2001年第2期。
② 王升:《发展性教学的主体参与初探》,《现代教育论丛》2000年第2期。
③ 赵丽敏:《论学生参与》,《中国教育学刊》2002年第4期。
④ 刘宇:《意义的追寻》,博士学位论文,华东师范大学,2009年,第76页。

二 "学生参与"的意义

(一) 学生参与有利于学业成就的提高

许多研究证明学生参与与学生的学业成就显著相关。国外研究中，有学者证明学生行为参与和学生的学业成就具有正相关，研究的对象包括小学生、初中生和高中生。[1][2] 情感参与和学生学业成就的研究相对较少，有研究者证明学校认同感高、感到在学校有价值和有归属感的四年级至七年级的白人学生的学业成就高，但这些学生不包括非裔美国人。[3] 有研究也证明认知参与有利于学生的学业成就，并指出学生的学业成就与学生的深度理解正相关。[4] 国内研究中，在具体学段，研究者通过实证研究得出小学生学习参与高的其学业成就相应的也高。[5] 在具体学科上，有研究者利用问卷调查法和测验法，通过对学生参与与初中生数学学业成就的相关分析发现，学生参与与数学学业成就显著正相关，较高的学习参与度促进了学生的数学学业成就。[6]

(二) 学生参与有助于防止辍学

国外的研究比较关注学生参与和学生辍学之间的关系。有关研究表明，学生的行为参与对学生辍学的决定相关，因为最终辍学的学生，在校的行为参与表现为很少做家庭作业、在学校几乎不努力、很少参加学校的活动、有更多的纪律问题。[7] 其他研究也表明，行为参与能减少学生

---

[1] Helen M. Marks. "Student Engagement in Instructional Activity: Patterns in the Elementary, Middle, and High School Years", *American Educational Research Association*, Vol. 37, No. 1, 2000, pp. 153 – 184.

[2] Connell, J. P., Spencer, M. B., & Aber, J. L., "Educational Risk and Resilience in African-American Youth: Context, Self, Action, and Outcomes in School", *Child Development*, Vol. 65, 1994, pp. 493 – 506.

[3] Voelkl, K. E., "Identification with School", *American Journal of Education*, Vol. 105, 1997, pp. 204 – 319.

[4] Nystrand, M., Gamoran, A., "Instructional Discourse, Student Engagement, and Literature Achievement", *Research in the Teaching of English*, Vol. 25, 1991, pp. 261 – 290.

[5] 曾琦:《小学生的课堂参与的类型研究》,《心理发展与教育》2001 年第 2 期。

[6] 马蕾迪等:《学习参与度对初中生数学成绩的影响研究》,《中国教育学刊》2015 年第 2 期。

[7] Ekstrom, R. B., Goertz, M. E., Pollack, J. M., & Rock, D. A., "Who Drops out of High School and Why? Findings from a National Study", *Teachers College Record*, Vol. 87, 1986, pp. 356 – 373.

辍学和防止女孩怀孕。① 学生的情感参与和学生辍学也相关。研究表明，疏离、和学校有隔阂、社会孤独容易造成学生辍学。而那些在情感上和学校、教师有积极关系，即便是处于低行为参与的学生，也能起到防止辍学的作用。② 费恩的参与—认同模型表明，在学生的早期阶段，参与和不参与的模式对学生以后的行为和学业成就有长期的影响。通过这个模型，费恩说明缺乏参与（行为上的参与）导致学业上的不成功，学业上的不成功反过来又导致了情感上的懈怠和对学校认同的缺乏。这个过程是循环的，即参与和认同相互影响。关于认知参与和学生辍学的关系方面的研究，在目前的文献中暂时没有发现。笔者目力所及，国内对学生参与和学生辍学方面的研究较少。

（三）学生参与有助于促进学生个体的发展

有研究者借鉴国外的理论，从皮亚杰的"活动认识论"说明学生对活动的参与，正是实现个体的成长和发展；从列维鲁学派的"社会历史发展观"分析学生参与对其认知、个性及社会性的发展有广泛而重要的影响；又从群体动力学理论出发，分析学生参与不仅可以增进学生对班级的认同感、满意度，还对个体在学业、自我概念等方面产生积极的影响。那些在自我概念上认为自己能力比同伴差的学生不愿意主动参与群体的活动，以避免暴露自己的无能；而那些认为自己能力比其他同伴强的学生则会乐于参与活动，以显示自己的能力。③ 有学者结合主体教育理论，论述学生主体参与教学有利于提高教学质量，保障学生的主体性，形成和谐的师生关系等。④ 也有研究者认为学生主体参与有利于学生社会责任感的培养，有利于获得成功的情感体验等。⑤

综上，国内外研究者都关注学生参与与学生学业成就之间的关系，并且大量的实证研究也证明了学生参与有利于学生学业成就的提高。学

---

① Manlove, J., "The Influence of High School Drop out and School Disengagement on the Risk of School-aged Pregnancy", *Journal of Research on Adolescence*, Vol. 82, 1998, pp. 187-220.

② Finn, J. D., "Withdrawing from School", *Review of Educational Research*, Vol. 59, 1989, pp. 117-142.

③ 曾琦：《学生的参与及其发展价值》，《学科教育》2001年第1期。

④ 王升：《试论主体参与的教学价值》，《中国教育学刊》2000年第2期。

⑤ 骆映：《体育教学学生主体参与价值略论》，《北京体育大学学报》2003年第26期。

生参与的意义还在于有助于防止辍学,虽然这一方面在我国的相关文献中未得到证实,但国外的研究已经非常成熟,研究成果可借鉴。国内的研究者不管是从理论层面还是从实证研究的层面,更关注学生参与对学生个体的发展,但是学生参与对学生个体具体有哪些方面的促进作用,还有待进一步的研究。

三 "学生参与"的实证研究

(一)"学生参与"的现状调查

对于学生参与的现状调查,国外研究者开发了较为成熟的研究工具,且发表了较多的研究成果,因此这里将主要介绍国外研究者对学生参与的现状调查。国外的研究多采用量化研究的方法,调查的对象涉及小学生、初中生和高中生,较为典型的主要有海伦·马克斯(Helen M. Marks)的学生参与模型和美国的高中生学习参与调查。

1. 促进学生参与的中小学生参与模型研究

人们认识到学生参与对学生的学业成就、社会的和认知的发展具有促进作用,然而在课堂上仍然存在一些低水平的参与,为了解释学生参与在课堂上和学校中所发生的复杂关系,马克斯调查了教学活动中不同学段的学生参与模型。调查的问题主要有中小学和高中的教学活动中是否存在不同的学生参与模式,这种模式在不同的阶段是否是固定的,学生参与的水平差异是否因为学科内容(数学和社会)而不同。

马克斯调查了小学、初中和高中共143堂社会和数学课上的3669个学生,因变量(学生参与)包括四个成分:学生的努力、注意力、兴趣和完成任务/作业,其内部一致性系数为0.69。自变量包括学生的个人背景(性别、民族/种族、家庭社会经济地位、学生以往的数学和社会学的成绩),对学校的归属感和疏远(包括学生迟到、违反学校规定、翘课、被学校停课的次数),学生的学习经验(包括被问有趣的问题和解决新问题、深度理解一个新的主题、在校外的生活中运用所学的知识、与教师和学生讨论关于学习内容的想法),社会支持(包括学校学习环境、班级学习氛围和来自家庭的支持)。因为涉及多个变量,是一个学生嵌套在班级课堂中,班级课堂又嵌套在学校中这样的多维结构,研究采用多层线性模型分析。

结果显示，学生个体、班级间和学校间的参与在年级上的表现不同。在个人背景方面，三个阶段中女生在教学活动中的参与显著高于男生，民族/种族对学生参与的影响没有年级差异，以往的成绩对小学生的参与具有显著影响。个人背景模型在各个年级水平中可以预测学生近10%的参与水平，小学生6.2%，初中生7.8%和高中生4.3%。学校归属感方面，早先学校成功的经验对高中生参与的影响最大，对学校的疏离感对初中生的影响最大。学校归属感和调整后的学生个人背景，可以解释小学生参与变量的19%的水平，初中生24%，高中生22%。学生的学习经验对学生参与的影响随着年级的升高而显著增加（0.34，0.4，0.42），学习经验的模型可以解释小学生参与水平的18%，初中生22%和高中生21%。社会支持对三个学段的学生都有显著差异，一个积极的校园文化，有利于学生的学习，也助于提高学生参与；课堂支持增加了学生的进步，并随着学段的升高而增加；父母支持对所有学段的学生参与也有显著差异。社会支持模型可以解释小学生参与水平的18%，初中生20%和高中生22%。学科内容对小学生和高中生的参与具有显著影响，学生在数学上的参与显著高于在社会学上的参与。①

2. 帮助学校改善的美国中学生参与调查

2004年4月，HSSSE（The High School Survey of Student Engagement，高中生参与调查）对103个学校的90530个中学生采取自愿参与调查的方式，调查九年级到十二年级的学生参与情况，研究对象的选择上注意性别、民族分布上的平衡。调查的目的主要有三个：使学校探索、理解和加强学生参与；利用调查数据和高中老师、管理者一起改善实践中的问题；对学生参与这个领域实施研究。②

调查自2004年开始实施以来每年进行，并发表了5个调查报告（2007年和2008年的报告为合并发表，目前能查到的报告截至2009年）。每年的调查报告都会对调查的情况进行简单的介绍，HSSSE的简况，包

---

① Helen M. Marks, "Student Engagement in Instructional Activity: Patterns in the Elementary, Middle, and High School Years", *American Educational Research Association*, Vol. 37, No. 1, 2000, pp. 153 – 184.

② Yazzie-Mintz, E. *Voices of Students on Engagement: A Report on the 2006 High School Survey of Student Engagement.* Bloomington, Center for Evaluation & Education Policy, 2007.

括参与的学校和学生样本进行说明，选择一些有代表性的研究结果进行描述和解释，最后对如何使用研究结果/数据进行说明。

　　HSSSE调查的内容主要从学生参与的三维结构进行调查和分析。认知/智力/学术参与，关注学生的努力、对学习的投入、学习策略（学生所做的和他们做的方式），因此，所包括的子维度有学生投入教学的时间和对教学活动的投入。调查的问题有学生做家庭作业的情况、为课程所做的准备、班级讨论、任务完成和学生自我报告的学术挑战水平。社会/行为/共享参与，强调学生的行动和参加学校和学校外有关学习的时间，包括非学术的、基于学校的活动、社会的和课外的活动，也包括课堂外和其他学生之间的交往和方式。情感参与，指学生对他们学校的情感。包括对学校的看法，学生作为学校社区的一员，在学区中的位置。[1]

　　由于调查的内容主要涉及学生对他们的学习、学校环境的态度、认知和信念，以及学生和学区的互动，使学校更好地理解学生的想法并将学生批判的声音带进学校改革和改善中。调查的结果往往能引发研究者对学生参与的反思和使学生参与学校的改变。所以每次调查的最后，都有一道开放式问题，问学生对这次调查还想再说些什么，但是大部分学生的回答却是，他们认为他们的回答不能起到任何作用。因此在2009年的调查报告中，研究者指出，学生需要的是他们的声音被听到，然后变成行动，而不是需要一个调查，被问问题。所以，对于数据的使用，许多参与的学校也认识到学生的声音对学生参与教学、学校改进的重要性。其中某一个参与调查的学校宣称，该调查结果使他们理解学生的想法，强调学生——特别是少数族群的学生不要被排除在学区以外，他们对学生参与的强调也带来了学校学术上的成功。[2]

　　国内对学生参与现状的调查，比较有代表性的有曾琦的博士论文《小学生课堂参与特点、类型、发展及其相关因素的研究》和孔企平的著作《数学教学过程中的学生参与》。曾琦运用课堂观察、访谈和问卷调查

---

[1] Yazzie-Mintz, E. *Engaging the Voices of Students: A Report on the 2007 & 2008 High School Survey of Student Engagement.* Bloomington, Center for Evaluation & Education Policy, 2009.

[2] Yazzie-Mintz, E. *Engaging the Voices of Students: A Report on the 2007 & 2008 High School Survey of Student Engagement.* Bloomington, Center for Evaluation & Education Policy, 2009.

法，调查小学生课堂参与的结构及特点。结果表明小学生的课堂参与主要包含主动参与、非参与、负向参与、自控下的被动参与和他控下的被动参与五种。总体上，课堂上学生的积极参与多于消极参与，被动参与多于主动参与，小学生的课堂参与没有明显的变化，特别是学生主动参与的水平并没有随年级的升高而增长。① 孔企平借鉴国外研究者的理论，从行为参与、情感参与和认知参与三个方面研究小学生数学教学过程中学生参与的现状。他以上海市中心城区和边缘城区共五所小学五年级的学生为研究对象，通过问卷调查法和测验法，得出学生参与内部结构之间的关系：学生的情感参与和认知参与有紧密的联系，而行为参与和心理投入相对疏离。同时，研究得出学生参与是影响学生学习结果的重要因素这一结论。②

（二）影响学生参与的因素

1. 学生个人因素

学生个人因素是影响学生参与的内因，国内目前的研究多集中关注学生的性别、性格、年龄、是否为班干部、年级对学生参与的影响。如相关研究证明小学和初中女生的学习参与显著高于男生，性格外向开朗的学生更倾向于参与课堂活动，班干部的参与水平也显著高于非班干部的学生。③

除了关注学生的个人人口学背景方面，国外的研究更关注学生的个人需求和参与之间的关系，主要表现为三个方面：一是学生对任务相关性的需求。学生的个人需求得到满足，将会促进学生的学习参与，尤其对于小学生来说，学校或学习任务符合学生的经验时，利于学生的情感参与。二是学生对自主性的需求。学生作为能动的主体，他们希望因为个人的原因去听课、做作业，而不是被别人要求去做。当他们因个人的自主去做事情时，在行为和情感方面的参与较高。三是学生对胜任能力

---

① 曾琦：《小学生的课堂参与结构及特点的研究》，《心理科学》2001年第2期。

② 孔企平：《数学教学过程中的学生参与》，华东师范大学出版社2003年版，第107—111页。

③ 李玉春：《数学课堂教学中提高学生参与度的研究》，硕士学位论文，华中师范大学，2006年。马蕾迪等：《学习参与度对初中生数学成绩的影响研究》，《中国教育学刊》2015年第2期。

的需求。胜任能力涉及控制、策略和能力，研究表明学生的胜任力和控制的信念对小学生和初中生的行为和情感参与有积极的影响。①

2. 教师因素

教师因素是影响学生参与的关键因素，国内研究者较为关注教师因素与学生参与之间的关系。如已有研究利用问卷调查法分析教师的人格特征对学生参与的影响，研究证明乐群（乐群性）、情绪稳定而成熟（稳定性）、敢于创新（敢为性）、能处理好自己的紧张和忧虑情绪（忧虑性和紧张性）的教师，其学生的参与水平较高。② 另有研究证明教师的教学风格与学生的学习参与显著相关。③ 有关教师因素方面的研究，也包括教师对教学环境的创设和师生关系，如有研究证明学生所感受到的来自教师的期望越高，与教师之间的冲突程度越低，对教师的认同度越高，学生的言语和非言语参与程度越高。④

已有研究中，国外的研究者认为教师对学生的支持会影响学生的学习参与，具体表现在师生关系方面，有研究证明师生之间关系融洽会促进学生参与。学生的高参与会促进教师对教学更加投入，反过来，教师对教学的专注和投入将促进学生的高参与。⑤ 支持性的社会环境和智识方面的学习环境对学生的学习参与有不同程度的影响。教师创造了相互尊重的、具有社会支持的、促进学生相互理解和自主的学习环境，学生具有更高的学习策略和行为参与。⑥ 但是如果教师仅仅只关注学生的学习，而创造了一个消极的社会交往的学习环境，学生将会表现出情感上的非

---

① Fredricks, J. A., Blumenfeld, P. C., "Paris. School Potential Engagement: Potential of the Concept, State of the Evidence", *Review of Educational Research*, Vol. 74, No. 1, 2004, pp. 80 – 82.

② 恽广岚：《小学生课堂参与及其影响因素的研究》，硕士学位论文，南京师范大学，2006年。

③ 张丽：《高中生物学教学中学生参与的实证研究》，硕士学位论文，华东师范大学，2008年。

④ 恽广岚：《小学生课堂参与及其影响因素的研究》，硕士学位论文，南京师范大学，2006年。

⑤ Skinner, E. A., Belmont, M. J., "Motivation in the Classroom: Reciprocal Effect of Teacher Behavior and Student Engagement Across the School Year", *Journal of Educational Psychology*, No. 85, 1993, pp. 571 – 581.

⑥ Stipek, D. "Good Instruction is Motivating", In A. Wigfield & J. Eccles, eds. *Development of Achievement Motivation.*, San Diego, CO: Academic Press.

参与及更容易犯错误。相反，如果教师仅仅重视社会交往的维度而忽视了学习的维度，学生将会表现出低的认知参与。另外也有研究证明，感到在学校和教师之间没有相互支持的、积极的关系的学生更容易辍学。①

3. 同辈群体因素

同辈群体对学生参与的影响在国外的研究文献中可见，但在国内的文献中较少提及，这里主要以外文文献为主。正如瑞恩（Ryan，A. M.）所言，在影响学生的社会参与因素中，研究者对同辈群体的关注少于对教师群体的关注。② 研究指出，小学和中学的学生，聚在一起的同辈群体中学生的参与水平大致相似，而这种聚集方式本身又加强了现存的差异。③ 另有研究指出，当班级成员积极地讨论想法、辩论观点和评论相互的工作时，学生的的认知参与水平较高。④

4. 家庭环境因素

家庭环境因素是指学生父母的职业背景、父母对孩子的期望、家庭拥有的物质基础、家庭藏书量、家庭教养方式和家庭情感氛围等变量。如有研究采用问卷调查法，得出母亲的学历对学生在生物学教学中各项参与的影响不明显，父亲的学历对学生的行为参与以及深层次认知策略的使用都有显著影响。并且父亲学历低（小学/小学以下学历）的学生明显在这些参与上的表现不如父亲学历较高的学生的结论。⑤ 也有研究证明家长支持对学生参与的影响主要体现在行为参与上，而在认知参与和情感参与上的影响显著低于在行为参与上的影响。⑥

综上可知，学生参与作为学生个人背景、环境因素和学生发展的中

---

① Finn, J. D., Folger, J. & Cox, D., "Measuring Participation among Elementary Grade Students", *Educational and Psychological Measurement*, No. 51, 1991, pp. 393–402.

② Ryan, A. M., "Peer Groups as a Context for the Socialization of Adolescents' Motivation, Engagement, and Achievement in School", *Educational Psychologist*, No. 35, 2000, pp. 101–111.

③ Kindermann, T. A., "Natural Peer Groups as Contexts for Individual Development: The Case of Children's Motivation in School", *Developmental Psychology*, No. 29, 1993, pp. 970–977.

④ Guthrie, J. T. and Wigfield, A. "Engagement and Motivation in Reading", In M. Kamil and P. Mosenthal, eds, *Handbook of Reading Research*. Mahwah, CO: Lawrence Erlbaum.

⑤ 张丽：《高中生物学教学中学生参与的实证研究》，硕士学位论文，华东师范大学，2008 年。

⑥ 吴海荣：《中学物理教学过程中学生参与及影响因素研究》，博士学位论文，西南大学，2010 年。

介变量（见图0—1）。也就是说，学生参与是环境因素的因变量，不同环境变量下，学生的参与水平不同，而学生的参与水平又成为学生学业成就和个体发展的自变量。对学生参与影响因素的分析主要集中在环境和学生个人背景方面，研究视角不够宽泛，较少关注课程内容和学校文化等方面的影响，对学生参与结果的研究，也较多关注学生参与与学生学业成就之间的关系，但对学生的情感方面的关注较少，而且研究者对学生参与的因果关系的描述中，多采用一种单向的线性关系。另外，结合国内外研究来看，目前对影响学生参与因素的研究只限于表面的探讨，很多研究都是将影响因素单独切块罗列出来，没有对各个影响因素之间的联系进行深入探析，各个影响因素之间是什么关系，在什么因素之下学生的参与最高，各因素之间的相互联系是否会改变参与的模式，这些问题都是今后研究者需探明的。美国著名的心理学家布朗分布伦纳（U. Brofenbrenner）提出的生态学理论认为，环境因素是动态发展的，家庭、学校、课堂、同伴的相互联系会促进学生的参与和发展，这方面的研究应该是后续研究的方向。也只有在澄清各影响因素之间的关联后，才能探明切实可行的参与策略。

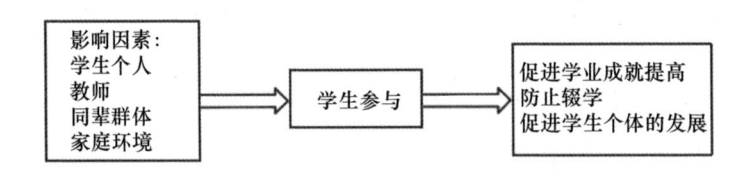

图 0—1　"学生参与"的因果关系

第三节　概念界定

一　学习

前面有关"学习"的学习理论之间虽然存在差异，但这些理论关于学习的一些解释却有着共同性。首先，它们都指出学习是人类行为表现或行为表现潜能的持久变化。这意味着学习包含着发展新行为和改变已有的行为潜能，通过观察行为的结果来判断学习的发生，或者学生以某种方式表现出来的学习行为能力的变化，如人们关于知识、信念的学习只能通过某种行为方式表现出来。其次，学习是行为或行为能力的持久改变，因为其他原因导致的行为能力的短暂的改变，并不能称为学习。如因药物、酒精等引起的行为变化不能称为学习。最后，学习是学习者的经验与外在世界的交互形成的。这一点排除了遗传因素导致的行为变化，如身体的发育。基于此，本研究认为学习是行为或按某种方式表现出来的某种行为能力的持久变化，学习来自人与世界的交互作用。

二 学习参与

学习参与是"学生参与"概念下的一个次级概念，"学生参与"是一个范围极广的概念，且不同的研究者根据自己的研究意图来使用这个词，为了区别于"学生参与"中所指的其他概念，本研究中的"学生参与"特指学生的学习参与行为。因此，对学习参与的理解，需要从"学生参与"概念的演变来理解。从"学生参与"词汇的演变来看，"学生参与"是一个英译词汇，最初是从英文翻译中介绍到国内的，其最初的英文表达为"student involvement"，翻译为学生参与和学生投入，之后演变为"student engagement"并沿用至今，翻译多为学生参与。词汇的演变，是伴随着人们对"参与"这个概念的认识不断深化而发生的。因此，对学习参与的理解，先要把握参与的内涵与本质。

首先，"参与"是人所表现出来的一种主动的行为和倾向。从词源来看，在英语中，参与可以翻译为"involve""participate""engage"。"involve"一词具有使专注、使卷入等意思，表示被动。"participate"指由多人或多方共同参加（某事），有主动之意，强调参加之意。"engage"指吸引人的兴趣或行动；投入，卷入①，"engage"的两层意思暗含着因兴趣而投入，是一种主动的行为。在汉语中，"参"在古汉语中是一个多音字，本文取"can"音。①指成三个事物。《周礼·天官·大宰》："乃施典于邦国，而建其牧，立其监，设其参，传其伍，陈其殷，置其辅。"郑玄注："参，谓卿三人。"高诱注："参，三人并也。"②配合。《国

---

① 《牛津简明英语词典》，外语教学与研究出版社2004年版，第472页。

语·越语下》:"夫人事必将与天地相参,然后乃可以成功。"③加入、参与。《正字通·立部》:"参,干预也。"从"参"字的意义演变推知,"参与"意为"多人共事,互相配合"。① 在英语和汉语的语境下,"参与"意味着介入、投入、专注于,是人与人之间的共事和合作,均指行动者置身心于事物中的主动的行为和倾向。

其次,"参与"是人在社会中的存在之需,是社会发展的必要条件。马克思把人的本质理解为一切社会关系的总和,他不再从人"自身"而是从人参与的客观的社会关系来规定人的本质。② 人不仅存在于社会关系中,还参与建设社会、发展社会。这里的"参与"指人在社会参与中的作用。也指一种理念,强调的是所有有关人员对相关事情的介入,包括对事情的决策、规划、实施、管理、监测、评估等。③ 理念上的参与指涉比较宽泛,涉及"参与"的演化发展过程,也涉及促使"参与"所使用的方法和手段。具体来说,"参与"这个词对不同的人群具有不同的含义和意义。据此将"参与"分为主动参与和被动参与,陈向明认为这两种参与形成一个直立的梯子,最下面的是被动参与,最上面的是主动参与,中间的是不同的参与状态。④ 这里的"参与"更多地指向社会发展过程中,人们在活动过程中所发挥的作用。

最后,"参与"指个体在活动过程中的投入状态。如国外学者认为"参与"是学生在与学习有关的活动中投入的生理和心理能量,⑤ 据此将"参与"分为认知参与、行为参与和情感参与的三维概念,以及各个维度之下的"参与"对学生个体的影响。

综上可知,"参与"暗含着一种关系。首先是人与周围世界的关系,人不是外在于我们所处的世界,人是在世界中主动参与或卷入世界中的;其次是人与社会的关系,正如马克思所说,人是社会的人,社会是人的社会,"参与"是人在社会活动中人际关系的表达与"承认";最后是人

---

① 《汉语大字典》(上),四川辞书出版社、湖北辞书出版社1995年版,第387—388页。
② 王焕勋主编:《马克思教育思想研究》,重庆出版社1988年版,第146页。
③ 陈向明:《在参与中学习与行动》(上),教育科学出版社2003年版,第1页。
④ 陈向明:《在参与中学习与行动》(上),教育科学出版社2003年版,第189页。
⑤ Astin, A. W., "Student Involvement: A Development Theory for Higher Education", *Journal Of Student Personel*, 1984, p. 25.

与自我的关系,人在周围世界中和在社会交际中的"参与",最终是为了走向自我存在的确证和体认。因此,"参与"意味着人与世界的关系、人与社会的关系、人与自我的关系。

结合以上学习概念的界定,以及随着建构主义作为一种"教育中的新认识论"对学习理论的影响,认为学习是一种对话,是主体与周围世界的对话,是主体之间的交互作用,是学习主体的主动行为。因此,本研究认为学生学习参与表达的是一种带有主动倾向的学习行为,故将学习参与界定为:在教学活动中,学生与周围世界(自然世界和物质世界)、学生与他人、学生与自我之间的关系中所表现出来的一种主动的学习倾向和行为。

第四节 研究目的及意义

一 研究目的

本研究的目的在于了解在高中新课程改革背景下,学生学习和生存的现实样态,以及学校和学习对学生来说意味着什么。期望通过研究,了解当下学生在学习参与中的现时样态和历史轨迹,在此基础上归纳出学生学习参与的影响因素结构图,并从中发现对学生学习参与有主要影响作用的因素和可控的因素,进而为教师的教和学生的学提出一些实践策略。

二 研究意义

"参与"是学生学习发生的前提,"参与"也是学生学习的条件。我们很难想象,没有学生的参与,真正的学习会发生。本研究试图指出"身在教室心在外"不是"参与",孤立隔绝的将参与界定为认知、情感的参与不是参与。学生学习参与的提出是从整体的人出发,从人置身的"关系"中进行界定,将"参与"看成学生与周围世界、学生与他人、学生与自我之间的关系,"参与"是以上三者之间的"纠缠"和融合。突破了现有研究将参与界定为学习者个体的认知参与、情感参与和行为参与。这种界定将人的身心分离,将完整的人分离为多种元素组合的心理个体,更为重要的是,这种界定将人设定在"真空"中,离开了人所身处的社会历史文化背景。本研究在对"学生学习参与"词源演变进行考辨的基础上，进行了再定义，应该可以说是对学习参与理论的一个微小的贡献。另外，通过研究，提出从学习参与走向"参与学习"，在理论上建构走向"参与学习"的必要性和可能性，阐明"参与学习"的内蕴和特征。

本研究从学生的角度来"看"学校、学校中的学习，了解学生对学习的所思所想，遵循自下而上建立扎根理论的方法，提出"参与学习"的理论构想，并结合影响学生学习参与的主要因素和可控因素提出促进"参与学习"的实践策略，为学校决策（如学校环境建设、学校改进管理制度）、教师教学（如选用教学方法）、学生学习提供基础；帮助教师和学校开展更细致的教育行动，从而为改进教学、课程设置、改善师生关系提供有用的参考。

第一章

研究设计与过程

自然需要被说明，而人需要被理解。

——狄尔泰①

社会研究的基本目的在于对某个问题进行探索性研究，描述事件及情况，最终对事件进行意义解释，在开始研究之前，几乎所有的研究都需要进行研究设计，通过研究设计，可以帮助研究者确定研究的基本图景，为研究的开展做好基础筹划工作。本部分包含研究设计和研究工作的展开，重点介绍研究问题的确定、研究方法的选择、研究路线的构想、研究的展开（样本的选择、资料的收集、整理和分析）和研究者的反思（研究的效度和推广度、研究的伦理道德问题、作为研究工具的研究者和研究可能存在的局限性）。事实上，研究设计和研究过程的各部分是相互联系的，将它们分开进行阐述，只是为了清晰地展现研究的细节和叙述的方便。

第一节 研究问题的提出

笔者对学生学习参与的思考，源于研究生二年级参与导师的子课题"学习与课程之关系研究"，研究编译了国际学生评价项目 PISA 的测评工具（《数学成绩测试卷》和《学生问卷》），以昆明市市区和郊区共 12 所

---

① 转引自陈向明《质的研究方法与社会科学研究》，教育科学出版社 2000 年版，第 36 页。

学校（3个水平，办学条件较好、条件一般和条件较差的学校）为样本学校，然后在每所学校中随机选取两个班的初三学生（15岁），共1164人作为研究对象，对这些学生进行数学素养成就测验和学生背景信息调查，以分析昆明市初中学生数学成就的现状以及试图探明影响学生成绩的个人、家庭和学校的因素（这正是PISA测评的理念）。数据收集和分析的过程激发了我的研究兴趣，并将硕士论文的研究方向定为探析影响初中生数学素养的因素，而随着对PISA的持续关注以及数据的分析发现，PISA测评近年来越来越重视学生参与对学生素养/成绩的关注，许多研究结果证实学生参与是影响学生素养/成绩的关键因素之一。而在影响学生素养/成绩的众多因素中，如果从学生个人、学校、家庭环境等各个因素去考察，不仅研究做不深入，而且以一个研究生的时间和精力是无法完成的，因此，我选择了关注学生方面的学习参与这一因素，并将硕士论文的题目定为《昆明市初三学生数学学习参与度及其对数学素养的影响》，这一研究问题及前期对数据进行的收集，很大程度上限定了以量化为主的研究方法。研究结果表明：学习参与度五个维度与数学素养/成绩的相关达到了显著性水平。进一步回归分析发现：自我效能感、家庭作业时间和学习兴趣三个维度进入回归方程，说明在学习参与度中，自我效能感、家庭作业时间和学习兴趣三个维度对数学成绩有显著的影响。其中，自我效能感对数学成绩的影响最显著，其次是家庭作业时间，最后是学习兴趣。但是就在这三个维度中，家庭作业时间和学习兴趣、自我效能感却呈负相关，说明随着家庭作业时间的增多，可能降低了学生的学习兴趣和自我效能感。① 研究的结果促使我进一步思考学生参与与学生学习的关系，自我效能感、家庭作业时间和学习兴趣三个维度对数学素养/成绩有显著的影响，而家庭作业时间的增多，又可能降低了学生的学习兴趣和自我效能感，进而影响学生的数学素养/成绩的话，那么在数学家庭作业时间每天平均有一小时左右的情况下，学生眼里的家庭作业时间多少是合理的？如果家庭作业时间超过学生能接受的范围，学生又是如何进行自我调节，以保持对学习的兴趣

---

① 马蕾迪等：《学习参与度对初中生数学成绩的影响研究》，《中国教育学刊》2015年第2期。

和如何增强自我效能感的？对于具有不同数学素养/成绩的学生来说，他们的学习体验是怎样的？学校、学习对学生来说意味着什么？我也进一步意识到，将某个心理因素或环境因素抽取出来研究其与学生学业成绩的关系的研究方法，并不能对真实的课堂情境中学生的学习进行合理的解释和说明。

另外，在当时的情况下，我很难再找到这些学生继续追问，因为收集数据的时候这些学生上初三，我写论文的时候他们已经去往不同的学校上高中了。我宽慰自己或许研究就是这样，对一个问题的研究，在一段研究历程结束之后，总会产生新的问题让你持续参与对该问题的思考。因此，读博期间我继续将学生学习参与作为我所研究的问题域，在博士论文的选题时，我再次将学生学习参与作为研究的主题，在原有研究的基础上，我将研究的问题确定为：学校情境中，学生学习参与的现实样态如何？他们有着怎样的学习参与体验？基于研究的问题，我将研究问题分解为如下三个子问题进行具体的探究。

（1）从现时态的角度考查学生学习参与的现实样态是什么？学生对学校、学习的认知是怎样的？在他们的学习体验中，如何赋予学校和学习以意义？

（2）从历时态的角度审视学生学习参与的轨迹如何？

（3）影响学生学习参与的因素有哪些？

以上问题是我进入研究现场之前的一个预先构想，在于给本研究确定一个大致的方向，进入研究现场之后和在研究过程中，我适当地对这些问题进行了调整和修改。在研究现场，当教师们听说我关注学生学习参与的情况时，他们的回答却几乎是"异口同声"："我们高中，学生的参与是很低的。"有时候我进行课堂观察时，教师知道我的研究目的，故意在课堂上进行一些师生互动，让学生"参与"进去。我费力地去和每一位教师解释学生参与不仅指学生参与师生互动，更重要的是学生和教师之间、生生之间、学生和课程内容之间的交互作用，学生参与是学生的一种学习状态，更是学习发生的条件。教师们似懂非懂，当我反问试问没有学生的参与，学习怎么发生时？教师们似乎又明白了。在教师面前，我坚持使用学生参与的概念，也是想澄清教师们对学生参与的误解。但是和学生进行访谈时，我不得不调整用词，用学习指代了学生参与，就像教师所理解的那样，学生们认为学生参与就是师生互动、参与课外活动，因此在访谈中，我使用学习来指代我所调查的学生参与的内容。另外，质性研究的优势还在于，在研究过程中发现新的问题。在对学生进行访谈的过程中，我发现学生在描述学习状态和学习历程时，多次使用诸如"保送生""平庸的人""参与者"之类表示自我概念的词语，因此我在以上研究问题的基础上，再次将研究的问题确定为：学校情境中，学生学习参与的现实样态如何？学习对学生来说意味着什么？学生的学习对学生的自我建构起着什么样的作用？同时在以上三个问题的基础上，增加了一个问题，即：

（4）学生的学习参与及其学生自我概念之间的关系是怎样的？

第二节 研究方法的选择

研究选择质性研究的方法，主要是因为质性研究的方法能够深入细致地探究我所要研究的问题。陈向明认为"质性研究是以研究者本人作为研究工具，在自然情境下采用多种资料收集方法对社会现象进行整体性探究，使用归纳法分析资料和形成理论，通过与研究对象互动对其行为和意义建构获得解释性理解的一种活动"。[①] 质性研究具有情境性和整体性的特征，研究的环境不是实验室控制下，或人为干预控制的环境，而是自然情境下真实的环境；质性研究注重对人、情境、事物之间的整体把握，主张以整体的视域观研究社会现象。质性研究的特征与本研究的研究问题相契合，主要表现在以下两个方面：

本研究主要探究学校情境下学生学习参与的现实样态。学生的学习不是发生在个人头脑中的主观活动，而是发生在真实的学校情境中，是学生个体参与学生群体、参与教师的教学的一种互动性和生成性的活动。学生的学习参与不仅与学校的自然环境和人文环境有关，还与学生置身其中的课堂情境，师生之间的互动、生生之间的互动有关，要对学生学习参与这一行为事件进行研究。脱离学生真实的学习情境的研究非但不能描述学习这一具有社会性的群体活动，也不能展示在特定情境下学生

---

① 陈向明：《质的研究方法与社会科学研究》，教育科学出版社2000年版，第12页。

学习的样态。

研究还力图从学生自己的视角描述他们在学习参与中的体验，以及他们对自己行为的意义解释。质性研究的方法论基础是解释主义和现象学。不同于实证主义认为社会现象是客观存在的，不受人的主观因素的影响，解释主义认为不存在价值中立的客观事实，人们看待事物的方式将决定事物的性质，主体与客体不是相互独立、截然分离的实体，主客体的关系是一种可以互相对话并达成理解的主体间性的关系。在此意义上，质性研究强调研究者和被研究者之间的互动和交流，主张研究者倾听研究对象的声音，理解他们对行为和事件的意义解释，最后再对研究对象的意义解释进行建构。学生在学习中的体验和在此基础上赋予学习的意义，以及学生对自我概念的建构，都需要用阐释主义的方法进行研究，质性研究为本研究问题的解决提供了比较恰当的方法。

另外，本研究采用第一人称的角度进行叙事，不仅可以清晰地再现研究的过程，也能使读者清楚研究者在研究过程和分析材料时的立场和角度。访谈材料中，我也保留了被研究者第一人称的叙事方式，将一个有生命的、完整的研究对象呈现给读者，让读者和被研究者直接交流和互动。

第三节 研究路线的构想

基于以上研究问题的提出和对学生学习参与概念的界定，本研究将按照两条线路进行研究，一条是明线，另一条是暗线。

明线是基于研究的问题提出的，即横向上学生学习参与的现时样态，纵向上学生学习参与的轨迹，以此建构学生学习参与的影响因素模型。

暗线是基于学生学习参与的概念提出的，即学生与周围世界的关系、学生与他人的关系、学生与自我的关系，将三者之间的关系贯穿在学生学习参与的共时态和历时态中，揭示学生学习参与的表现及影响因素。

第四节　研究过程的展开

一　样本的选择

（一）样本学校的选择

本研究属于个案研究，我选择重庆市北碚区某中学，为了保护研究对象，在此化名为未来中学，未来中学始建于1962年，有50余年的历史，占地93亩，是一所有80余个教学班，近5000师生的大型市重点高完中，是区委、区政府精心打造的"品牌"学校，是重庆市重点中学。之所以选择该校，主要是基于以下考虑：一方面，从样本的特性来说，采取一般个案抽样，避免极端个案，未来中学属于市重点中学，在重庆市北碚区不是最优秀的高级完中，但也不是最差的，教学质量在整个区中属于中等偏上，能够说明大多数中等学校的情况。本研究意在研究学生在学习参与中的现实境遇，既需要选择能保持参与水平的学校，也需要避免特别优秀的学校和教学质量一般的学校，另外，选择中等偏上的学校，也是想尽量排出学校因素对学生学习参与的影响，在这样的学校中选择的学生，也更具有普遍性。另一方面，从抽样的方式来说，采取方便抽样，未来中学与我所在的高校属于一个区，研究者到中学去调研路上不用花费太多的时间，更为重要的是，未来中学的学校领导对本研究的问题具有兴趣，学校的"守门人"对我的研究表示支持和欢迎，这对一个研究来说是极大的便利。

（二）研究对象的选择

本研究采取的是目的性抽样，在确定了学校之后，我主要选择高一年级的两个班级进行扎根研究。选择高中生是因为本研究关注学生的学习历程，高中生相对于小学生和初中生来说有一个相对完整的教育经历，高中生更能清晰地表达自己的学习体验。没有选择高二或高三的学生，是因为高三的学生面临高考，学习任务比较紧张，在特殊的备考阶段，他们的身心状态高度焦虑，必定会对研究结果产生不好的影响。同时，高二的学生也处于准备会考的阶段，考试因素对学生的影响无法消除，再加上高二的教师在赶教学进程，学生们在高二下学期要结束高中所有的课程，进入高三就要开始全面的高考复习，所以选择高一年级的学生作为研究对象。高一年级的学生才进入高中，虽然有高考的压力，但是时间还没有紧迫到让他们感到焦虑，而且经过一个学期的学习他们已经渐渐适应了高中的学习和生活，高一的学生能代表学生在正常的水平下的一般状态。未来中学在高一年级下学期就开始分文理科，所以我只能在文科班和理科班各选一个班级。未来中学高一年级共有14个班级，1班至10班是理科班，11班至14班是文科班，理科班按学生成绩从高到低又分为1个实验班、4个特尖班、1个踩线班和2个二尖班和2个平行班，文科班分为1个实验班和3个平行班。刚去学校的时候，学校领导安排我扎根的班级是文科和理科的实验班，这是整个高一年级最好的班级，两个班级的学生的学习参与水平很高，特别是理科班的实验班，班上的学生几乎是全校最优秀的学生，学习的主动性非常强，在课堂跟踪了一个星期以后，我发现这些学生不但学习努力，自身的天赋也很高，这违背了我想要避免极端个案的初衷，在和年级组长的商量下，我扎根的文科班不变，理科班换为一个特尖班。其中，文科实验班共65个学生，57个女生和8个男生，理科特尖班59个学生，30个女生和29个男生。

在两个班级中扎根进行课堂观察达到一个月的时候，我跟班上的学生也已经互相熟悉，他们对我这个大同学少了几分陌生，更多的是我参与他们课堂的好奇。我采用分层目的性抽样，按照三个参与水平，即参与水平高、一般、低在每个班级各选择3名学生作为我访谈和追踪的对象，选择样本学生主要是依据班主任的经验向我推荐，我再结合自己的观察最终确定样本学生，确定的样本时都征得了学生的同意，并且兼顾了性别平衡，文科班2女1男，理科班1女2男，共6名学生。没有选择更多的学生，我认为质性研究不像量化研究，采用的是随机抽样，需要顾及样本的代表性，本研究采取目的性抽样，每个参与水平下有两个学生，我需要和这6名学生进行深度访谈，并且打算对他们进行长期的追踪研究，研究对象太多不利于研究的展开和进行，这在后期的资料整理和分析中，得到了印证。

以下是样本中6名学生的基本信息，为了保护研究对象，所有的人名都是虚构的。

何炜祎，女，文科班参与水平较高的学生。何炜祎不属于本区的学生，是外区学校保送的，因此她在学校住校，每个月回家一次。她的父母都是农民，小学和初中都在乡镇学校就读，并且一直保持优异的成绩。

顾菡，女，文科班参与水平一般的学生。顾菡的父母常年在外包工程，因此她的小学是在新疆上的，在小学的时候是学校里的佼佼者，初中因为户籍的关系回到重庆上学，父母在外，家里有姐姐照应，属于本区外校保送的学生。顾菡也是住校生，每两周或每个月回家一次。

王千阳，男，文科班参与水平较低的学生。父亲有固定的工作，母亲没有固定的工作，母亲因他成绩不好从小学三年级开始请家教为其辅导至今。王千阳是本区本校保送的学生，是本研究中唯一的一个走读生。

马思远，男，理科班参与水平较高的学生。小学初中参与水平一般，对理科具有浓厚的学习兴趣，高中因分理科后，成绩越来越好，学习参与水平较高。其父母从事金融行业，受其影响，大学也想学习金融。马思远是本区本校的保送生，也是住校生，每周回家一次。

艾熙才，男，理科班参与水平一般的学生。其父母因为工作关系也在省外，他的小学和初中都在山东上，后因父母工作变动，初三的时候转回重庆，复读了一年初三。艾熙才也是属于外区学校的保送生，住校，每个月回家一次。

陈若谷，女，理科班参与水平较低的学生。属于本区本校的保送生，住校，每周回家一次，父母均有固定的工作。

二 资料的收集

在质性研究中，只要可以为研究目的服务的都能成为研究的资料，因此，研究收集资料的方法比较多，本研究收集资料的方法主要为半结构型访谈法，并辅之以观察法、实物分析法和问卷调查法。

（一）访谈

访谈法是质性研究中最重要的一种收集资料的方法，是研究者带有目的性地、通过口头谈话的方式了解被研究者的所思所想，探究被研究者的内心世界的一种资料收集的方法。访谈按分类标准的不同而分为不同的类型，根据研究者对访谈结构的控制程度可分为封闭型、开放型和半开放型三种类型，也称为结构型、无结构型和半结构型。①

本研究采用半结构型访谈，对6名学生和3位教师进行了访谈。对学生的访谈分为两次，第一次访谈为个人深度访谈，第二次访谈为焦点集体访谈。教师访谈分三次单独进行。

对学生的第一次访谈为2015年6月中旬，正值端午节放假。第一个受访对象是艾熙才，他是我课堂观察的"同桌"，平日里交流也比较多，选择熟悉的对象的好处在于学生和我没有太大的距离感，我们之间可以自由的交流，通过对他的访谈，也有助于我及时修改访谈中的提纲。因此我在6月18日先和艾熙才商量了时间和地点，中午午饭后学生要午休，下午午饭有1小时的时间，但一般情况下学生午饭后又都回教室上自习了，所以在和艾熙才商量好时间之后，征得他们班班主任的同意，在初中部的一间无人教室开始了第一次访谈。在我扎根的学校中，初中生不上晚自习，下午课后便回家，选择初中部的教室进行访谈，一是学生对学校的环境比较熟悉，他们认为那里无人干扰，学生教室本来也属于他们的舒适区，二是我所在的教师办公室虽然午饭后没有教师在，但是学生在教师办公室可能会担心中途有教师进来，因此访谈的时候不能畅所欲言。和艾熙才的访谈持续了1个小时，访谈的大致提纲主要围绕着研究的三个问题展开，即高中生对学校和学习的认知是怎样的？他们怎样定义"参与"，他们在课堂教学活动中的参与如何？他们对学习兴趣如何，投入多少时间和精力学习？在学生看来，促进他们学习参与或者抑制的因素分别有哪些？访谈的提问方式主要是非指导性提问，避免让受访者感到有暗示的语言或期待的答案。

由于6月18日晚自习后就开始端午节放假，6月19日到21日学生回家过节，我刚好有时间整理第一个受访者的资料，然后对访谈提纲进行适当的调整。当我正在计划下一次访谈时，年级主任告诉我6月20日下午大部分学生已经返校，21日全天有教师值班上自习，我可以用21日整天的时间和学生约谈。我清楚一旦学生上课，只能每天访谈一个学生，

---

① 陈向明：《质的研究方法与社会科学研究》，教育科学出版社2000年版，第171页。

上课期间学生学习任务重，时间对他们来说非常宝贵，因此我和其余的 5 名学生约定好时间，并得到了班主任的同意，在 21 日对其余 5 名学生进行了访谈，地点同样选择在初中部的无人教室。所有的访谈都在受访者同意的情况下录了音。并且在第一个受访者的经验基础上，我发现学生在对当前学习参与的状态描述和原因分析中，倾向于从他们的受教育经历中进行描述，因此我修改了访谈提纲，在访谈开始的时候让学生描述自己的受教育经历，这样的方式让他们很快进入了访谈的状态，有人愿意倾听他们的心声让他们对访谈表示出极大的兴趣，和每个受访者的访谈最短的有 1 小时，最长的有 1 小时 32 分钟，学生们尽他们所能向我描述着他们在学习参与中的所思所想。在访谈过程中，我不仅用录音笔进行记录，也对学生无意中提到的信息标记后进行追问，访谈除了按照大致提纲进行提问（见附录），也尽量遵循学生叙述的思路，对学生的回应主要采取一种认可、重复受访者所说语言的方式支持和引导受访者进行讲述。

第二次访谈是焦点团体访谈，时间是 7 月 3 日，学生进入期末自由复习的最后一周，同样在和学生协商，征得班主任的同意后，利用下午最后一节自习课的时间，在初中部的教室进行焦点团体访谈[①]。对学生进行深入访谈之后，利用焦点团体访谈有很大的优势：

其一，焦点团体访谈本身可以作为研究对象[②]。研究者可以在焦点团体访谈中观察受访者之间的互动以及行为表现，如在谈到同辈群体对学生学习参与的影响时，女生觉得同辈群体或同辈群体里的重要他人可以促进或激发她们的学习参与，而男生对此持相反的意见，他们甚至为此而争论起来，男生觉得和同伴们在一起玩就是纯粹地玩，不会聊和学习有关的事情，但是女生觉得和同伴在一起玩有时候可以讨论学习，特别是和学习成绩优异的同学一起玩的话，不会感觉到自己是学习的局外人。通过观察受访者之间的交谈，研究者可以了解男女生同辈群体之间的互动模式和影响是不一样的。其二，促进受访者之间的相互启发。焦点团体访谈属于集体性访谈，所有的受访者处于同一个情境中，他们在相互

[①] 此时初中部已经期末考试结束，初中生已经放假。
[②] 陈向明：《质的研究方法与社会科学研究》，教育科学出版社 2000 年版，第 213 页。

交流中彼此激发，个体知识得以涌现，产生新的想法。同时他们还能相互验证彼此的想法，我在深度访谈后得到的一些初步想法也可以得到验证。其三，节约时间，集体访谈的好处就是在相同的时间内收集到更多的信息。

访谈持续了 2 小时，这些高中生们对这样的交流形式充满了兴趣，文理科的学生坐在一起倾听相同的声音和不同的声音，聆听别人的声音和自己的声音，在倾听中学会表达自己。但是焦点团体访谈的弊端也由此显现，文科的学生更善于言谈，他们在交流中夸夸其谈，甚至引经据典，理科的两名学生本来就不善言谈，在这样的对比下，对不善言谈的学生造成了比较大的心理压力①。即使这样，这些高中生也在兴致勃勃地讲述他们的种种经历和想法，我在访谈时做了简短的标记和笔记，对一些不明确的问题进行了追问，在访谈过后坚持写备忘录和访谈的心得体会，不断反思访谈中所使用的方法及可能对研究结果产生的影响，并将所有的录音逐字逐句整理成文。

为了验证学生访谈中提到的一些内容和课堂观察中的一些现象，我对三位教师进行了正式访谈。访谈的教师包括高一年级的年级主任、我所进行课堂观察的两位数学教师，由于理科班数学课的学生学习参与较高，我对理科班的数学教师进行了深度访谈。

(二) 观察

观察是人们认识世界的基本方法。象征互动主义认为，人们在互动中建构新的知识，产生理解。研究者通过和被研究者之间的互动获知对方意义的建构，参与式观察是使研究者与被研究者产生互动的有效的方式。通过参与式观察，研究者在自然的情境中，倾听和观察被研究者的言行，理解他们在特定的情境中的行为方式和对自己行为的意义解释。

研究辅以参与式观察法，我于 2015 年 5 月 25 日到所扎根的学校，7 月 3 日离开。刚进入学校的一个周，我对所扎根的两个班级所有科目的课程都进行了参与式观察，基本上了解了学生的学习参与情况，以及他们在每门课程中的行为表现，最终选择数学课作为我长期（一个月）参与观察的课程。之所以要选定一门课程和最终选择了数学，基于两个方

---

① 这是假期和学生 QQ 聊天时，理科班的一名学生告诉我的。

面的原因：

一是个人时间和精力有限。如果对所有的课程都进行观察，在有限的时间内很难抓住重点，不利于开展深入细致的研究，又因为文理分科的关系，课程之间有很大的差异，只有三大主科，即语文、数学、外语是所有学生高度参与学习的，而文科的科目在理科已经不受重视，正如理科的科目在文科被轻视一般，最终我决定在三大主科中选择一门课程长期追踪。

二是受问卷调查结果的启发。在学校两个周后，我进行了问卷调查，其中有两道题目是问学生"哪几门课程，你付出了最大的努力和时间"，"哪几门课程，你最喜欢或吸引你的兴趣"，前一个问题有77.4%的学生的答案是数学，后一个问题的答案是数学的只有25.2%，也就是说，将近52%的学生不喜欢数学却在付出大量的努力和时间学习数学，这是在所有答案中反差最大的一组，学生对数学的高参与是我选择数学的一个方面；另外，在我所扎根的班级中，理科班的数学课堂上师生的高参与也引起了我的关注，最终选择数学课作为我观察和分析的课程。

观察的具体实施，主要包括以下几个步骤：观察前的准备（确定观察的问题、制订观察计划、设计观察提纲）、进行观察、记录观察资料、观察者的反思。[①] 本研究的观察实施，基本遵循以上的步骤，记录观察资料和进行观察是同时发生的，在以下的论述中，我将对它们进行合并来说明这两个步骤，观察者的反思将在研究者的反思中论述。

在观察前，我将研究的问题分解为观察的问题，并设计了一个初步的观察提纲，列出了自己希望观察的内容，问题大多是开放性的，目的是为观察活动提供一个方向，如在数学课堂上，我拟定的大致观察的问题如下：

（1）师生在课堂上有什么行为表现？他们说了什么或做了什么？

（2）教师和学生相互之间的互动是怎样开始的？互动的方式有哪些？互动的行为主体是谁？不同参与者在行为上有什么差异？

（3）师生在互动中的行为动机和态度是什么？不同参与者在行为上

[①] 陈向明：《质的研究方法与社会科学研究》，教育科学出版社2000年版，第236—256页。

的表现的原因是什么？

观察计划主要包括观察的内容、对象、范围，地点、观察的时刻、时间长度、次数，观察的方式、手段，观察的效度和伦理道德问题。① 本研究主要观察文理科两个班数学课堂上学生学习参与的行为表现和互动方式，通过课堂观察，可以发现学生学习参与的一般样态、教师和学生在教学活动中的参与行为，进而对学生访谈中的信息进行相互解释。课堂观察的时间持续一个月，每周七节数学课，共28次，这是对数学课的集中观察。因为我在期中考试过后才进入学校，此时已经快结束新课的学习，进入复习阶段，而复习期间学生和教师的互动模式大致相同，有时整堂课都是教师讲练习或者学生做练习，所以课堂观察的时间就在学生进入复习阶段后的一周停止。课堂观察主要是坐在教室后面，利用观察提纲记录，弊端是看不清楚学生的面部表情，由于人力有限，只能对学生群体进行整体的观察，很难集中关注个体的参与行为。对于课堂中出现的一些特殊事件或我不理解的事情，我都在课后和学生、教师进行了及时的交流，尽量避免发生错误的解释，保证观察的效度。至于观察中可能出现的伦理道德问题，进行课堂观察得到了授课教师的同意和支持，我坐在教室的最后面也是为避免影响学生上课。

在观察之前，我设计了一个初步的观察提纲，观察提纲的设计主要是依据我前期对两个班数学课的观察列出来的（见附录）。在观察实施过程中，根据具体的实际情境对观察提纲进行了修改和补充。

进行观察时，观察的方式在不同的阶段呈现不同的风格，在观察前期主要采取开放式观察，研究者对观察的大环境进行全方位、整体性的感知，包括物质环境和人文环境，如对学校的大环境进行整体观察后，我走进教室，高中教室我是熟悉的场景，因此首次进入时采取开放的心态，用自己身体的感官去体会现场的一切。采用描述性记录的方式，在不方便进行全面记录或者口授录音的情况下，我采用画现场图的记录方式，描述教室的物质环境（如教室的空间布局和物品摆放）和人文环境（如教师的活动范围和学生的座位摆放），如图1—1所示。图1—1是我第一次进入文科实验班时所画的现场图，我在图下写了备忘录，当时第

---

① 陈向明：《质的研究方法与社会科学研究》，教育科学出版社2000年版，第237页。

一印象是感觉教室很拥挤，没有多少自由活动的空间，桌子之间留出来的空间刚好够一个人通过，前面学生的桌子紧贴着教师的讲桌，最后一排的桌子与后黑板的距离也仅能一个人通过，学生桌子上堆满了书，水杯和学习用具，座位下边或旁边放着学生的书包。我想这大概是因为这是文科最好的实验班，学生人数较多，但后来在学校时间久了发现，教室拥挤是所有班级存在的现象。

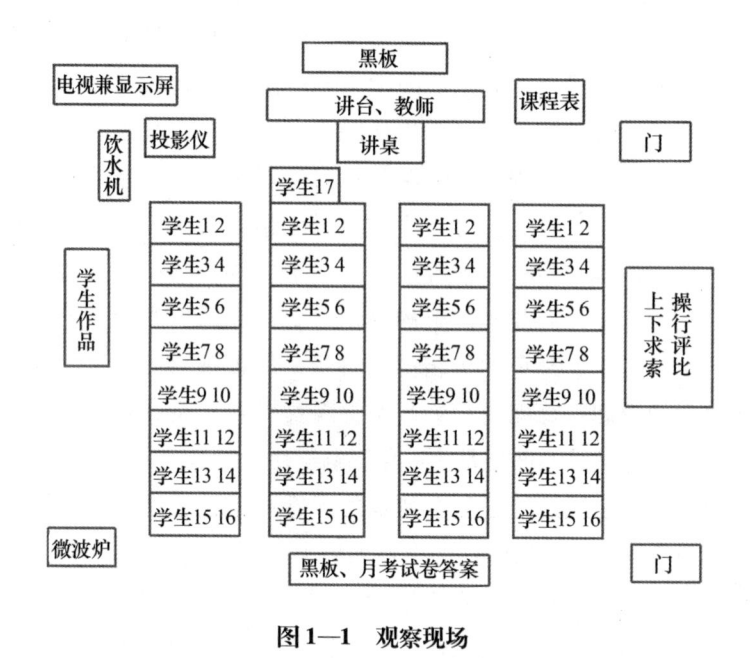

		黑板		
电视兼显示屏		讲台、教师		课程表
饮水机	投影仪	讲桌		门
		学生17		
	学生1 2	学生1 2	学生1 2	学生1 2
学生作品	学生3 4	学生3 4	学生3 4	学生3 4
	学生5 6	学生5 6	学生5 6	学生5 6
	学生7 8	学生7 8	学生7 8	学生7 8
	学生9 10	学生9 10	学生9 10	学生9 10
	学生11 12	学生11 12	学生11 12	学生11 12
	学生13 14	学生13 14	学生13 14	学生13 14
	学生15 16	学生15 16	学生15 16	学生15 16
微波炉		黑板、月考试卷答案		门

图1—1　观察现场

注：由于每周学生都轮换座位，故将学生按第一次观察时小组的座位来编号。

对观察现场整体认识并进行了两到三天的观察，明确知道自己希望回答的观察问题之后，我采取了逐步聚焦的观察方式。对学生参与教师的教学进程，参与师生、生生之间的互动，完成教师安排的教学任务等行为进行聚焦观察。在课堂观察中发现，生生之间的互动非常少，或许可以说几乎见不到，师生之间的互动也不像我想象的那样，更多的是教师讲学生听的课堂互动，因此，我不得不将观察提纲中生生之间的互动删除，将关注点集中在师生之间的互动上。

观察记录主要依据观察提纲，按照时间发生的序列进行连续性的记录，并尽量做到详细，这样做一方面可以保持事情的细节，为以后的"深描"提供资料，也可以保持事情的时序和情境，方便还原事情的原貌。

（三）实物分析

实物包括与所研究的问题有关的文字资料、音像图片和物品。一般分为官方类和个人类。本研究收集到的实物资料主要是文字性的材料，有属于官方类的中学生守则（学校制定）、学生作息时间表、课程表和学生成绩，个人类的主要是学生的自述/自传，学生网络空间里的个人日志、说说[①]。

官方类的文字材料主要由年级主任提供，用以分析学生所处的制度性环境，官方类的文字材料需要在实际的情境中验证，如学生的课程表上所安排的课程只有周一到周五，但在实际调研中发现，学生周六和周日早上都有课程安排。个人类的文字材料是被研究者自己所写的文字，包括日记、书信、和自述/自传，本研究收集到的主要是学生的自述/自传，自述/自传是学生描述自己从小到大的成长经历，包括学生的教育历程和家庭的变故等，适用于了解学生的生活史和解释学生当下的行为表现。学生自述/自传是我要求被访谈的学生在假期期间（7月10日至8月30日）写的，描述自己从小学到现阶段的教育历程和成长经历，几乎所有的学生都按时完成了"任务"，只有一个同学是在开学后一周给我的。对于学生的日记或书信，我曾经征求研究对象的意见，问是否可以看一些他们认为可以让我分享的日记，但他们都说不写日记，但告诉我可以看他们发表在QQ上的"说说"，暑假期间，学生在家方便上网，我也经常在QQ上和他们聊天，学生的坦诚总是感动着我，从对这些实物分析中，也增进了我对他们的了解和理解。

（四）问卷调查

问卷调查的使用是为了了解学生的参与现状，对访谈和观察的材料进行三角验证而使用的一种资料收集方法。问卷借鉴美国印第安纳大学（Indiana University）评价与教育政策中心（the Center for Evaluation & Education Policy）的高中生参与调查（The High School Survey of Student En-

---

[①] "说说"是在社交工具QQ空间里用户发表的心情和状态，一般都具有即时性。

gagement，HSSSE）的问卷，该问卷以"学生学习参与"为核心调查内容，了解并描述高中生在教育活动中的学习参与情况。该中心将学生学习参与定义为一种关系，意味着学生和学校的关系，具体指学生和成人、同辈群体，学生和课程、教学内容、教学方法、学习机会之间的关系，同时也指向学生投入学习活动中的时间和精力。[①] 调查问卷主要包括认知参与（学生去学校的动机、学习的厌倦感、吸引学生参与的教学法、互动）、行为参与（学生的课外时间分布）、情感参与（学生的学校归属感）三个部分的内容。本研究借鉴并编译了 HSSSE 的调查问卷，删除与中国国情不相符的和对部分选项进行修改以后，经克隆巴赫（Cronbach's Alpha）系数检验，问卷的 α 系数为 0.911，具有较高的信度。

如上所述，问卷涉及学生对学习的认知，对学校的态度和情感，主要研究学生的学习情况，因此问卷调查是在我进入高中两个周以后进行的，这时大多数学生们已经知道我是从大学来做调查研究的。文科班和理科班各选择 3 个班级（文科 1 个实验班和 2 个平行班，理科 1 个实验班，1 个特尖班和 1 个踩线班），共发放问卷 354 份，回收 350 份，有效问卷 330 份。问卷调查都得到了年级主任和班主任的许可，所有的问卷都是我自己发放的，这样可以消除学生填写的顾虑，保证学生答案的真实性。

三 资料的整理与分析

资料收集完成以后，需要对所收集的资料进行整理和分析。在收集资料的时候，研究者已经对资料进行过一定的筛选，整理和分析资料是为了使原始资料系统化和条理化，正如陈向明所说："整理和分析资料指的是根据研究的目的所获得的原始资料进行系统化、条理化，然后用逐步集中和浓缩的方式将资料反映出来，其最终目的是对资料进行意义解释。"[②] 对资料的分析和整理可以说是一个相互交叉、同时进行的过程。本研究对资料的整理和分析几乎是同时进行的，每次收集完资料以后，

[①] Yazzie-Mintz, E. *Voices of Students on Engagement: A Report on the 2006 High School Survey of Student Engagement.* Bloomington, Center for Evaluation & Education Policy, 2007.

[②] 陈向明：《质的研究方法与社会科学研究》，教育科学出版社 2000 年版，第 269 页。

我就及时对资料进行整理和分析。

（一）问卷调查结果的整理和分析

最早得到的资料是学生学习参与调查问卷，收集完问卷的资料后，刚好遇到高考，我所扎根的学校是高考的考点，全校师生放假三天，有三天不用到学校去，刚好为我整理调查问卷争取了时间。但限于个人的时间和精力，我一个人无法在三天内整理完350份问卷，我就请同门的师妹和师弟帮助我将问卷数据录入统计分析的软件中。数据录入完之后，利用SPSS 20.0对数据进行分析，对学生学习参与的现状有了大致的把握和了解。由于本研究的目的不在于利用调查问卷揭示学生学习参与中的差异，因此没有对数据进行差异和相关分析，只是用百分比对现状做了描述，利用开放性问题了解学生学习参与的情况。

（二）观察结果的整理和分析

对观察结果的整理和分析主要依据实地观察的记录，记录得越详细越有利于整理和分析。实地观察主要是针对课堂上学生参与教师教学、师生之间的互动进行的观察，依据大致的观察提纲进行观察，需要有速记的能力，并且需要集中精神。课堂观察时老师们不愿意我录音，但我一个人对60多个学生和一个教师进行观察，有时候不能及时记录观察的结果，有时候在记录的时候可能会错过其他的信息，因此对观察结果的整理和分析必须及时进行。

我所观察的两个班级的数学课基本上都是连着上的，我常常利用课间的时间对观察资料进行整理和分析，或者在一天的数学课结束之后，一头扎进教师办公室进行资料的整理，结合观察记录表，将观察结果按实地观察的资料、个人笔记、方法笔记和理论笔记进行梳理和再三斟酌，对一些有待验证的问题进行标记，资料整理后再找老师和学生进行验证，或者对在记录时候简化的内容进行扩展，对遗漏的问题尽量补全。但是观察毕竟是在特定情境下发生的活动，有时候在整理资料时常常苦于不能回头过去看当时的情境，有些遗漏的信息找不回来，我只能在观察的时候尽量详细记录，但是后来却发现，当时可能认为不重要的信息没有详细记录，在分析资料的时候却往往显得那么重要。

（三）访谈结果和学生自述的整理和分析

质性研究中对资料的整理比较严格，特别是对访谈资料的整理，需要将访谈的录音逐字逐句地整理成文。本研究中所有的录音都是我一个人整理成文的,通过办公软件 Word(2011 版本)进行记录和保存,因为访谈法是研究中的重要方法,自己整理录音等于初次阅读访谈资料,并且逐字逐句的听录音记录对所整理的访谈资料印象也会较深刻。

对访谈资料整理完毕的时候,我也得到了学生自述的资料,我按照访谈和自述将资料分为两类,并给每份资料建立了一个编号系统,访谈包括学生访谈(Student Interview,编码为 SI)和教师访谈(Teacher Interview,编码为 TI),自述指学生自述(Student Report,编码为 SR),在资料的类型后加上学生或教师的姓名,将资料按序号排列。资料初步整理和编号完毕之后,对所有的资料进行了备份。

访谈和实物的资料较多,本研究先对资料进行了整理,然后进行资料的分析。资料分析的步骤一般包括阅读原始资料、登录、寻找"本土概念"、建立编码和归档。本研究采用扎根理论(ground theory)的方法,扎根理论是质性研究中建立理论的一种方式,是一种从下往上建立理论的方法,其核心是从经验资料的基础上建立理论,经验性材料为抽象出理论提供证据支持。对资料的分析遵循扎根理论的操作程序,即三级编码的方式。[①]

1. 一级编码,又称开放式登录

在一级编码中,采取阅读资料时"投降"的态度,保持开放的心态,把自己有关的假设和价值判断悬置起来,让资料自己说话。这就需要将收集到的原始资料全部打散,对资料内容逐字逐句地登录,登录的时候主要根据研究的问题或者资料中反复出现的词语或内容选择需要登录的资料,对其赋予新的标签,即设立码号,码号的设立尽量使用"本土概念",然后将新的码号组合起来,在其中寻找相互联系的概念类属,将不同的类属进行概念化。一级编码是扎根理论形成的基础,是对原始资料进行的初步分析,在这一阶段需要认真细致地阅读原始资料,避免遗漏重要的或关键性的信息;尽量使用当事人的语言设立码号,遵循当事人看到世界的方式来建立码号之间的类属关系;反复思考相关的语词、句

---

① 陈向明:《质的研究方法与社会科学研究》,教育科学出版社 2000 年版,第 332—335 页。

子、段落和研究目的、研究问题之间的关联。

2. 二级编码，又称关联式登录或轴心登录

二级编码是在一级编码的基础上，寻找已经概念化的类属之间的有机联系，研究者每次只能对一个类属进行深度分析，即围绕着"主轴"寻找次级类属。在研究过程中，研究者不断的反问自己：主要概念和次级概念之间的关联是什么？这些概念类属是否正确的反映了被研究者的意图？我通过画图的方式来表示主要概念和次级概念之间的从属关系，以及检验概念类属对资料的反映情况。在对学生访谈和学生自述设码并进行概念化以后，我为每位学生画了一张图，来表示这位学生所使用的重要概念之间的关系，六张图画好以后，我就对六张图进行了比较和分析，从而得出这六位学生所使用的概念类属之间的一个大的关系图。

3. 三级编码，又称核心式登录或选择式登录

所谓核心式登录就是在已有的概念类属中选择一个具有统领性的核心类属，这个核心类属能够把所有的次级类属串联起来，达到"提纲挈领"的作用。核心类属的寻找是结合为六位学生画的图和在此基础上形成的大图，我反复地阅读原始资料，思考现有的概念类属可以在什么范围内具有更大的分析范畴？我如何将这些次级类属串联起来形成一个初步的理论架构？通过不断地比较和分析，将类属和类属之间的关系建立起来，从而建构出核心类属，即"学生学习参与与自我的确证"，在这一理论架构下，我发展了一个扎根理论：学生学习参与对学生自我概念的形成具有促进的作用。

第五节　研究者的反思

一　研究的效度和推广度

在质性研究中，研究的效度不仅涉及研究的结果，也关涉研究过程中所有因素间的关系，研究的效度用来保证研究的"真实性""准确性"和"可靠性"。本研究中，可能会影响研究效度的问题和我采取的规避的方法体现在以下两个方面：一是记忆问题。在学生自述中，我要求学生回忆他们从小学至今接受教育的历程和生活史，学生们可能因为时间久远而不记得其中的一些具体事情，但是他们又极力想向我描述某件对他

们来说影响重大的事件，这时我就担心学生采用虚实相生的写作手法描述自己过去的经历。如有一位学生在自述中将小学四年级以来的所有成绩都写出来，我惊讶于所有这些成绩怎么可能记得那么清楚，后来向学生求证时，她告诉我她有写日记，并且我在想她可能保留了成绩单，但是当我向她请求是否可以看她日记或相关的成绩单时却遭到了拒绝。面对这种情况，我尽量不采用学生所提供的具体信息，或者当信息重要时，我采用"三角验证"的方法来提高效度，若是过去的教师无法联系，我至少还能向学生当前的班主任或教师证实学生所叙述的事件，同时我也向学生要了家长的联系方式，对于一些不确定的事件向学校的老师或家长求证。

二是研究者的身份问题。在本研究中我具有双重身份，既是一个局内人，又是一个局外人。作为一名学生，我和这些被研究者有许多的共同之处，我和他们一样都是学生，我经历过他们已经经历过的和正在经历的教育历程，我几乎能在他们每个学生身上看到自己过去的影子，特别是看学生自述时常常将我带回高中时候的彷徨和无奈中，他们的孤独、无人理解的情绪使此时写论文的我产生了共鸣，他们的喜怒哀乐也让我跟着悲喜交加。当阅读完资料冷静下来的时候，我又常常提醒自己，作为一名研究者，我应该跳出来看问题，我可以利用局内人的优势和学生产生共鸣并理解他们的言行，同时作为研究者我必须冷静的分析学生的叙述背后真正想告诉我的是什么，在他们的话语背后深层次的原因是什么。

至于研究的推广度，本研究属于个案研究，只调查了重庆市一个区的某一市级重点高中的6名学生，研究的结果不能推广到重庆市其他区县不同类型的高中生，亦不能推广到中国其他省份的高中生。我采用类型研究法[①]，避免了办学条件较好或一般的学校，选择中间类型的市级重点高中，并从高一年级文理两个班选择学习参与水平高、中、低各2名学生，对这些学生进行深入细致的研究。虽然我国高中各级各类学校差异比较大，但是在同类型的学校中，办学条件大致相同的情况下，研究的结果可以推广到类似学校的学生当中。正如费孝通在《重读〈江村经

---

① 费孝通：《江村经济》，上海世纪出版集团2013年版，第484页。

济〉序言》中提到的，面对 Leach 教授对微型社会学的责难，对《江村经济》代表性的质疑：中国这样广大的国家，个别社区的微型研究能否概括中国国情？费孝通首先承认局部不能概括全部，方法上不能以偏概全，然后他提出人文世界中的整体不是数学概念里一个一个相加的总数，同一个整体中的个体具有相似的类型或模式，当条件相同时形成的相同事物就是一个类型。① 因此人文世界的研究者可以通过"解剖麻雀"的方法以微明宏，以个别例证一般。故本研究的研究结果也可以用于解释大多数高中生在学习参与中的某些表现，正如我和学生在访谈过程中，由于我对他们的学习和生活东问西问，最后学生反问我"老师你的高中不是在中国上的吗？难道中国的高中生不都是一样的吗"，我也相信特殊性中具有共性的存在，中国的高中生在学习参与中是有共性的，比如对学习时间的高投入，他们赋予学校和学习的意义。

另外，对于政策的制定者和高中的管理人员，我相信本研究可以为他们制定政策和管理学校的时候提供参考。研究反映的是学生在学习参与中的具体情况，以及他们对学习的所思所想，因此，本研究对于在教学现场的教师和学生的家长也有一定的启发意义，帮助教师和家长更真实的了解学生的现实需求、倾听学生内心的声音。本研究建立的扎根理论，对于诠释学生学习参与和学生个人的身份建构具有理论性作用。

二 研究的伦理道德问题

质性研究注重研究中的伦理道德问题，因为研究者和被研究者之间的关系会影响研究本身的质量。首先，本研究得到了学校"守门人"的同意和支持，对于课堂观察，我事先都取得了教师的同意，对学生的访谈，得到了班主任和学生本人的同意，并和学生协商访谈的时间和地点，选择他们认为方便的时间和地点进行访谈。其次，为了保护研究者的个人信息，研究中所使用的所有名字都是虚构的，在焦点访谈中，我要求学生倾听别人、自由表达，更要求他们对访谈内容进行保密，访谈结束后不要谈论别人说过什么，更不要点名道姓地议论别人。最后，我对所有接受访谈的研究对象、我参与课堂观察的教师和班主任、年级主任都

---

① 费孝通：《江村经济》，上海世纪出版集团 2013 年版，第 285 页。

赠送了礼物。让我感到不安的是，研究无法进行"公平回报"，特别是对这6名高中生，由于他们的学习时间比较紧张，每次访谈都会占用他们1小时的时间，而且每次都只能利用学生自习的时间进行访谈，相比于他们班上的其他同学，别人都在专心的上自习，他们却在和我"聊天"，有时候他们希望在我这里能"学习"到一些东西，但是我担心研究者效应而不能具体细致的给他们帮助，这让我倍感歉疚。在研究结束的时候，我为他们每个人挑选了一本书赠送给他们，并告诉他们我会持续关注他们，任何时候需要倾诉或需要帮忙的时候都可以找我，并且至今我和这些学生也保持联系，他们每次通过QQ问我一些问题的时候我都觉得十分欣慰，为自己也能帮他们做点什么感到满足，虽然这比起他们对我的帮助而言是那么的微不足道。

三 作为研究工具的研究者

质性研究是以研究者本人为研究工具的，因此研究者个人的因素对研究的质量至关重要，这就需要回答"我是谁"[①] 的问题。正如上文提到的，我是大学校园里一名普通的学生，以学习为业，并乐此不疲。我带着研究任务进入高中的教学现场时，我成了一名备受瞩目的博士生。作为学生，由于长期在校园里，学生"味道"比较重，以至于在刚开始进入学校的时候，老师和学生们都以为我是大三实习的学生，因为那段时间，刚好是实习生进入学校实习的期间，我也一直和这些实习生出现在课堂上进行课堂观察。这些高中生忙于学习，课间除了去卫生间或趴在桌子上睡觉的，其他学生也在忙着做题或利用课间背单词，刚去学校的时候，课间找学生聊天常常会遭到拒绝，他们不习惯别人问东问西，还指点我要了解什么去找班主任，他们甚至不在乎有人在他们班听课，因为我进入课堂一周后，有一天我在走廊上休息，跟一个学生聊天，她问我是不是来找人的，我告诉她我在他们班听课有一周了，她说她不知道，因为坐在前面不看后面……我感慨这些学生的时间和精力都专注于学习了，刚进入学校的前两周，我感觉自己掉入了一个既陌生又熟悉的"国度"，孤独和无助常常将我包裹，每天早上都是鼓足了勇气去学校，安慰

---

① 陈向明、林小英编：《如何成为质的研究者》，教育科学出版社2004年版，第34页。

自己过些日子就好了，可是却天天那样毫无进展。

直到进行问卷调查的时候，我需要介绍自己并介绍研究的目的，给学生读调查问卷的指导语，学生们才知道我是来做研究的博士生，并不是他们认为的实习生。身份"暴露"以后，每次进入课堂都会听见学生喊"doctor"，并调皮的冲我笑。他们对博士生的好奇为研究带来了便利，在选择访谈对象时，所选定的6名学生都表示非常愿意参与我的研究，另外也有学生经常向我询问研究的内容，表现出有兴趣参与我的研究，但是限于时间和精力，我不能过多地邀请学生参与研究，只能在课后和他们聊聊学习和生活中的问题。

对研究现场和研究对象的慢慢熟悉，增加了我的研究自信，我不带任何前设进入学校，每天在学校进行课堂观察，做问卷调查和约学生访谈，没有既定的框架内容，我惶惑于最后能在这些资料中打捞出什么，研究又会走向何方。但正是这些学生真诚的笑容，对我知无不言，让我不敢辜负他们，让我感觉到我不是一个人在进行研究。另外，大学九年以来所受的教育和在教育学共同体中的成长，让我相信我一定能看到别人习以为常但却重要的事情，多年的学术训练是转化为能力的时候了，这让我在研究中总能平心静气地去分析问题。同时，在和研究对象相处的过程中，也让我学会了耐心和等待，我花了半个月的时间才和这些高中生渐渐熟悉起来，而要和他们交流必须取得他们的信任，第一次访谈的时候学生对我虽然真诚，但还是显得有些陌生，而在第二次焦点访谈的时候，他们已经能够放开的自由交流了。在第一次访谈经验的基础上，我也学会更好地倾听，我意识到我不是对他们进行"采访"的研究者，而是和他们一起进行交流的人，我们在人格上是平等的交流者。

然而，作为一名女性，又是大学校园里的博士生，在教师那里就没有那么讨巧。由于人们对博士生有刻板印象，许多老师经常会说的一句话就是，"博士生不都是年龄比较大的吗"，在他们的眼里，博士生不仅年龄大、看起来呆滞沉重，并且作为被称为第三种性别的女性博士生，和他们眼前的我反差太大，几乎没有一条对得上他们"眼中"的博士生。这让我在跟一些老师"请教"问题时屡屡受挫，他们要么小心翼翼不愿意表露心声，要么就是我进行课堂观察时表示出极大的不愿意但又不得不答应（因为年级主任给所有教师说过，我可以听任何老师的课），这让我在课后很难跟这些教师讨论课堂中的一些细节。他们一方面轻视理论工作者，一方面又担心我的研究会影响学校声誉。和他们聊天或访谈时，他们常常说你们搞理论的没有实际效用，并不能拿来指导我们实际教学怎么做。在进行问卷调查时，我跟年级主任商量问卷调查的班级文理科要涉及三类班级，最后年级主任给我安排的班级几乎全是理科的"好班"，文理班只有一个实验班，我知道学校班级的划分，但这样调查出来的根本就不是学生普遍的情况，只能代表那些"好学生"的情况，无奈之下我和班主任商量，请求做调查问卷，做完问卷后再将我做问卷的班级告诉年级主任。我理解学校希望我看到学校里"好"的一面，他们认为我作为理论研究者，研究结果会对学校产生不利的影响。

不过，许多老师也对我进行了帮助，做调查问卷时得到了每个班班主任的帮助，有的班主任在课间帮我组织好学生让我进入班级，我知道他们支持我的调研工作，一方面是对我的尊重，另一方面希望学生参与我的研究有所启发和收获。

在整个研究过程中，我的研究水平也得到了提高。对于质性研究，我是一个新手，这是我第一次完整的进行一项质性研究。首先，我采用摸着石头过河的办法，在做中学习，并且将错误变为有价值的学习资源。质性研究是在自然的情境下进行的研究，它没有设计精准的预设，它不可以进行"重演"，一切都需要研究者具有高度的敏感性和灵敏性。如在后期对资料的分析中，我发现很多可以进行追问的地方都没有追问，虽然在访谈前我对大一的几名学生进行过访谈来训练技巧，但由于没有深入分析访谈资料，便"放过"了可能存在的问题，这时我只有通过QQ对学生进行追问，但是已经脱离了当时的具体场景，我想学生的回答可能会跟第一次访谈时说的不大一样，因此在第二次访谈时，我极力避免这种情况。然后，我经常和我所在高校的老师和同学交流。当我一次次的自我怀疑研究的方向是否正确，研究的内容是否具有说服力时，和老师、同学的交流总能点燃我未生发出来的思考，百密一疏，更何况我没有做到"百密"，这时我总是返回原始材料中，反复思考我该如何铺陈架设才是真实的表达学生想告诉我的？我该如何解释他们的"解释"？沉浸于资料和研究中花费了漫长的时间，更需要付出相当的耐力和自持力，因此研究于我来说，本身就是一个不断发现和扩展自我的过程。

四 研究可能存在的局限性

几乎所有的研究都有其不可避免的局限性，对本研究来说，可能存在的限制因素主要有主客两个方面的因素。一方面，时间的不足，对于学校中学生学习参与这一复杂的现象的研究和追踪不够全面，短短一个多月的时间只能说看到了学生学习参与中"显微镜下的一个切片"，虽然我力图深入细致，但也只能反映学生学习参与的一部分样态。另一方面，研究者个人的局限性。在研究设计和对资料的整理分析中，可能因为研究者本人的理论素养不够，看问题的视角不够开阔，对资料的分析不够深入。

第二章

学生学习参与的图景及意义建构

> 生活日复一日地机械地重复，每个被困在这座监牢里的学生，都只是被操纵的有意识的机器人，只有数着一页页翻动的日历，才能慢慢意识到，自己还是青春的年纪。
>
> ——访谈学生马思远

同一个班级的学生在相同的时空学习相同的内容，为什么学习的结果却千差万别？排除遗传因素导致的个体差异外，我们将焦点聚集在学校的课堂教学中进行追问，坐在教室里的每一个学生，是否参与了学习？他们是如何学习的？在教师有效教授的情况下，学生是积极地参与学习，还是"身在曹营心在汉"？对这些问题的回答，需要我们走进课堂教学中，在真实的课堂情境中，描述课堂上正在发生着什么？

第一节　课堂教学中学生学习参与的现时样态

一　"被动"：置身前台的身体规训

对学生学习参与现时样态的刻画，主要截取课堂教学中学生学习参与的"切片"进行描述和分析。课堂教学与学生独自进行学习活动的最根本的区别在于，它不是"个体活动"，而是"群体活动"。[①] 作为群体活动，学生在课堂上参与学习，一个直观的表现是参与课堂互动，可

---

① 吴康宁：《教育社会学》，人民教育出版社2009年版，第354页。

以说，课堂互动是学生课堂参与的直接体现。吴康宁认为，对于课堂互动研究来说，重要的是弄清楚谁和谁在互动以及互动反映出何种人际关系。因此，他将课堂教学中的互动主体分为教师个体、学生个体及学生群体。① 本研究按照以上划分，将课堂教学中互动的行为主体类型分为师个互动、师班互动、个个互动和个群互动②，各个维度的操作定义如表2—1所示。

表2—1　　　　课堂互动行为主体的维度及操作性定义

师个互动（TI）	教师行为指向学生个体的互动，通常表现为提问与应答、要求与反应、评价与反馈以及个别辅导、直接接触等
师班互动（TC）	教师行为指向全班学生群体的互动，通常表现为教师面向全班同学的组织教学、课堂讲授、课堂提问、课堂评价等
个个互动（II）	学生个体与学生个体的互动，通常表现为相邻座位的学生之间的课堂交流、讨论、互相评阅作业等
个群互动（IC）	学生个体与学生群体的互动，既包括学生个体与全班同学的互动，又包括学生个体与小组之间的互动，通常表现为学生示范、代表小组发表观点等

注：代码TI取Teacher和Individual的首字母；代码TC取Teacher和Class的首字母；代码II取Individual和Individual的首字母；代码IC取Individual和Class的首字母。

通过对我所扎根的两个班级的两位数学教师的5堂课进行课堂观察，并利用以上维度进行观察记录，得到文科班和理科班数学课堂上的互动行为主体类型出现的次数。

通过课堂观察数据发现，两个班级中互动的行为主体都是教师，教师与学生的关系表现为控制与被控制、主动与被动，学生在课堂中的学习参与主要是教师控制下的被动参与。

---

① 吴康宁：《教育社会学》，人民教育出版社2009年版，第355页。
② 一般的分类中还包括师组互动，但在高中的课堂上，几乎很少有师组互动的现象，除非在公开课等展示课中，本研究进行的课堂观察主要是常态课，故在此不考虑这个维度。

表现之一是课堂中的互动均由教师发起。在所观察的课堂中，几乎所有的课堂互动行为都是教师发起的，课堂中的师生互动为教师和学生之间的交流提供了可能，为教师及时了解学生的学习情况，对学生的学习提供反馈开辟了捷径。然而，在现有的师生互动行为背后，体现的是教师的话语权利，教师是课堂教学中言说的主体，是学校中处于"前台"的"导演"和"表演者"（见表2—2、表2—3）。

表2—2　　文科班数学课堂互动行为主体类型出现次数统计

	L1/次	L2/次	L3/次	L4/次	L5/次	平均次数/次
TI	7	5	8	7	5	6.4
TC	4	6	4	5	5	4.8
II	1	0	2	0	0	0.6
IC	2	4	3	2	3	2.8

注：代码 L 取自 Lesson 的首字母，下同。

表2—3　　理科班数学课堂互动行为主体类型出现次数统计

	L1/次	L2/次	L3/次	L4/次	L5/次	平均次数/次
TI	6	2	2	4	3	3.4
TC	53	83	67	50	64	63.4
II	1	1	0	0	0	0.4
IC	1	0	0	2	0	0.6

作为"导演"的教师，需要在后台写剧本——备课，进行戏剧规划和演出安排。教师的言说以及说什么是预先写好的"剧本"，一旦上台"表演"，学生成为观看"演出"的观众，目光集中在教师身上，耳朵里有意无意的流进言说的脚本，学生的应声和回答是为了配合教师剧目的演出，此时的教师是"表演者"。当教师"演出"精彩，言说的对象是一个能动的主体时，学生融入了教师的"剧目"，成为课堂教学中的观众，话语权利和剧目的起承转合都在作为"导演"和"表演者"的教师那里控制着。

然而，也有自编自导自演的教师，当"剧情"需要时，点名回答问题成了"强迫"学生参与的手段，不管学生是否准备好参与，也不管学生是否愿意参与，通过点名的方式完成师生之间形式上的交流和互动。教师的话语代表着至高无上的权利，课堂教学中说什么、做什么都是教师话语权利的体现。在这样的情状下，"听"和"做"成为学生参与的主要方式。教学中，这样的场景我们再熟悉不过：上课铃声响起，是学生听到的第一个教学开始的指令，教师入场，学生听到教师发起上课的指令；教学开始，学生听教师导入新课，听教师教授新课，其中又贯穿着大量的听教师提问，听同学的回答，听教师要求讨论、阅读的指令，听教师整顿纪律，听教师布置作业；最后，当学生再次听到下课铃声响起，教师发出下课指令，这样的听觉"盛宴"得到课间10分钟的休息。可以说，学生作为倾听者的角色，在教学中发挥得淋漓尽致，当然这种倾听只限于学生对教师话语的倾听（见表2—4）。

表2—4　　　　　文科、理科班数学课互动形式统计

	文科班	L4/次	理科班	L4/次
教师行为	全班讲解	5	全班讲解	3
	个别指导	7	个别指导	4
	全班命令	4	全班命令	3
	个别命令	4	个别命令	0
	评价	5	评价	0
	总结	1	总结	4
学生行为	部分回答	7	全班回答	28
	部分回应		全班回应	22
	个别回答	2	个别回答	0
	上讲台练习	4	上讲台练习	0
	全班练习	4	全班练习	3
	记笔记	0	记笔记	4

课堂观察发现，在教师发起的课堂互动中，又分为师个互动和师班互动。文科班的互动类型是师个互动，主要表现为教师"点人"回

答问题，或者"点人"到黑板上做题进行示范；理科班中互动的行为主体主要以师班互动为主要类型，师个互动表现为教师对学生的个别指导。这在随后的互动形式的统计中也得到了印证，但两种互动形式，都是教师发起—学生回应的互动类型。

综上可知，文科班的互动表现为一种虚假的互动，虽然有互动的形式，但是更多的是为"动"而"动"，学生的"动"依赖教师的"点"，而不是学生主动自愿的参与互动。理科班的课堂互动没有形式化的师个互动，但教师满堂的提问让学生处于一种高度紧张和受控的情状下。以下是对文科班的某一堂数学课的记录。

> 周一早上第二节数学课，上课开始时，有三位同学拿着书站到教室后面，上课五分钟后又一名学生加入站着的同学的队列。本节课主要学习等差数列的解法，上课后12分钟，教师一直站在讲台上讲一道例题，偶尔有一两个学生回应教师"对不对""是不是"的问题，几乎三分之二的学生处于昏昏欲睡的状态（很少能观察到师班互动）。教师讲解完后，提问学生"等差数列的解法有几种方法？"班上没人举手，无人作声，教师只能采取惯常的做法——"点学号"，突然被"袭击"的学生搞不清楚状态，有一个学生直接回答说不知道，另一名被叫的学生很小声的回答问题，教师再三追问下，好像给出了正确答案得到教师的认可（坐在教室后面的我没有听到）。在解法总结后，教师在黑板上给出一道例题：等差数列 $\{a_n\}$，若前4项和为25，后4项和为63，前 n 项和为286，求项数 n。又"点学号"请学生到黑板上做题，其余学生自己在下面练习老师在黑板上给出的题目，这时时间已经过去20分钟。两个学生在黑板上做了五分钟仍然没有做出来，教师在下面检查学生做题情况时，发现有一名做对的学生，就把黑板上的学生叫下来，把做对的学生叫到黑板上给下面的学生演示一遍，最后教师又讲解了一遍，然后同样性质的例题又给了一题让学生自己练习，这时下课铃声刚好响起。

以上内容显示，学生在教学前台中，身体束缚于课桌之间，学习异化为"坐听"或者观看"表演",这样的学习方式塑造了学生被动受控的学习状态。在与教师的教学交往中,他们不再积极举手回答问题和参与讨论,使得教师采取"点人"的方式强迫学生参与,即使是师班互动中,也只是少数几个同学在回答教师的问题以及回应教师。遗憾的是,高中课堂上学生被动参与的状态随处可见,而学生对自己的参与状态也有清晰的认识。学生马思远说:

> 上课的时候大家都不太想发言,都想被动地接受知识,然后下来自己练,可能是越大变内向了,因为学太多了。上课听课是不会主动发言的,但是下来遇到问题还是会主动去问,而且也会主动的找题来练,只是上课接受知识的过程是被动的。(被动?)比如老师让发言大家都不想发言,只是针对发言。

高中生在课堂上被动受控已成为普遍的教育现象,很多文章都对此种现象进行口诛笔伐,然而,令人吃惊的是学生对这种状态的自知,他们在教师的控制灌输下处于"舒适区",用学生自己的话说就是"只想被动地接受知识"。多年的"受"教育经历教会学生被动接受知识,而不是主动去求知,其主要的根源在于以教授为主的教授方法使学生的学习方式演变为被动接受式的,课堂上师生互动缺乏,教师和学生缺乏真正的沟通和交流,虽然其间有师个互动和师班互动的互动形式,但其本质的问题是缺乏本真意义上的师生互动。来自学生声音的问卷调查结果也印证了师生之间缺乏沟通、交流。由表2—5可知,高中生在课堂内外与教师的互动机会比较少,但与同学、朋友、家人的互动较与教师的互动多。表现为69.7%的学生很少或几乎没有在课堂上问问题,49.6%的学生很少或几乎没有在课堂上回答问题,76.1%的学生很少或几乎没有与教师谈论自己的学习,54.5%的学生很少或几乎没有在课后与教师谈论阅读或学习中的想法;通过书面或作业的形式发生的互动较多,66.3%的学生表示经常或有时能收到教师的反馈;较之于教师的互动,69%的学生经常或有时与同学、朋友、家人互动。

表2—5　　　　　　　　课堂内外的互动描述统计　　　　　　（单位:%）

你做以下活动的频率是?	经常	有时	很少	从来没有
在课堂上问问题	5.7	24.6	58	11.7
在课堂上回答问题	13.3	36.4	46.2	3.4
和教师谈论你的学习	4.9	18.9	59.1	17
收到教师对作业或学习的反馈	23.1	43.2	29.5	3.8
在课后和教师谈论阅读或学习中的想法	10.2	35.2	44.7	9.8
在课后和同学、朋友、家人谈论阅读或学习中的想法	27.7	41.3	25.4	5.3

　　表现之二是生生互动缺乏。由于互动由教师发起，学生在教学中自发的学生个体与学生个体之间的互动是无法观察和记录的，甚至这种自发的生生互动在课堂教学中是不被允许的，是"扰乱"课堂的违纪现象。在教师的指令中所发生的学生个体之间、学生个体与学生群体之间的互动也就显得较为缺乏了，课堂观察中，几乎看不到生生之间的互动和交流。课堂教学成为教师的一言堂，即使偶尔被点名起来回答问题的学生，回答的对象也是指向教师，其目的并不是和其他学生交流，提出自己的看法，而是完成教师的提问任务。虽然其他学生能从回答问题学生那里得到启发，然而没有沟通和交流的"倾听"，使学生始终处于被动学习的状态。

　　可以说，高中的课堂上很少见到学生积极主动地举手回答老师问题的情况，一个班至多有两三个学生积极响应教师的提问，而沉默的大多数要么低头，要么观望。这一方面与教学内容多，教学时间有限有关。高中的学习内容多、任务重且学习难度增加是所有师生的共识，课堂上40分钟的教学时间也显得非常紧张，许多教师在课堂上都在赶教学进度，老师们要么一节课都在讲授知识点，要么讲30分钟，留10分钟和学生一起归纳总结，如果要让学生和教师交流互动，教师往往会觉得时间不够而放弃，更不用说学生之间的交流和互动了。如冯老师说：

　　　　我们区提倡的教学方式是"双主共学"，但很多时候是拖着走，完全交给学生，教学内容就学不完，只能让他们课后自己消化。

课堂教学中，教师赶进度追求高效率，往往加重了学生的学习任务。对效率的追求源于西方工业文明的大生产，相对少的时间带来更多的利益使得人们成为效率的拥护者，当"效率优先"被引进到学校教育中，学校就成为加工厂，学生成为教师加工速成的"产品"。而这种"产品"并不是真正的成品，也只能说是半成品，因为没有理解的接受，需要学生在课外花大量的时间去"消化"和"吸收"，这无疑是让学生成为不断推石头的西西弗斯。

另外与教学习惯有关。正是由于高中时间紧任务重，讲授式教学大行其道，这里不是说讲授式教学本身不好，而是教师在运用讲授式的教学方法时不注意教育的方法，从课堂观察中发现，许多教师讲课就像演独角戏，自编自导自演，完全不顾及学生的心理需求，不和学生互动交流，自顾自地讲。有些教师在文理两个班级上同一科目时，教学设计也是一样，备课中完全没有兼顾到学生的差异。长此以往，教师只是照本宣科的讲教材知识，学生养成不思考不质疑的习惯，上课只想带着耳朵听老师讲，只想被动接受教师所授予的知识。在进行课堂观察时，就发生了这样一幕：

> 在高一文科班的一堂地理课上，教师在评讲刚刚月考结束的试卷，并采用学生自己讲的方式进行，但是效果并不理想，基本上没有学生愿意主动参与给同学讲题，在教师的一再鼓励下，才略微有一两个学生举手，一堂课师生关系都很紧张。面对这样的情况，研究者和上课教师都感到奇怪，为什么放权让学生自己讲，他们又不动了呢。在课后研究者有意和学生聊到这个问题，很多学生表示"老师突然一下让我们参与，怎么可能转换这么快"。也有学生表示"老师太急了，他一直在催，我们就很怕"。学生的不适应，可能由于长期以来受教学习惯的影响，因此难以"转换角色"。

所以，即使教师使用让学生自主讲课、合作学习的方式，学生还是转变不了角色，适应不了自主学习的学习方式，被动接受已经成为学生在教学场域中的"舒适区"。即使学生克服教学习惯的影响，想要体验不一样的教学时，留给他们的更多的是失望的体验。因为课堂教学中的自主合作学习、探究学习等吸引学生参与的方式早已走向形式化，教师和学生都认为没有意思。冯老师就认为，自主合作探究在有限的时间内，只是一种形式而已，对学生的学习没有实质性的帮助。

> 自主探究，有些不太一样，但是大致方向是正确的，但是落脚到实际上，因为我们有一个高考，给我们一个绳索把我们捆绑起来了，不敢那么大胆地去使用新课改的理念，我们可以用60%，但有些可能不敢那么大手大脚的干，我们试过的，试过一个学期，效果特别差。我们做过这样的实验，就是一个班，六个人一个小组，每一堂课都安排有十多分钟的时间自主探究，老师抛出问题，就说要解决一个问题，跟学生提几个提纲，他们就按照这个提纲去做去得出结论，你想一个数学问题，在数学发展史上有的是经过了几千年才得出的一个结论，有的是经过几百年，简单点的是经过几十年才得出一个结论，我们的学生，并且智商不是特别高，好的都去了更好的学校，作为这样的，如果老师不去给他点拨下，让他自己去探究，探究个十几分钟，他们探究什么，在书上去勾结论找结论，这是他们探究出来的吗，不是，那都是一些人做那么个样子，让那些听课的来认为学生参与了，也自主探究了，其实真的效果极差，就是一种形式。

教师认为新课改提倡的让学生自主合作探究的学习方式，一方面与高考的指挥棒不太相容，一方面与实际教学不相符合，认为让学生自主学习只是形式化地学习。学生们也认为这种教学方式只是虚有其表，并不是真正的参与学习，参与教师发起的互动并不能带来真正有意义的知识，其本质也只是配合教师完成教学任务。何炜祎就认为课堂互动不真实，因此也不值得参与。

> 我们课堂上的参与是很小的，因为这是中国很普遍的一个现象啊，就是老师在上面讲，你在下面听啊，学霸们都在努力地做笔记

啊,学渣们都在边睡觉边听啊,然后老师就在上面自己讲啊,然后就有学生在下面"嗯,对,是,哦",其实我觉得很无聊的,互动嘛,就要互动一些真的,你如果指出老师的错误,他会很生气的,他会骂你啊什么的,比如说他在上面讲一个什么东西,你觉得他讲错了,你又不敢讲,后来你想啊想,是对的,还好当时我没有把它讲出来,不然脸就丢大了,但是我在想,如果当时你能把它说出来,老师不会骂你,跟你讲的话,你的知识点应该还会深刻,而且学生参与也会高一些。(学生何炜祎语)

学生不愿意主动参与由教师发起的师生互动,还因为学生识破了互动的虚假性和课堂的表演性,在意义世界的追寻中,高中生开始探问事物存在的意义,徒有形式的师生互动对他们来说已经没有意义。在学生看来,互动要"真实",是真正的师生对话,不是对教师的机械回应。另外,在一个没有包容性的课堂氛围下,学生一方面想要主动出击,追求真实的互动,发出自己真实的声音的话,一方面又碍于面子,担心犯错误被教师批评、被同学排挤和嘲笑,他们只能在确定性中当观众、聆听者和配合者。何炜祎解释说:

中国的学生就是害羞啊,我也害羞啊,因为我们就是害怕被别人嘲笑,班上同学虽然表面说我不会嘲笑你,但是心里面是会嘲笑你的,而且你可能没有表现好啊,他们会排挤你什么的。

综上,学生在课堂教学中被动学习是由多方面的原因造成的,如上面提到的教师表演性质的教学具有强预设性,教师是师生互动的发起者使教学中的师生互动呈虚假性,学生要么配合教师表演,要么被动"受"教;教学内容多、教学时间紧张、高考的指挥棒导引着师生的教学行为从而引起的教学习惯使学生安于被动接受知识;在没有包容性和开放性的教学氛围下,学生受"面子观"的影响,担心犯错误受到教师的批评和同学的嘲笑使学生在课堂教学的前台处于被动学习的状态。

二 "走神": 藏在后台的自由意志

相比于教师的教,学生的学是退居后台的私己行为。后台相对于前台,是"舞台灯光"照不到的地方,走神发生在后台,是学生和教师进行隐蔽的、有时甚至是公开的权利决斗。学生后台的走神,体现的是学生自由意志控制下的选择性参与,主要有两种表现。

其一是指学生在地点不变和不被教师发现的情况下,根据自己的学习步调和认知发展的需求,主动脱离教师的教学步伐而选择的一种学习行为,是学生的一种选择性参与行为。表现在课堂上选择什么时候专心听讲,什么内容要认真听,什么内容不必按部就班地跟着教师学。

在进行课堂观察时发现,几乎一半的学生不再按部就班地跟着教师的教学步伐走,这些学生在教师讲课时采取筛选的策略,对于那些自认为会了和懂了的知识/内容,或者不能引起他们兴趣的内容,他们选择不再跟着老师走,而是自己做练习或做当天布置的作业,大部分的学生都会选择做该任课教师所教科目的练习或作业,少部分同学也会做其他科目的练习和作业。

如在一堂理科班的数学课上,数学老师在讲刚刚月考结束的试卷,虽然讲课过程中老师采用先了解学生对某道题有没有必要讲(10人以上要求讲教师就讲,10人以下的课后问老师或同学)的教学策略,但是班上一半的同学还是采用惯常的手段——选择性参与,只听自己错的题或觉得还需要再掌握的知识点,我旁边的同学居然做起物理试卷(前一节课是物理课,刚发了试卷作为作业),有时候偶尔抬头应和一下老师。课后我与学生的交流也印证了这一观察。

> 刚开始我在做老师讲的那个卷子上的选择题,然后我跑偏了,我做了一会物理题。最后老师讲到最后两道题的时候,最后一题我是没有问题,老师讲倒数第二题的时候,我就听了,我知道这题我有问题。(那你还觉得学生参与是重要的?)重要,我说这是最快最有效的获得知识的方式。但是今天老师讲的已经是老师翻来覆去讲了好几遍的知识了,如果再跟着听我已经知道的东西,我觉得没有

必要了。(但今天老师是第一次讲试卷啊?) 其实知识的类型有些是一样的,我会了我就不听了。(学生艾熙才语)

老师讲课我会的就会用这个时间复习一下其他的功课,但是他讲到关键的还是要用心地听,我觉得那些做无用功的话,我就不太愿意了,我就觉得吧,对时间的利用应该要达到比较大才好,希望能更大。(学生马思远语)

学生们普遍认为,自己不想浪费时间学习已经知道的知识,他们开始抵制从教师那里复制知识,被动接受知识也常常让他们质疑学习的意义,对于学习这种"机械劳动",他们唯有进行适当的自我调节才能一如既往地"坚持"。但是授课教师却不太认可学生的做法,教师希望学生按部就班的跟着自己的步伐走,在和年级主任张老师进行访谈的时候,我有意提及此问题,张老师说道:

当然如果你说学生真正听懂了,老师在重复讲的时候,当然一个班不可能每个人都懂了,那么老师在重复讲的时候呢,他听懂了我觉得他如果不去听我觉得可以,但是关键是他到底是不是真的已经掌握得很透彻了,那么有可能是他觉得他掌握了,那么实际上有可能是对知识的细枝末节的把握啊还差一点,其实我觉得最好还是要听一听,听课的过程也是自己复习的过程。他觉得自己懂了,但是也不是真正运用得很熟悉和熟练。听也是一种参与啊,比如说他觉得他听懂了,那么老师讲的时候,他可以来检验这个知识点,我懂了没有,他就可以先想,这是怎么回事,老师讲的和我想的是不是真的是一样的,对比的话,就可以确认这个知识是不是真的把握了。那么如果他真正保证这个知识点已经搞懂的话,那么我觉得可以不听。

以上张老师的话,是希望学生紧跟教师的步伐不要偏离,这是从掌握知识的角度出发的,然而学生认为"不想做无用功",回锅炸了好几遍的知识已经超出了学生的接受范围。其实,教师和学生需求的难以调和,主要是班级授课制的弊端造成的。

由于我国人口众多的特殊国情，目前只能实行大班教学和班级授课制，特别是好的学校和好的班级，学生人数有时候达到70多人，我所扎根的班级，人数最多的有68人。人数多且学生的需求不一，容易出现众口难调的现象，教师在讲课的时候往往只能顾及一部分学生的需求，不可能完全照顾到每个学生的认知水平，因此，学生在教学中所采取的选择性参与，我认为是一种对班级授课制弊端折中处理的办法，同时也符合人的认知信息加工模式。

信息加工学习理论中的阿特金森—希弗林模式（The Atkinson-Shiffring Model）提出，人类的记忆信息加工模式由感觉登记、短时记忆和长时记忆三个成分组成。当外来信息进入感觉登记时，信息停留的时间非常短，要么消失，要么进入短时记忆。短时记忆是一种工作记忆，记忆的容量小且时间短，如果所处理的是重要的信息，通过复述的策略可以使信息进入长时记忆储存。从学生在课堂上的选择性参与行为来看，学生虽然对课堂上的所有信息都进行感觉登记，但他们通过对信息的筛选来处理信息，进行选择性参与的学生，一般对自己比较感兴趣的知识和自己比较生疏的知识会经由短时记忆的处理到达长时记忆，以进行深度加工。而在信息筛选时，对那些已经熟悉或"会"了的知识，或者让学生觉得无聊烦躁的知识，一般在感觉登记以后就被学生筛选过滤掉了。但是，正如上文中张老师提到的，对于选择性参与的要求也很高，需要学生对自己有很好的判断和认知，不然容易出现"学生认为自己懂了，实际上没有掌握"的情况。另外，不是所有的知识都符合学生的兴趣，如果按兴趣进行学习，也会造成学生对某些学科投入不足，产生偏科的行为。

走神的表现之二是学生开小差的行为。几乎所有的学生都表示，课堂上有时候会开小差，结合课堂观察和学生访谈来看，学生的走神除了第一种情况，主动脱离教师的教学之外，还包括瞌睡、闲聊、写纸条、玩小东西、"神游"等有意识或无意识的开小差，这时的走神与教学完全脱离了联系，更多的是学生无意识之下的行为。于尔根·鲍尔曼（Jurgen Baurmann）调查了学生开小差的动机，在归纳了575份学生问卷之后，得到的答案主要有六种：81位学生有"兴趣和意愿"开小差；73位学生认为学习材料太无趣；36位学生提到饥渴、劳累、运动等个人需求；28位学生想借此表达对老师的不满和批判；22位学生对老师的学习材料和教师的课堂安排有疑问；18位学生想消磨课堂时间。① 而在本研究中，教学内容无聊是学生开小差被经常提及的原因，学生需要与这种无聊抗争，进行适当的自我调节，由此看来，走神并非是需要一棍子打死的偏离行为。

一般情况下，教师认为走神是偏离教学轨道的行为，因此需要禁止。因为走神常常是对制度权威的挑战，会干扰教学。国内对学生走神或开小差行为的研究并不多见，仅有的少数研究多从教师或成人研究者的视角出发，认为走神是一种学生的问题行为，需要克服和防止。② 在学生那里，走神是自由意志的体现，是无聊的课堂中的乐趣所在，是对教师权威的挑战。因此，国外研究者认为走神有助于增强自我意识，提升自信心，甚至是检验课堂有活力、没有恐惧感、富有创造力的标志，因为走神可能是学生心理和生理需求的表现，如由于天气的影响而烦躁不安、学习内容太难而紧张焦虑、教学无聊而倦怠等，走神可以缓解学生的紧张、满足学生需要释放的心理需求，有助于学生的心理健康。③ 同一事物对教师和学生的意义是不一样的，正如学校对教师和学生来说有不一样的意义，此时我们关注点焦点是：学校和学习对学生来说意味着什么？学生是如何对学校和学习进行意义赋予的？他们如何建构属于自己的学习"意义"？

第二节 学生对学校的认知及意义赋予

约翰·赫伯特·米德（George Herbert Mead）认为事物或者对象的意义，实际上就是它们所内在固有的属性或者特性，任何一种既定意义的

---

① ［德］希尔伯特·迈尔：《课堂教学方法（实践篇）》，冯晓春、金立成译，华东师范大学出版社2011年版，第41页。
② 孙野、胥兴春：《小学生课堂走神的特点及教师应对分析》，《教学与管理》2011年第20期。
③ ［德］希尔伯特·迈尔：《课堂教学方法（实践篇）》，冯晓春、金立成译，华东师范大学出版社2011年版，第43页。

位置，都像我们所说的那样实际内在于"具有它"的事物之中。① 按照米德的观点，意义产生的条件是个体参与到社会活动中，并和社会个体、社会群体和周围环境进行沟通。在学校场域中学习的学生，从小学到高中毕业，除了寒暑假、周末和节假日，学生成长的 12 年基本上是在学校度过的，他们在学校里学习、交友、塑造思想和陶冶情操，但学校真正带给学生的是什么？也就是说，在学生的观念世界里，学校对他们来说意味着什么？他们在校的体验是什么？

当人们在使用符号的时候，符号所代表的就是事物所具有的意义或对象的意义。通过对学生的访谈发现，他们意义世界中的学校是个多面镜，学校严苛的一面像"牢笼"，它有严格的纪律和规章制度，是受限的时空之所，在制度规训下学生的学习参与是他控的被动参与；学校的另一面像个"游戏场"，学生们在这里嬉戏，参加丰富的课外活动，是青春的回忆之所；学校里有同学和朋友，像个大家庭，学校是学生的情感归属所在。当学生的心理需要被满足时，学生的学习参与是自控下的主动参与。

一　"牢笼"：学生在校的直观感受

牢笼，这是学生对学校的定义中最常出现的词，如学生王千阳说：

> 学校是学习的地方，有的时候又像牢笼。牢笼就像我们学校一样，有很多规矩要遵守，考不好或犯错了，教师是要找你"谈心"的，周末都要上课，而其他学校周末是可以不用上课的，对比起来我们就像牢笼一样。

> 学校，我想一下，学校应该就是一个两面化的东西，不喜欢学校的人看着学校就觉得学校是一个牢笼，喜欢学校的人就会看到学校周围的环境好，心情好，而且学校就通往他美好的人生。但是其实有的时候在学校待久了，就会觉得学校很无趣的，就是说都是在

---

① ［美］乔治·赫伯特·米德：《心灵、自我和社会》，霍桂恒译，北京联合出版公司 2014 年版，第 83 页。

学习，每天都是在学习，而且跟周围的同学其实有很大的心理压力的，每个人都在竞争。（学生何炜祎语）

学生在学校感觉"身在囹圄"，认为学校是束缚身心的牢笼，其原因与学校组织的性质有很大的关系。"对于学生而言，学校是规范性与强制性兼而有之的组织。"① 一方面，学校具有严格的规章制度，在我所扎根的学校中，学校的规章制度写在《中学生管理手册》（以下简称《手册》）中，《手册》由学校德育处印发给每位班主任，班主任通过班会向学生传达学校的规章制度。《手册》包含着学生管理方面的十六条主要内容，内容目录如下：

一、校训、校风、教风、学风；

二、学校发展历程；

三、学生誓词；

四、《中学生守则》；

五、《中学生日常行为规范》；

六、学生成长目标；

七、学生一日常规；

八、班级考核办法；

九、"文明班级流动红旗评选"办法；

十、住读生管理条例；

十一、"文明寝室"评选办法；

十二、学生言行品德"三字要求"；

十三、学生违纪行为处理程序；

十四、学生处分章程；

十五、校舍、公物管理赔偿制度；

十六、学生进出校园和校卡管理制度。

学生生活在高度规范化、纪律化的学校中，如《手册》目录中的学生一日常规，从学生醒来后到睡觉前，学生一天生活中的一切言行举止都受到纪律的规约：什么应该做、什么不该做，做到什么程度是好学生，

---

① 吴康宁：《教育社会学》，人民教育出版社2009年版，第254页。

做不到就不是好学生，正如福柯（Michel Foucault）所言：纪律是一种关于细节的政治解剖学。① 纪律就像一张大网，网上的每一个结点就是对学生当下言行的"规范"，如学生一日常规中，仅"上课"这一行为事件下，就有 13 个条目需要严格遵守。

上课

（1）每节课前，科代表同学应主动与科任教师做好联系，主动帮助科任教师拿教具等。

（2）课前预备铃响后立即进教室，准备好当节课的学习用品，并将书本、笔记本、练习本放在课桌的左上角，进入学习状态，静候老师上课。

（3）上课铃响，教师走到讲台，环视后说："上课。"班长："起立！"老师："同学们好！"全体学生："老师好！"老师允许学生坐下时，学生才能坐下。班长喊起立后，全班学生必须快、静、齐地起立，回答"老师好"要洪亮。

（4）迟到学生要站在课室门口向老师报告，经同意后方可进入教室。若教室门关闭，要轻声敲门。

（5）课堂上，要坐姿端正，精力集中，不交头接耳，不搞小动作，不做与本课无关的作业，有问题先举手，回答问题要起立，口齿清楚，声音洪亮。要虚心接受老师的教导，不得顶撞老师。

（6）专心听讲，认真做好笔记。做到边听、边记、边想，积极思考，注意掌握分析问题和解决问题的方法。

（7）听课中要能抓住教师讲课的重点，努力做到：大部分内容能当堂听懂，最好全部听懂而且当堂巩固。

（8）实验课、机房上课和电化教学课，要先检查仪器设备，如遇损坏要报告老师，实验中要严格操作程序，爱护仪器设备，损坏仪器和设备要报告、登记、赔偿，并注意安全。

（9）体育课上不得穿皮鞋、凉鞋或高跟鞋，女生不得穿裙子。下课前不准出操场，严格遵守训练要求。

（10）自习课要自学为主，不得随便离开座位去做与课业无关的事。

---

① ［法］米歇尔·福柯：《规训与惩罚》，刘北成、杨远婴译，生活·读书·新知三联书店 2012 年版，第 157 页。

自习课不得大声喧哗或争论问题、不得迟到、早退。

（11）爱护上课工具，丢失和无故损坏要赔偿。

（12）有校外老师或来宾听课，应起立迎送，并提供必要的协助与方便；下课应让来客先行，待来客离开班级后方能离开座位。

（13）下课铃响老师宣布下课后，学生再次向老师致敬，老师还礼走出教室后，学生方可有秩序地离开教室。

学校的规章制度或学生行为规范，常常以命令的方式告知学生，学生必须遵守、甚至不得不"照做"，因为违反规定是要付出代价的。《手册》对学生造成的最大的约束力不仅在个人，而是通过集体荣誉感的力量来实现对学生行为的规约。在学校中，班级中每一个成员的言行都代表各个班级的荣誉，如每学期进行一次的先进班级的评比和每周进行一次的"文明班级流动红旗"的评选，只有班级上每个学生的言行都符合《手册》的要求和规定，每个学生都表现良好以使班级"先进"。在一个"集体主义"根深蒂固的社会里，任何自我的"凸显"都将被看成是对"集体主义"的挑战，整齐、划一的制度化行为趋向才是组织所需要的，因此，学生在规范化和强制性的学校里，出现了"身在囹圄"的错觉。当然，这里并没有要否定制度和《手册》存在的意义，作为一种外在形式的规范，它们能在较短的时间内将权威的意识传达，并在强制性中实施，这是伴随着大工业生产所带来的技术理性。但是人之为人，正是在于人具有理性，具有选择的自由，当制度凌驾于人之上，只能通过外在的约束去规约人类言行的时候，试问制度留给教育的教育性空间何在？康德也曾经将这称为"教育的最大问题之一"。

教育的最大问题之一，是如何把服从法律法规的强制规定和追求自由的天性统一起来。① 康德认为强制是必需的，但是必须在强制中培育出自由来，如在儿童早期，就要给孩子充分的自由，告诉孩子，要实现自己的目的，必须让别人也实现自己的目的；告诉孩子，对他做出强制性的规定，会使他拥有自己的自由权利……康德的观点为学校的规章制度的合理性提供了教育性的范例，然而遗憾的是，学校对规章制度的强调，

---

① ［德］希尔伯特·迈尔：《课堂教学方法》（理论篇），尤岚岚、余茜译，华东师范大学出版社2011年版，第44页。

更注重学生是否遵守，因此，学生"被束缚"的感觉也难以避免了。

与此同时，学校有权责分明的组织结构，从校长、教务处、年级组到班级、小组都发挥着各自的职能，学校的每一个地方都有一双监管的"眼睛"，并且这一切的实施都具有强制性，学生在学校组织中处于被监管的"弱势地位"。戈夫曼（Erving Goffman）将人们的日常生活中的自我呈现称为"表演"，人们在"生活"这个"舞台"上演出，因为"前台"和"后台"的场景不同，人们对事物的"情境定义"不同，因而行为举止也就不一样。但是不管在"前台"还是"后台"，学生似乎都逃离不了监管的命运。

前台是进行表演的地方，是观众"看"的地方，因此人们的行为必须受约束、按标准统一呈现。借用戈夫曼的"戏剧法"，学生在教室中常常处于前台，是舞台灯光、观众目光打到的地方，所以在能被"看见"的地方，学生们必须中规中矩，表演得像个好学生，积极与教师配合、勤奋学习，时时处处小心翼翼不越矩。学生台前和台后行为的规范，也可以转译为福柯的规训，他尖锐的指出，现代社会中人们通过空间和时间的分配来实现规训的技术。如我所调查的学校在空间的管理上，采取封闭化军事管理的手段，以实现监控学生、约束学生的目的。学生艾熙才在谈到选择这所学校的原因时说道：

> 我家是在另一个区，我原本报的是那个区的区一中，那个学校比这里好，但是后来知道，那里是开放式教育，校门也不管学生的进出，我爸怕把我送到那里吊儿郎当地玩疯了，然后就把我送到这里来关禁闭。

除了用围墙将学生与外界隔离以外，学校在空间布局上可谓匠心独运，步步为营。学校中空间的布局与设计，还体现在班级的组织和教室的设计上，班级是学校中基本的组织单位，这样的组织方式使一个教师同时教授几十或几百的学生成为可能，因为一对多的关系，教师需要一个封闭和固定的空间来实现对学生的管制，教室的设计实现了这种需求。几乎大多数的教室都是前后两个门，靠近走廊的一侧是敞亮的窗子，在教室的最前方，有一个高起来的平台作为讲台，站在上面，教师可以对学生的每一个动作一目了然，达到一种"全景敞视"的监视效果，而且，教室的后门和走廊边敞亮的窗子，也为这种管制提供了便利。

> 班主任常常站在后门看我们有没有在认真学习。（学生王千阳语）

班主任对学生的监控可谓无时不在，我在第一次进入教室听课的时候，就发现文科班的班主任在学生上课的时候站在教室的后门或走廊上观看教室内的情况。还有一次，一位学生被叫到办公室，班主任手里拿着一本时尚杂志，只见该班主任反复地问学生为什么自习课上（下午第九节自习课）要看这种杂志，那个学生只是站在那里，一言不发，整个过程持续了20多分钟，看杂志的学生依然没有说一句话。学生走后，该班主任告诉我，那个学生是他们班的班长，学习成绩很好，他刚才上卫生间回来的路上，经过他们班级时，"不经意"的发现了该学生在看时尚杂志，就连书带人一起带到了办公室。可以说，教室的前后门及走廊上的窗户，很容易的就使学生处于"全景敞视"的监控下，言行稍有逾越，就有被"请"到办公室的危险。

除了教室的空间设计外，教室内四周墙壁上贴着的名人名言，走廊上的励志短语都成为规训的手段。我所扎根的学校，每个班教室外都有一块小黑板称为梦想墙，墙上首先有班主任的名字，也有班主任寄语，下面则贴满了学生的"梦想"。如学校最好的实验班理科班的墙上，班主任寄语是"最可怕的是，比你优秀的人比你更努力"，而梦想墙上的清华、复旦成为学生前进的动力和阻止学生放松的最正当的理由。该班的学生课间几乎不休息，不到走廊上打闹，困的趴下补睡眠，更多的学生继续奋战在题海和反复的记忆英语单词当中。每天上午第三节课的课间有20分钟的课间操时间，有一个周连续下雨做不了课间操，该班的学生课间就是去下卫生间，然后有15分钟都是自己在上自习，其学习的自觉性和学生对休息、放松的需求的克制是难以想象的。

离开"前台"的学生并没有脱离教师监管的"眼睛"，当他们退到"后台"，进入另一个为他们安排好的空间——宿舍，宿舍的空间布局也继续发挥监视学生的目的。福柯曾尖锐地指出学生宿舍布局的监视功能，

"各个房间沿着一个走廊排开,宛如一系列的小囚室。每个房间靠走廊的墙上从齐胸高的位置到距天花板一二英尺的位置开一个窗户,有了这种窗户不但令人心旷神怡,而且可以说,除了决定这种安排的规训原因外,它还有若干方面的实际用途。"所以福柯警醒人们,"这种关于监视的良苦用心体现在建筑的无数细小机制中"。① 但是,回到宿舍后的学生毕竟处于舞台的"后台",当他们处于"灯光"找不到的地方时,他们就在寻找自我的权利。

> 宿舍的规矩很多,每天要进行卫生检查,鞋子要摆成一条线,衣服要挂整齐,被子要叠整齐,就连洗漱用品也要放成一条线,摆放整齐,晚上熄灯后,老师还要来查房,不允许讲话,不允许有亮光,不准用应急台灯。但很多同学晚上等老师检查走了,就开始用应急台灯看书刷题了。(学生艾熙才语)

福柯认为塑造"驯顺的身体"除了封闭的空间外,还有对时间的分配,学校作息时间的安排将学生牢牢"束缚"于此,学生完整的时间被定格分配,特定的时间只能做安排好的事情,他们就像按程序设定好的等待被包装的产品,在生产的流水线上被一道工序一道工序地加工和打磨。以下是学生何炜祎一天的作息时间表,作为高中生中的一员,她的作息时间表是学校作息时间的缩影。

> 何炜祎的作息时间表——冬季校园版(星期一到星期六):
> 6:40 起床(一般是寝室第二个)。
> 6:56 到食堂和朋友一起吃早饭(有时候吃面包,最开始喜欢边吃边看书,后来觉得没什么用,就只吃饭)。
> 7:17 到教室,坐在座位,没有和同学聊天,想看书又看不进去,觉得效率不高,这时候人很烦躁。
> 7:20—7:50 上早自习,早自习时间只有30分钟,我总觉得

---

① [法]米歇尔·福柯:《规训与惩罚》,刘北成、杨远婴译,生活·读书·新知三联书店2012年版,第196页。

要多看一点，但发现记得很少，效率低，头昏脑涨。

7：50—8：30　第一节课。

课间只有八九分钟，一般干不成什么，上个厕所就回来了，但有时候，静下心来还是可以做几道作业题或资料题，做完之后心情很舒畅，但这种情况很少，一般我静不下心来，并且我一般一道题都做不完就匆匆上课。

8：40（可能还要早几分钟）—9：20　第二节课。

过程同上。

9：30—10：10　第三节课。

大课间休息，我有时候出去和同学上厕所，有时候去小卖部买东西，有时候坐在位置上做作业，有时候在教室里耍①，很多时候不知道干什么，现在我们会做两遍眼保健操，不做眼保健操就是下去做课间操，然后回来休息几分钟就上课了。

10：40—11：20　第四节课。

11：30—12：15（多出来的五分钟是调整不同年级过楼道时间，防止踩踏）。

12：35　就吃完饭了，我一般和我的同桌，还有我一个最好的朋友在食堂吃（一是我们住七楼，从食堂上去要走十楼；二是在下面吃节约时间，我的同桌时间抓得很紧，所以早中午晚饭，我都不会浪费很多时间，但我常常跟她们抱怨这一点）。

12：40　到寝室，一般室友都还在吃饭，边吃边聊天，我洗完碗，刷完牙后其实每天中午都想看会儿书，跟他们吃饭吃这么快不过就是想看会儿书，大多人也都是这样想的，但是他们在吃饭，我在哪儿学习我就会觉得十分别扭，并且烦躁，很多时候我没有参与讨论的话（我在我的寝室是个很活泼的人，人缘很好，也很谈得来，我在寝室担当无赖角色，寝室还是很和谐的）我都会看杂志，这样放松些。

13：00　熄灯，很多时候都没有安静下来。

13：00—13：20　大家一般都会开应急灯看会书，也有不看玩

---

① 耍是重庆方言，指玩的意思，下同。

手机的学霸，我很多时候都是看乱七八糟的闲书，有时候写作业。

13：20　熄灯睡觉，然后陆陆续续熄灯睡觉。

14：00　亮灯，午觉昏昏沉沉的，身体很难受，脑子像炸了一样，午觉一般是第二个起床。

14：12　到教室，人依然很不舒服，觉得干燥烦闷（午觉后真的很不爽呀……下午的课多多少少受到影响）。

14：30—15：10　第一节课。

15：20—16：00　第二节课。

16：10—16：50　第三节课。

17：00—17：45　自习课，一般都在完成作业（数学）。

17：45—18：10　吃完饭，爬十楼到寝室洗碗，再慢慢到教室，很多时候我都没有跟同桌一起，她现在在食堂洗碗（我从寝室走到教室这段时间很无聊，没什么惬意的）。

18：10—18：20　同桌坐在座位上做作业，我很多时候也这样，教室还有一部分人在谈论他们上网的东西，没什么好参与的话题，走读生带吃的在教室吃，打打闹闹，我其实感觉到如果我们做作业，我就会别扭，心里不能安静下来，烦躁！

18：20—19：20　晚自习第一节，做作业，偶尔要招呼纪律（是个班长，其实一点都不想当，刚开始答应可能是虚荣心作祟……）。

19：20—19：30　晚自习下课后，疲惫，脑子有点胀，就坐在座位上休息一下，和周围的人开玩笑。

19：30—20：10；20：20——21：00　两节连堂课。

21：10—21：50　上最后一节自习课，有时候还是完成作业，但会留30分钟或者20分钟来做点其他资料。

21：50　下课。

一般会在教室留20分钟左右，还是有一些人在学习，但有点喧闹，学习效率不高（但回寝室就更不想什么学习了）。

22：00　到寝室，洗漱，聊天。

22：40　上床。

开始看书，很多时候都是带着一本书回来，书包都没有打开就又上学了。

  23：00 睡觉。

  何炜祎一天的作息时间表具有代表性，这也是绝大多数学生一天的生活，他们的时间划分为精细的制度化时间。在精致的时间管理中，学生的言行被整齐划一的"克洛诺斯时间"（量化的时间＝时钟的时间）支配着。

  在教学场域中，时间被资本化，成为换取好成绩和好工作的资本"规训"着作为学习主体的学生。从学生开始醒来到晚上睡觉，大约有16小时，减去中午吃饭和午休的两小时，每个学生一天大概有 14 个小时①奋战在学习的"前线"，而且为了保障正常的教学秩序，避免有学生迟到，让学生为上课做好充分的准备，早读和下午第一节课、午饭后的晚自习的时间都提前了 10 分钟，这样一来每天就多了宝贵的 30 分钟，学校对学生时间的分配和安排，无时无刻不在强化学生的时间观念，使学生将此内化为自己的时间观，吃早点的时候看书，吃饭的时候吃快一点能挤出些时间看书。晚上下自习之后，大多数学生要不就是继续留在教室做题，要不就是回宿舍关灯（开关灯由宿舍管理处统一控制）以后用应急台灯继续学习。

    下自习后在宿舍做题，用小台灯来学习，有时候宿舍同学也会闹一会儿，一般十一点才开始做。老师会来查房，经常骂我们，生物老师每天来查房的时候我们就把灯关了，老师一走，我们又把灯打开继续写作业，有时候作业多写不完，这个班作业好多，数学比较多一些，每一科作业可以做一节课，有时候老师今天讲的东西需要看一下，不看会忘了，之后又看就不懂了。（学生陈若谷语）

  在这样日复一日的 14 小时的学习中，形成学生每周作息，即周一到周六的"连轴转"，星期天上午仍然是自习，下午有半天的休息时间，晚上的晚自习又预示着下一周的来临。学生陈若谷的感受是最深的：

---

① 还有许多学生是早上 6：30 分起床，晚上 24 点睡觉。

> 学校管得很紧，一天到晚在学，早上很早出来，晚上很晚才回去，周末没有休息，只有星期天下午半天的时间，回家洗个澡，吃个饭，就又要回学校上晚自习了，每个星期都是这样。

时间是很重要的学习资源，学校通过严格的作息时间来保证学生的学习时间，其最终目的是让学生更好地掌握知识，取得好成绩。这样的时间管制，不仅表现在学校的作息时间上，还印刻在每个学生的生活中，从学校的规训转而成为学生对自我的规训，完成了规训的最高目的。学生的课外时间利用体现了学校通过时间达成对学生行为的规训。

> 我下课也在继续学，只是有时候有的同学想玩，找我讲话，会被影响。中午午休时候和晚上熄灯后都要做题，看书。（学生马思远语）

> 我身边的同学每天都在学，下完课刷题，上课认真听讲。我原来不屑这样，现在要开始这样了。（学生王千阳语）

> 班上70%的同学，他们不只是课堂上，课前，课后一直在学习，然后呢，有的人在寝室里，或在课间，在那里汗流浃背地做作业。在我们寝室就有一个，晚上可以熬到12点半的，天天晚上基本都这样，高一。（学生艾熙才语）

问卷调查结果也印证了学生通过课外时间来延续对学习的投入，高中生课外时间主要用于完成家庭作业或做练习，而完成作业占了学生的绝大部分时间（见表2—6）。57.6%的学生花2个小时至3个小时完成家庭作业，27.7%的学生花3个小时至4个小时及以上完成家庭作业；31.4%的学生花2个小时至3个小时做课外习题，9.8%的学生花3个小时至4个小时及以上做课外习题；相反，60%以上的学生没有时间阅读感兴趣的书/杂志、参加学校的社团活动和使用手机和电脑，80%以上的学生没有时间锻炼身体和看电视、玩游戏。学生的睡眠时间多在6.5—7个小时（61.5%），其次是5—6个小时（23%），最后是7.5—8.5个小时

(15%)。

表2—6　　　　　　　　学生的课外时间描述统计　　　　　　　　（单位:%）

以下活动，你每天花多少时间	0	半小时或更少	1—2小时	2—3小时	3—4小时及以上
完成家庭作业	0	5.7	9	57.6	27.7
做课外习题	11	31	15.9	31.4	9.8
阅读感兴趣的书/杂志	60.8	15	3.8	17	3.4
参加学校的社团活动	70.4	19.4	1.5	6.1	1.7
锻炼身体	82	5.1	1.9	8.3	2.3
看电视、玩游戏	80	7.5	2.3	6.1	3.8
使用手机或电脑	73	9.9	1.5	8.7	3
你的睡眠时间是_____小时					

注：个别数据缺失，因此个别项总和不足100%。

福柯"监狱式的社会"启示我们，纪律的实现需要空间和时间的保障，时空的分配印刻在被塑造、被规训的个体上。如果说学校在空间的设计和管理上实现的是对学生的监督和管制，让学生各归其位的话，那么学校对时间的安排和强制，一方面通过时间上的强制性，规定了学生的所有活动，限制了学生的行为，将学生控制在一种群体性的活动中，通过将时间分块来安排不同的教学任务和活动，从而保证秩序以便促进学生学习；另一方面强化了学生对时间的充分利用，紧凑的作息时间表使得学生们相信"浪费时间既是一种道德犯罪又是一种经济欺诈"①，时间渗透进学生的血肉中，学校成为一台强化时间使用的机器，将学生束缚在时空的牢笼中。

近年来上海学生在参加国际学生评价项目PISA的测评中，学生成绩蝉联全球第一，作业时间也是第一，虽然被国际社会指责学生学业成绩是以学生沉重的学业负担为代价的，但是却也使得学校管理者和家长们相信，"学习时间＝学习成绩"，因此，教育者们变本加厉地强调学生们

---

① [法]米歇尔·福柯：《规训与惩罚》，刘北成、杨远婴译，生活·读书·新知三联书店2012年版，第174页。

应该珍惜每一分每一秒的学习时间。学生马思远在谈到他们班主任的管理时，就表明班主任对学习时间的强化太"过分"了：

> 作为数学老师我很喜欢他，作为班主任不太喜欢，我觉得有一些方面的话，我不太喜欢，比如说有时候对学习要求有点太过了，我觉得没有必要每时每刻都学，他对学习要求太严苛了，比如有时候玩也可以促进学习，玩一玩放松一下心情嘛，他就是想让我们一直都在学习。

二 "游戏场"：学生在校的内心寄托

高中生基本上摆脱了思维的单一和线性，能看到事物的多面性，在对学校的定义中，学生们一致赞同学校是个"复杂"的地方，一方面像"牢笼"，一方面又像一个"游戏场"。据学生所说，学校具有"游戏场"的特征，其表现之一是学校组织的课外活动。学生王千阳解释说：

> 游戏场就是有活动的时候。如距离不久的红五月歌唱比赛。对初中可能没有多大影响，对高中可能就觉得这种时光太少了，就会很开心。

学校组织的课外活动，丰富了学生的课余生活，展示学生才艺，并且能够起到凝聚班集体的作用。特别对于高中生来说，学习的时间非常宝贵，组织课外活动的机会也比较少。据了解，高一下学期，我所在的未来中学共举办了两次课外活动，一次是篮球比赛，另一次就是学生访谈中提到的红五月歌唱比赛。由于篮球赛本身的性质，参与比赛的只是少数学生，大多数的学生只是作为啦啦队参与。而歌唱比赛却是以班级的形式展开，每个班都选择一首歌练习，然后先年级比赛，最后再进行总决赛，同学们参与的热情很高，平时沉闷的班级一下就活跃起来。艾熙才觉得这是最放松的时刻：

> 平时下午第九节自习课都是在忙着做作业，红五月的时候自习课有时候要练习唱歌，有时候晚自习也要进行比赛，感觉很放松，

很热闹，活动的时候觉得很亢奋……

课外活动被学生当作放松身心、尽情玩乐的"游戏"，相比于每天的听课、做作业，课外活动起到了让学生"换换脑子"的感觉，舒缓学生高强度的学习压力，是学习生活中一支鲜活的调节剂。

表现之二是高中生活是青春的象征。学生们在学校里主要以学习为主，但是他们人生中最美好的年华也是在学校度过的，几乎所有描写青春的小说、电影都和学校有关。① 如果说课堂上是学生表演的"前台"，那么课后就是学生自由玩乐的"后台"，他们在这里嬉戏、打闹、追赶；作为同辈群体的他们分享着自己喜爱的二次元、小说、流行歌曲；他们开始早恋，或建立长久的友情。在访谈中，马思远谈到学校时，就向我透露他有了喜欢的女生，虽然暂时因为怕影响学习而不敢表露心迹，但又怕给青春留下遗憾。

> 学校开展一些课外知识丰富一下生活很重要，主要还是我们在这里度过，这里有我们的青春嘛，我们的青春就是在学校度过的，所以学校对我们还是有挺重要的意义……青春嘛，全部奉献给了学习，总会有遗憾的，而且我认为青春的话就是高中，大学的话都是成年人了，只能算年轻吧，青春就是高中三年嘛。我们班周围全都是谈恋爱的，所以我就会有一点，反正周围很多人，就是一种缘分吧……

马思远大胆地向我表露最近他"纠结"的想早恋这件事情，但是作为研究者，如何以一种客观的、不对研究对象产生所谓的研究效应的姿态去面对我的研究对象，我知道他告诉我其实是想找寻该不该早恋的建议，但是我又怎么能轻易的给出一个简单却对别人有深远影响的答案，在早恋这个问题上，难道就该一票否决吗，我能做的，只是引导他自己分析事情的利弊，他接着说：

---

① 如最近比较火的电影《同桌的你》《匆匆那年》，小说如《高中四年》《平凡青春的不平凡》等。

> 我想是有这种特殊的情况,两个人都想学,然后你们两个在一起的就是促进了学习,共同讨论学习什么的,比如说两个人坐在一起,比如说就这样面对面的学习,然后其实学的会专心一些,因为想着学好了,以后会怎么样啊,以这个为目标目的来学习,可以促进学习。(那会对学习造成影响的方面呢?)周围的同学有时候会吵架,会影响学习,他们经常都谈到很晚的,聊天……还是有影响,所以我就没有去主动地去这样做啊,有时候春天到了可能会有一点,荷尔蒙的缘故吧。

学生对学校的认知是理性的,将其定义为一个具有多面性的地方,从某种意义上说,凡事都具有两面性。但是如果将其某一方面放大,可能会影响学生对学校的看法。在追问学生是如何面对这种冲突时,何炜祎的回答很好地诠释了学生处理自己面对的困惑和矛盾:

> 学校应该就是一个两面化的东西,不喜欢学校的人看着学校就觉得学校是一个牢笼,喜欢学校的人就会看到学校周围的环境好,心情好……我是属于第三类,站在学校的走廊里面,同时看到学校的两面,只是说我是选择先看学校好的一面,但是学校坏的一面就在旁边啊,你不看也不行啊,有的时候你就注意到了。

从学生访谈来看,高中生的思维突破了传统的非此即彼的思维模式,开始走向理性思维。心理学家的研究表明,高一学生的抽象思维正逐渐从经验型占主导地位向理论型占主导转变,并将迅速进入理论型思维发展的关键期。高一学生开始有了个人的见解,其自主意识和独立解决问题的能力都显著增强了。[①] 学生们对学校的认知,不仅从理性上看待事物的两面性,而且从感性上赋予学校"家"的意义。

---

① 廖哲勋:《革新学生学习方式推进高中教学改革》,《课程·教材·教法》2014 年第 5 期。

三 "家":学生在校的精神归属

学生觉得学校像家一样,是学生在校归属感的表现,也是学生学习参与的情感支撑和保障。如王千阳所说:

> 老实说,学校给我的感觉更像家一点,因为学校里面有同学,有朋友……

学生在学校的归属感,主要通过同学和朋友来维系,遗憾的是,教师很少被学生提及。通过问卷调查分析可知,总体来说,学生的学校归属感良好。91.9%的学生认为在学校被同学支持,超过80%的学生在学校感觉良好,关心所在的学校并感到在学校安全,75.4%的学生表示在学校的想法被尊重。但是,仍然有34.1%的学生不认为自己是学校重要的一员,36.7%的学生不会再次选择现在所在的高中,更有43.6%的学生认为学校里没有成年人了解自己(见表2—7)。

表2—7　　　　　学生对学校的情感描述统计　　　　　(单位:%)

你在多大程度上赞同或不赞同以下说法	非常赞同	赞同	不赞同	非常不赞同
总体来说,我在学校感觉良好	18.6	65.9	12.5	2.7
我关心这所学校	20.5	68.2	10.6	0.8
在学校里,我感到安全	24.2	62.1	12.5	1.1
在学校里,我的想法被尊重	12.9	62.5	21.2	3.4
在学校里,感到被同学支持	29	62.9	6.1	1.1
在学校里至少有一个成年人了解我	18.9	37.5	37.5	6.1
我是学校的重要一员	12.5	53.4	27.7	6.4
如果可以重来,我还会选择这所学校	22	41.3	27.7	9

学生在学校的归属感缺的原因，表现最明显的是学校里没有成年人了解自己，这里的成年人在问卷中有具体的指向，主要包括行政人员、教师和其他教职工，而不被教师了解是选项最高的。从学生的访谈中发现，他们所说的教师不了解自己，可以表现为教师对学生的不了解，最直观的表现是教师记不住学生的名字。学生艾熙才说：

> 我们班主任记不得所有学生的名字，你想他记不得所有学生的名字，他如果连这个学生的名字都记不住，那他是如何关注这个学生的呢？（为什么这样说？）去找他开假条的时候，他就问你叫啥子名字哦。

学生所说的，在我和老师的接触中得到了印证。当我要求该老师给我推荐三名同学访谈的时候，该老师想了一阵子，最后拿出班级名单对照才给我写了三个名字。同样的事情也在文科班的班级中出现，教师虽然和学生接触了一年，但是仍然叫不上学生的名字，在我所观察的数学课堂上，数学教师在讲知识点的时候喜欢叫同学上去黑板上做题，在记不得学生名字的情况下，该老师是以点学号的方式代替学生名字的。学生顾菡就说：

> 数学课一般都是点人，叫学号，他不记得我们班同学的名字……有时候挺害怕他点到自己。数学老师跟我们交流得比较少，他比较看重他自己的健康吧，对我们的关注就少。跟他提建议的话也没有用，他已经50多岁了，也不可能再改变他的教学方法，我们只能去适应。

教师记不住学生的名字让学生觉得教师并不关心他们，不了解他们的所思所想，作为一个具有独立人格的主体，学生是有思想、有情感的个人，和自己相处一年的教师叫不上学生的名字从某种程度上来说伤害了学生的情感，也疏离了师生之间的情谊。教师不关心学生，学生也不在乎教师，如此恶性循环，使师生之间由一种不关心的冷漠，成为一种相互之间的不了解和不理解。如果说只是部分教师记不住学生名字的话，那么不了解学生想法的教师却是大部分，这样的后果是造成学生不认同老师的观点和说法，学生何炜祎一再说道：

> 我们班主任教过一个学生，是那一届的文科状元，老师说那个学生不是属于那种很刻苦很踏实的，老师说她很聪明，但是我觉得她是那种很勤奋的人，她说她高一上册就是年级第一嘛，但是我敢肯定的是，如果高一上册就是年级第一的话，一定是付出了很多努力才能做到的，因为高一来的时候，一切都没有适应好，你的潜能啊，学习状态啊，都没有调整好，你那个时候只能说一个适应期。然后她一来就是年级第一，后来选择了文科，我能确定的是，她应该是属于那种很踏实很努力很好强的人，并不能说她是属于天资聪明的，老师就说她是聪明的人，但是她后来跟以前我们班的同学讲话的时候，她就说她在高三那么紧张的学习时间，比其他同学多了四五本教辅资料，我当时觉得特别震惊，我连一本教辅资料都做不完，她却可以做完四五本，所以老师说她学习不踏实，只是靠一点聪明啊，但是我觉得我真的不认同她的观点。

这样的事情何炜祎给我说了三次，最后总要强调同学们都不太认同老师说的。古语有云："亲其师，信其道。"说的是师生之间要互相尊重，相互信任，上文中学生的话语，描绘的是不亲师、不信道的师生关系。同学们认为教师只站在自己的立场上去言说，完全不了解学生的想法，不了解学生对事情的认知和判断，甚至不知道学生的需求是什么。如在一次数学教师评讲试卷的过程中，艾熙才就在做物理题，课后和他聊时，他解释说：

> 今天老师讲的已经是老师翻来覆去讲了好几遍的知识了，如果再跟着听我已经知道的东西，我觉得没有必要了。（但今天老师是第一次讲试卷啊？）其实知识的类型有些是一样的，我会了我就不听了。

同样的事例在课堂上随处可见，其主要原因在于：教师不了解学生的需求。按照认知学习理论的观点，教师的教学应该以学生现有的知识经验为起点，这也是新课程的主要理念。关键是教师如何做到以学生的知识经验为起点，了解学生不是完全从学生的作业中去推断和判断，而是教师放低姿态，真诚主动地和学生交流，倾听学生的"声音"。

第三节 学生对学习的认知及意义赋予

一 "掌握知识"：学习的"复制"说

学生在学校的主要任务是学习，他们通过身心的参与投入到学习中，学习是学生参与的核心。学生如何看待学习，他们眼中的学习是什么，他们赋予学习的意义是什么，将影响学生们对待学习的态度和学生参与学习的状态。

在学生的眼里，学校是学习知识的地方，学习是掌握知识的过程，这几乎是所有学生的共识。对他们来说，学习就是学知识，获取知识，不过作为高中生的他们对知识的理解，却超乎了我的预料，学生艾熙才说：

> 学习就是重复前人所知道的知识，但是我肯定是不知道。学习自己所不知道的。这是学生的天职。我看待它是很无奈的。小时候，这是无稽之谈哈，我也记不清是几岁，那时候第一个梦想就是，我想我学习是想让我以后的人不用学习，我学习就是想创造出某一个东西，然后省去中间这个人类对知识大量、痛苦的录入过程，然后，给他缩短一下，直接一点，能像computer那样直接。不用再那么，像现在这样辛辛苦苦的坐着，然后寒窗苦读几年，学的还是前人已经知道的知识了，然后人类最精华的、创造力最丰富的那个年代，在重复学前人已经知道的知识，而在后来，剩下最多只有一半的时间，人类思维最活跃的时候，才开始创造一些新的，前人所不知道，然后我能不能省去这一大截，直接进行后面的工作，但是我知道，这些知识肯定是必要的，因为你必须有了这些知识才能创造一些我们不知道的知识。

学生看待学习的对象——知识，一方面认识到学习知识是成长的基础，另一方面对知识的枯燥、学习知识的方式——"痛苦录入"又充满无奈，学生的学习参与成为知识训练下的被动参与。为什么学生们学习知识带来的不是与知识相遇的快乐和兴奋，而是不得不学的无奈呢？在学生对知识的描述中，他们对这种重复前人所留下的客观知识的学习，有着"学而无用"的消极观点。学生顾菡说：

> 我觉得学习是一件特别耗费青春的事情，因为我们学了之后，我们的能力没有比西方那些学生强，而且学了之后很快就会忘，而且我们在其他方面的能力也没有他们强，我觉得这种特别不值得，（什么是值得的？）因为我们现在的学习很多都是不必要的，但是我们其他方面的能力，就是像生活方面的能力，都应该得到锻炼，就是不学习了之后我就什么都不会，我觉得这是我心里最大的一个问题，就是除了学习我什么都不会。但是学习上有问题我学习也不好，我觉得特别不值。

学生们认为学习不值得，耗费时间不说，考试后就忘记得差不多了。之所以对学习知识有这样的体会，主要是教育中长期盛行的客观主义知识观影响下的学校教育造成的。客观主义知识观以知识取向为核心内容，认为知识是人类认识的结晶，是认识主体对客观世界的正确反映。因此，知识披上了客观性、普遍性及中立性的科学外衣。其中，客观性是其主要特征。知识的客观性视知识为认识主体对客观世界的镜像反映，它超越了任何社会条件、具体的问题情境及价值观念，成为放之四海而皆准的真理，具有普遍的应用价值和学习价值。因此，教学中对学习的知识，是单纯的复制被简化的教条知识。

从教育史的发展来看，知识一直是教育的核心问题。夸美纽斯在《大教学论》中提出把一切知识教给一切人的百科全书式的教育，裴斯泰洛齐基于人发展的客观规律提出教育心理学化、教学的直观性原则，赫尔巴特提出明了、联合、系统及方法的教学形式阶段理论，他们都试图从心理学的角度提高学习知识的效率；斯宾塞提出科学知识最有价值，这些教育主张的背后都将知识拔高为教育教学的主体，他们认定学生是无知的、狭隘的，知识是认识一切的基础，只有通过知识的学习，才能走出自身的无知和偏狭，最终通过学习知识促进人的发展。①

因此，在教学中，学生被视为空空的容器，教师的责任在于将知识储存在学生这个容器中。于是，知识成了连接教师与学生的中介，教学活动成为为知识而知识的传输活动。学生作为学习的主人，其本身应具有的主体性、积极性长期被忽视，被知识遮蔽沦为教学中的客体。因此，教师与学生异化为讲授知识与接受知识的单向度的人，教育成为保罗·弗莱雷（Paulo Freire）笔下痛陈的存储行为，学生是保管人，教师是储户，教学成为知识的灌输。②

教师的知识观也影响着教师对课程的理解与实施，持客观主义知识观的教师将课程理解为学科或教学内容。课程被认为是确定的、静态的文本，是经过课程专家筛选后具有的权威性知识，甚至是毋庸置疑的合法性知识，这种课程观形成教师忠实取向的课程实施，致使教师的课程教学呈技术化特征。

基于对课程知识合法性和权威性的认定，教师在进行教学设计时忠实地执行课程标准、教师用书上的教学建议，甚至按部就班的将教师用书上的教学设计作为自己教学的模板，教学过程成为原原本本地诠释教师用书中教学设计的过程。教学的任务在于将确定的、真理性的知识教给学生，学生要么毫无怀疑意识地吸收教师传授的知识，要么终于有超出教师预设提出问题的，然而为了不打乱教学计划，教师往往忽视学生的问题，精确地按照教学设计的步骤走下去，使教学演化为导入新课—教授新课—课堂练习和布置作业的工艺学模式。教师对知识合法性的崇拜以及按图索骥的教学造成的直接后果是扼杀了学生的批判精神和创造性思维。③正如有学者所言："对知识无批判地记忆、理解、掌握和简单应用不就是在传递着某种文化的、价值的或西方的'偏见'吗？所

---

① 马蕾迪、范蔚：《从两极到融合：教师知识观的局限与突破》，《当代教育科学》2015年第15期。

② [巴] 保罗·弗莱雷：《被压迫者教育学》，顾建新等译，华东师范大学出版社2001年版，第25页。

③ 马蕾迪、范蔚：《从两极到融合：教师知识观的局限与突破》，《当代教育科学》2015年第15期。

有的教学原则、教学方法、教学评价手段不都是在要学生放弃或干脆剥夺学生的'批判意识'吗？缺乏了知识的批判意识和能力，所有的知识在学生头脑中不就成了'无活力的知识'了吗，不就仅仅具有炫耀的价值而没有真正的思想价值了吗？"①

客观主义的教师知识观将课程知识视为实体，学生和课程知识都是作为独立的实体存在，学生通过教师的讲授去认识那些与客观世界相符应的、特选出来的人类文化知识。这样的知识观使课程知识成为系统的供应体系，使人类长河中悠久的历史文化知识、科学知识及被认为具有文化价值的不变的共同要素得以一代代传承，成为学生掌握基本知识与培养学生读、写、算基本技能的主要元素。然而，正是这种放之四海而皆准的真理，使知识成为外在于学生的符号，成为毋庸置疑的真理，② 教材中的定理、法则，成为无须说明其论证过程的确定性知识，学生在知识面前，只有成为一块海绵，才能尽情地吸收。

"复制"式的学习将人异化为知识的附庸和奴仆，知识凌驾于人的主体性之上，被灌输给学生的知识成为"折磨心灵的无用的古董，是加给心灵的可怕的重担"，③ 学生的学习成为知识"统治"下的被动参与。

二 "机械劳动"：学习的"训练"说

正是由于知识的客观性和去情境性，使得学习成为对知识的"录入"过程，何炜祎对学习的看法也经历了一个变化过程。

> 其实到高中了，以前我觉得学习是精神上的陶冶，但是到高中以后，我觉得学习是一种机械劳动，就是你在试卷上做题，作答之后你就可以进入大学。以前觉得学习是很好，现在只是觉得学校的学习是很枯燥的。

---

① 石中英：《知识转型与教育改革》，教育科学出版社 2001 年版，第 169 页。
② 马蕾迪、范蔚：《从两极到融合：教师知识观的局限与突破》，《当代教育科学》2015 年第 15 期。
③ 赵祥麟、王承绪编译：《杜威教育名篇》，教育科学出版社 2006 年版，第 77 页。

学生的认知和体验印刻着教育的理念和痕迹,学生们认为学习是机械劳动,是反复的训练,这源于心理学中对学习本质和学习规律的解释,是传统教育中的"训练"说。20世纪初,行为主义的兴起为人们研究人的学习指出了一条"康庄大道",行为主义的提倡者通过对动物的研究,将行为还原为刺激—反应的联结,因而提出"学习是刺激与反应的强化"的学习隐喻,依据这一观点,学习表征为外部行为的变化,教学成为教师主动实施强化、等待学生反应、记忆知识的过程。行为主义学习观的贡献在于教师如何教,但是,教学中因过分强调对知识的死记硬背受到人们的批评。

学生如何学一直是心理学家努力探求的问题,早在行为主义盛行的时候,格式塔心理学家就提出人的学习与动物的学习不同,强调通过理解导向知识的记忆和学习,但是一方面格式塔心理学家提出这一理念时行为主义正盛极一时,另一方面这一理论也缺乏强有力的支撑,并未引起广泛的关注。到20世纪60年代,认知信息加工论者将人脑比拟为电脑,学习者被视为一个信息处理器,学习是信息的输入、加工、存储和输出的过程(见图2—1),因此"学习是知识的获得"① 成为信息加工论对学习的解释。

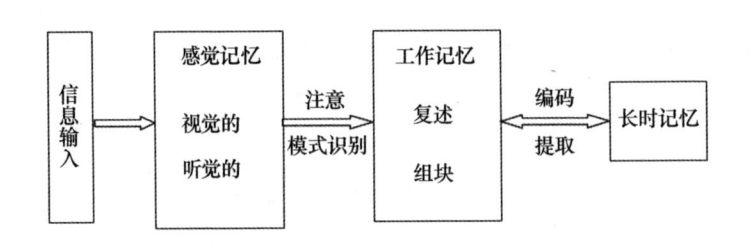

图2—1 信息加工理论描述的信息流②

正如图2—1所描述的,从信息输入刺激感觉记忆,到工作记忆对信息的短暂存储,最终进入信息的永久储存室——长时记忆,这是信息加

---

① 高文:《学习科学的关键词》,华东师范大学出版社2009年版,第9页。
② 参考[美]M. P. 德里斯科尔《学习心理学——面向教学的取向》,王小明等译,华东师范大学出版社2008年版,第64页。

工的三个阶段，信息加工论者用此信息流来解释人们的学习，学习者是信息的加工者，是一个"空空的容器"，等待教师对其输入信息，知识可以像分割的蛋糕一样由教师传授给学生，学生负责将知识输入大脑，从而在学业考评中完整的输出知识。

认知信息加工论者有将学习孤立化、简单化的倾向，忽视了学习者的认知结构。与认知信息加工同时期出现的、认知学习理论的代表奥苏贝尔（David Pawl Ausubel）提出有意义学习的理论。首先，奥苏贝尔区分了接受学习和发现学习，指出学校中大多数的学习是接受学习，教师以定论的形式将知识呈现给学习者；而发现学习突出的是学习者在学习过程中主动去获取知识，但获取的知识也是等待学习者去发现定论的知识，只是学习知识的方式不一样。其次，奥苏贝尔区分了意义学习和机械学习，认为机械学习是死记硬背、输入—输出的学习方式，而意义学习注重学习者原有的认知结构。最后，他提出有意义接受学习，突出学习者将有意义的信息与自己原有的认知结构联系起来，但总的来说还是为学生接受学习、强化所学知识服务的。受心理学对学生学习"原理"的揭示的影响，教学中为了确保学生能够复述所学的知识，练习强化就成为教师的教学手段，学生的学习成为反复的练习，题海战术在教学中拥有了合理性基础。

综上，学生们对学习的认知，是学校教育理念和教学方式的投影。从本研究的调查中发现，从学校当前的教育方式来看，学生的学习参与的方式是一种他控下的被动参与学习，这样的学习方式使得学生"眼中"的学习成为一种"知识的录入"，"学习是掌握知识"，学习是简单重复的"机械劳动"，这样的教育方式不仅遮蔽了知识本身的内蕴和知识所表征的世界，还遮蔽了学习所具有的意义与社会性的建构，使学习异化为"复制"和"训练"。

学生眼里的学习是掌握知识的过程，其核心是知识，那么掌握知识有什么用，换句话说，学生学习是为了什么？在他们的意义世界里，学习到底有什么价值？他们学习的动机是什么？问卷调查和访谈结果显示，学生学习的动机分为内在动机和外在动机，他们认为内在动机是理想状态，是学习所具有的内在意义，外在动机是现实的摹本，是学习的外在意义，而学生学习参与的状态就是在自我的调节中，从对学习内外意义的认同来获得学习参与的动机。学生对学习外在意义的认知，使学生形成一种自控下的被动参与的状态，而对学习内在意义的认同，使学生形成一种自控下的主动参与的学习状态。

三 "好工作和好生活"：学习的外在意义

学生学习的动机主要是进大学，将来找到好工作，而不是因为学校或学习本身。通过问卷分析，可将学生学习的动机归纳为四种：第一是学业上的，即考大学（95.5%）和学习知识（83.7%）；第二是社会性的，即找工作（84.8%）和因为父母、朋友（59.9%和57.5%）；第三是学校本身的，即喜欢学校（40.1%）和因为教师而去学校（33.3%）；第四是其他方面的，即法律要求（32.9%）和除此之外无事可做（19%）（见表2—8）。

表2—8　　　　　　　学生学习的动机描述统计　　　　（单位:%）

我学习是因为	完全同意和同意所占百分比
毕业后考入大学	95.5
学习找到好工作的技巧	84.8
在课堂上学习知识	83.7
我的父母	59.9
我的朋友	57.5
我喜欢学校	40.1
我的老师	33.3
法律要求	32.9
除此之外没有其他事情可做	19

总体来说，学生学习的动机较正面、积极，但是工具性动机较高。较高的工具性动机让学生形成自控下的被动参与的学习状态，因为学生学习的动机不是学校本身的因素，只有40.1%的学生因为喜欢学校而学习，33.3%的学生因为教师而学习，相比于95.5%的学生因为考大学而学习，学生学习的动机功利而长远。学生艾熙才说：

学习的意义在于，往大的说，毕竟我们都是一些平民百姓家的孩子，这条路还是得走的。（哪条路？）高考这条路，高考完找一份工作（说完自己笑了），工作、大学、生娃，这一辈子，都得通过学习去实现。

四 "提升素质和培养能力"：学习的内在意义

在越来越激烈的竞争下，学生们的学习动机是非常现实的，但是，已经具有理性思维的他们，还是能看到学习的内在价值。学生马思远说：

> 按照最笼统的，对正常人来说的话，就是为了以后工作，但是我认为还有一定特殊的意义，就是提升素质嘛，有知识的人和没知识的人乍看起来，有一种气质在里面，学习还是挺有用的。我上大学后想学习金融，纯粹就是因为感兴趣。现在喜欢学习物理和化学，也是因为有兴趣、想学。

学生学习的工具性动机和现实意义总结起来就是考高分、上大学、然后找好工作、过好生活，学习的内在动机和内在意义是学习可以提升素质和锻炼各方面的能力。然而在问卷调查中，当问到学校的学习对以下能力的发展起到帮助时，学生却又对学习的外在价值的实现充满了怀疑。在表2—9中，只有约21%的学生对学校的学习，为以后找工作的能力和发展职业的能力有信心，而不足20%的学生对于使用技术收集和交换信息、在生活中运用学校所学知识感到有能力。与此同时，一半左右的学生对学校学习能促使自己学会尊重别人、独立学习和理解自己比较自信。

表2—9　　　　　　学生对学习价值认可的描述统计　　　　　　（单位：%）

多大程度上，学校的学习对以下能力的发展有帮助	非常多	有一些	很少	几乎没有
毕业后找工作的能力	21.5	51.2	21.8	5.5
发展职业目标	21.2	46.4	22.1	8.2
使用技术收集和交换信息	19.9	49.4	23.7	6.5
在生活中运用学校所学知识	17.3	46.4	28.5	7.6
与其他人合作完成任务	39.1	47.3	10.9	2.4

续表

多大程度上，学校的学习对以下能力的发展有帮助	非常多	有一些	很少	几乎没有
尊重别人	60.6	33.3	4.5	1.5
独立学习	54.2	40	4.2	1.2
理解自己	52.1	37.9	8.5	1.2

注：这一题在学生问卷中答题有缺失，未达到330份，因此各项之和不足100%。

学生对学习价值的理解和学生认为学习对自己能力的发展之间矛盾的产生，首先是因为学生对学习意义的赋予。

一方面，学生对学习意义的形成，是在特定的社会环境下，由他们的社会经验和行为构建起来的。他们经历了小学和初中，特别是经历中考激烈的竞争，渐渐明白"分数"对于他们的意义和对于以后生活的意义，同时教师和家长也会不时地做"思想工作"。学生陈若谷说：

> 我真正的对学习的态度发生了比较大的变化是初三的第二次保送考试（达到学校划定的分数可以直接保送本校高中），那个时候感觉身边的同学都是在很认真地学习，都明白这次考试的重要性，都知道如果考不上一个理想的高中，以后会很累的。渐渐地自己也明白了学习的道理，不是为了别人而是给自己以后的路打好一个基础和做铺垫。

另一方面，学生对学习意义的意义赋予，是对于教师口中、父母口中学习意义的认同。他们倾向于用"长大了"来解释他们对学习的意义认同。而这种"长大了"，正是对成人价值观的趋同，米德认为"意义产生于一个既定的人类有机体的姿态和这种姿态所标示给另一个人类有机体的、这个有机体随后的行为之间的关系领域，并且存在于这种领域之中"。[①] 米德认为人类在较低的进化水平上利用姿态进行沟通，在较高的

---

① [美] 乔治·赫伯特·米德：《心灵、自我和社会》，霍桂恒译，北京联合出版公司2014年版，第83页。

进化水平上通过有意味的符号进行沟通。在教师、家长和学生之间的关系中，他们通过行为、言语（有声言语和无声言语）进行沟通，以达成对学习共有的意义。

> 现在长大很多，学习越来越难，感觉对学校态度也变了很多，由原来不是很认真，为了以后好好生活，以前都不懂这些，老师和家长一直给我们说，现在学好了，以后生活就好，（现在明白老师和家长所说的了?）嗯，明白了一些，所以就努力学习。初三为了保送，努力了一段时间，成绩就上去了，但在高中的话，要时刻都努力，否则成绩就会往下掉。（学生马思远语）

正如上文所述，学生对学习意义的意义赋予更多的是受外界环境、人物的影响，他们很少在学习发生的过程中建构学习对他们来说本身所具有的意义，而且在他们的描述中，他们对学习所具有的外在意义的重视超过其内在意义，很难看到他们对学习这件事本身的意义认同，因此，他们虽然具有很强的外在动机，但又怀疑学习的外在价值的实现。

其次是由课程知识的性质决定的。学校所学的知识更多的是静态的知识，在生活中运用的概率较低，学生不相信自己所学能够在生活中得到运用，更不相信这样的知识能帮助自己以后找工作。学生马思远说：

> 我对有些学科学习的目的感到困惑，它就是为高考而生的，有些学科根本没有那么重要，非要学，有些学科我感觉没有那么重要，非要学，感觉压力太大了。学习有些学科（指英语和文言文的学习），完全是因为高考中它的分值占得比较重，我没办法不把很多时间花在上面，但它们对以后的生活完全就没有用，（那物理和化学有用吗?）有用啊，如物理中的杠杆原理在生活中就有用。

最后是目标实现的难易程度。学生虽然相信学习所带来的直接收益——工作，但这是一个长远的目标，至少是在大学毕业以后，除了少数高考不理想的学生会在高中毕业以后进入社会，找一份工作维持生计，大部分的学生将会继续升入大学，找工作对他们来说还是一件长远的事情，还需要在大学中进行专业知识的学习，所以学生对诸如找工作方面的能力没有信心，但是对一些比较容易学习的技能，如与人相处中尊重别人、理解自己这类能力则比较自信。

第三章

学生学习参与的轨迹及自我建构

> 我们的经验记忆，我们个体的过去，像树落入河流一样。小河里流淌的是逝去的时间……但随着时间的流逝，年代久远的树木开始腐烂……在直纹的叙述材料消逝以后，仍有一些坚硬的徐纹莫名的保存在我们的记忆之中……这些是我们的"河牙"——在我们的自传完成之后保留在我们身上的经历的时间之结。
>
> —— David James Duncan《河牙》

前一章是学生在学校的学习状态，是一种正在发生的共时态。本章我将描述接受了完整的义务教育阶段的学生的学习参与轨迹，以及学生在学习参与的过程中形成的自我概念。通过几位学生的参与状态和参与轨迹，可以看到莱夫为我们指出的"学习意味着成为另一个人，学习包含着身份建构这个事实"。[①] 一方面，参与的合法性主要指成员资格的获得，得到允许进入学习场域的资格，在这里，学生都具备学校成员资格，具有学生这个共同的身份。另一方面，从边缘到中心的向心参与，或者处于离心的参与，每位学生在学习参与的过程中实现了不同的自我建构和身份转化，这正是下一部分要讨论的问题。在本章的余下部分，我将先描述学生在学习过程中所形成的参与轨迹，然后在此基础上，分析学生在学习参与过程中实现的自我建构。

---

① ［美］J. 莱夫、E. 温格：《情景学习：合法的边缘性参与》，王文静译，华东师范大学出版社2004年版，第17页。

第一节　教育过程中学生学习参与的历时轨迹

学生学习参与的历时轨迹是指学生在学习的过程中，由于长期对学习的投入而形成的学习的动态轨迹。对教育过程中学生学习参与的历时态的追问，主要是受到莱夫（Jean Lave）和温格（Etienne Wenger）在《情景学习：合法的边缘性参与》中所提到的学习者参与轨迹的启示，莱夫和温格通过对助产士、裁缝、海军舵手、屠夫、戒酒师五个学徒制案例的考察，致力于揭示在没有指导和正式组织的学徒制中学习是如何发生的。[①] 在这些案例中，所有的学习者都进行了边缘的观察和模仿，最重要的是他们把参与作为学习（包括吸收与被吸收进）"实践文化"的一种方式，长期的合法的边缘性为学习者提供了把实践文化纳为己有的机会。[②] 因此，初学者通过这种边缘参与，逐渐向学习的中心靠近，实现一种向心式的参与，伴随着学习者参与轨迹的改变，学习者的身份也从初学者转变为专家，或者说由新手变为熟手，因此莱夫和温格摒弃了学习的传统观念，将学习定义为"合法的边缘性参与"。

为了避免产生误解，莱夫和温格强调"合法的边缘性参与"本身不是一种教育形式，更不是一种教育策略或教学技术。它是一种分析学习的观点，一种理解学习的方式。[③] 它引导我将关注的重点放在学习者参与的过程中，放在学习者的参与轨迹以及身份的形成上，它促使我反思：在制度化的学校教育中，经历了一个完整的义务教育历程的学生，他们学习参与的轨迹是什么样子的？是从边缘到中心的向心式参与吗？如果是，为什么学校中的"边缘人"的现象到处可见？如果不是，学生学习参与的轨迹到底是怎样的？

---

① [美] J. 莱夫、E. 温格：《情景学习：合法的边缘性参与》，王文静译，华东师范大学出版社2004年版，第37页。

② [美] J. 莱夫、E. 温格：《情景学习：合法的边缘性参与》，王文静译，华东师范大学出版社2004年版，第96页。

③ [美] J. 莱夫、E. 温格：《情景学习：合法的边缘性参与》，王文静译，华东师范大学出版社2004年版，第9页。

一　中心移至边缘的离心

离心是指学生学习参与的一种特殊状态，这里有两层意思，一种是学生的学习参与轨迹由学习中心逐渐向边缘游离，远离学习中心的一种参与轨迹；另一种是学生学习参与的历程一直处于离心状态，虽然努力靠近，但是离中心却还是很远。这里所说的中心和边缘并没有特别严格的标准，而是学生在学习过程中的一种自我觉知，这种自我觉知一方面是学生对自己学习情况的自评，另一方面是学生受到教师、同学、家长的影响，从社会比较中确定学习的参与轨迹。另外，学生的学习参与轨迹是在一定的周期性的学习中体现出来的一种动态轨迹，是学生在一个比较稳定的系统（如学生学习的班级）内进行的自我描述。

顾菡的学习参与轨迹是典型的从中心移至边缘的离心，在描述自己的学习历程时她写道：

> 小学的六年，我一直都成绩优异，上课积极，绘画比赛可以拿奖，演讲比赛可以拿奖的优秀学生，班里一切除学习以外的事物都是我负责，我一手操办班里的事情。我在小学的时候一直没有畏惧过什么。无论是学习上的困难还是能力上的锻炼。我记得我从小就不喜欢写作文，到现在也是，可是学校的作文比赛我也没有惧怕，而且还拿了六年级组的一等奖。我从小就很瘦小，在班里总是最矮或者倒数第二矮的人，但是当时我也没有惧怕过或者自卑过，我觉得我虽然矮但是我可以在很多事情上比别人做得好，比如学习，负责班级的活动，代表班级参加演讲比赛，代表毕业生全校讲话。我很喜欢也很怀念原来小学的我，但是现在我做不到这些了。
> 初一的时候我几乎每节课都听得很认真，就像小学一样，干什么都很认真，希望做到最好，而且当时我小学时候养成的好习惯还在，所以当时就一直考班里的前三名。到了初二，我就开始上课只听我不会的，我会的我就自己玩，或者和旁边的人讲话，但是作业我还是会按时完成，哪怕是留到最后。初二我成绩依然很好，但是我染上了坏习惯，或者说是以前就有的，比如我爱迟到，不再像原来一样管班里的事去锻炼自己的能力。初三上半学期考试，我就下

降了。但当时我的惯性还是好的，所以经过一点点地努力，我初三的期末成绩就回到了原来的状态。高中就保送到这里来了。

初三的时候我对高中生活充满了向往，我以为高一的时候都是学新课，不会像初三复习的时候那么累。结果我又错了。我记得高中刚开学上了一两天的课就放了一个半天假，那次我和妈妈通电话的时候哭了，那是我第一次在电话里跟妈妈哭。我觉得高中那个班级里压力非常大，我初中养成了不积极回答问题的坏习惯，也不当班干部锻炼自己的能力，所以就越来越胆小。班级里的同学都很优秀，成绩优秀，能力也优秀，让我在那种散漫的环境下待习惯了的人觉得非常有压力。我觉得我不像原来那么好，我对高中的第一印象充满了自卑和后悔。我记得第一次上高中英语课的时候，老师让我们作自我介绍，我初中英语总是能考年级第一或前三，本来我准备站起来说两句，但是有两个女生自我介绍了之后，我就不敢起来了。他们的发音和那些课外的我没听过的词汇，让我目瞪口呆，也让我自卑后悔。我觉得我初中会染上周末不写作业上课睡觉的坏习惯简直可耻。我语文也不会朗诵，数学也不擅长，管理能力也在初中的时候全部丢失了，所以我就越来越胆怯、自卑、焦虑。目前来看，我的高中，就是反思、后悔、想要前进，这样一直循环着。

顾菡的学习历程就是**渐渐远离中心的过程**，主要表现在三个学习阶段：小学的时候她积极参与学习，帮助老师管理班上的事物，是班上甚至是学校的中心参与者；初中的时候学习任务增加，换了环境，但是保持小学时候良好的学习习惯，也总能抓住学习要点，虽然态度上不像小学时候那么积极认真，但也没有离开学习的中心点，仍然是老师和同学心中的参与者；到了高中，学习任务重、课程难度增加，再加上周围学生全是来自各个初中学校比较优秀的学生，在学习参与中忽然感觉自己成了局外人，总有比自己优秀的同学，激烈的竞争一步步的把她往外推。

无独有偶，艾熙才的学习历程也是逐渐远离学习中心的过程，他小学时候是班上的佼佼者，初中虽然稍有偏离但是自我感觉仍然良好，但是正是由于初中的疏忽大意，高中的学习让他感觉力不从心，总在追赶，总想回到小学时候的状态，从边缘到中心也是他努力的方向，奋斗的愿望。正如艾熙才所说的：

> 高中还有两年，我希望我能找回小学时的自己，不再给自己的高中留下遗憾，我不奢求其他任何人满意，只求自己可以做到无悔。

二 完全离心

顾菡、艾熙才学习参与的轨迹是从中心向边缘的离心，而王千阳、陈若谷的学习历程则是一直处于学习的边缘，他们努力向学习的中心靠近，却始终有距离，以下是王千阳描述的他"曲折"的学习历程：

> A附小，我的母校，一个充满绿色的校园，也载满了回忆……
> "王千阳，你说不说？"……回答她的是一片沉寂，"不说是吧！好，给我站到下课！然后，到我的办公室去！"讲台上，老师咬牙切齿地吼道。阳光透过窗边的植物，照在了一个小男孩倔强的脸上，他心想哼，就是不回答！怎么？以为你能吃了我啊？站就站，怕你不成！……想着想着，不知不觉下课铃就响了……
> 不必说，你也知道，那个小男孩是我喽。那个时候，也就是小学三年级的时候，几乎是最叛逆的时候，天天跟着老师作对，也少不了请家长……
> 浩瀚宇宙中，一颗流星孤独地划过天际。
> 这颗流星，就是我。
> 上学被老师吵："王千阳，这么简单的问题都回答不上来吗？"
> 回家被父母骂："王千阳，你说你这么胆小，以后有什么用？"
> 吵吵吵、骂骂骂，行，小爷不理你们总行了吧！不行——"有心事为什么不说？我们是你的什么人？又不是外人，为什么不说？"
> 真不知道当初是怎样熬过那样的时光的，回头想一想，真觉得不可思议，当然，也为自己的年少不懂事莞尔一笑……
> 就这样，顶着争吵，小爷又长大了，也顺利进入了下一个年级。在那个班里，真的感觉到了什么叫如沐春风。也是在那个时候，我的写作才能被发现了，当然，比我优秀的也不是没有，可不能骄傲！

打打闹闹，恍恍惚惚中，离开了小学，进入了中学，真不知道进入 A 中是我的不幸还是我的幸运。活动什么的跟其他学校比起来，简直少得可怜……还有伙食什么的，说起来泪流满面……

但至少遇到了一群"相亲相爱"的同学，和一位严厉负责的老师。也明白了既然不能改变环境，那就先改变自己吧！

也许是在她那里补习的缘故，也或许是我妈经常跟她联系的缘故吧，感觉她始终在注视着我……这个她，是指我们初中那个班的班主任……

当然，还有一个她，是我们的语文老师，也是我们的大姐姐，更是文学院的高才生啦！我们是她教的第一届，我一直以她为骄傲，想必她也一直为我感到骄傲吧。可以肯定的是，我妈也经常联系，导致的结果就是每次大型考试后，我必被她点名出去训话。因为我离优等每次就几分的差距，真的，差距很小，这种感觉就像你很努力地去捡一样东西，很努力，可真的还只差那么一点点……

就这样，在她们严厉的呵护下，我顺利地进入了高中，然后……然后跳着脚玩了！以至于开学的时候连字都写不来了，汗……

嗯，进入高中就要分科，至少我们是如此，看看现实，物理跟化学实在不敢恭维，政治嘛，又不想背……

文，理，文，理，文还是理……眼一闭，牙一咬，就决定是你了——文科！至于以后的路嘛，以后再说……

由于是班上仅有的几个男生，感觉班主任还是蛮器重我的，至少目前为止。

为什么是目前为止呢？因为在她的印象中，除了上课偶尔讲讲话，成绩中等以外，其他的还是可以。因此，每次考完试，成绩出来以后，她必然跟我说："努力呀！"

令我无语的是，明明努力了却达不到理想的成绩。虽然是我的同桌带我玩的，相比这次期末考试也一定考得比我好吧！

回家算了算，每次的平均分都在往上涨，只是幅度比较小而已，只有几分，但至少在进步呀！

好嘛，我承认，我进步的步伐比起其他人来说，确实慢了很多，也因为做每一件事都没有尽全力的缘故吧，才导致了我这次的失利。

算了，下次努力，赢回本来属于我的一切！

但我的直觉告诉我，在班主任的心中，我的地位必定一落千丈，不在实验班还好，当然，以我的成绩，铁定进不到实验班的，如果没有开学考试的话。

希望不进实验班，可这个班是最好的实验班啊！实验班！

生活并不是一帆风顺的，有进有退。虽然我感觉在她心中，我还是算差生的，也是处于一种外围的地位，但我相信，我必定会到中心的！

但是前提是，你要努力啊，少年。

困难是什么？磨碎他们就是了。大步向前，坚定本心，去追逐属于你的那一道光吧！

一曲终了，繁花散尽，给自己一些时间，一切终会有答案……

王千阳的学习历程给我很深刻的印象，就像他自己描述的"离优等每次就几分的差距，真的，差距很小，这种感觉就像你很努力地去捡一样东西，很努力，可真的还只差那么一点点……"他一直很努力的向学习的中心靠近，努力做优秀者、参与者，但最终感觉自己还是处于"外围的地位"，而"必定到中心"成为他学习的动力、追求的目标。

三 边缘移至中心的向心

离心是学习参与的一种特殊状态，虽然离开中心，但却一直努力调适回到中心或向中心靠近。向心是学习参与的一种理想状态，也包括两种情况，一种是从边缘到中心的向心，一种是完全的向心。马思远在聊到自己学习历程时说道："小学不是那么想学，还不是特别懂，初中慢慢意识到学习的重要就渐渐往里面靠，到了高中就越靠越近。"他认为这是一种良性循环。

小学就是浑浑噩噩地过来了，平时好像有时候认真学一下，有时候又特别想玩，然后又特别贪玩，小学没有那么多成绩的因素在里面，小学学得少，也比较轻松，所以平时老师上课也比较轻松，也没有那么多成绩的因素在里面。

初中我的成绩不是特别好，老师又不是特别喜欢我，我的成绩都是一直很平庸的，然后我又不是特别努力，我的成绩一直没有下降，后来好像还可以，因为随着难度加深在增强嘛，我一进去就是那个分数，那初三出来还是那个分数，基本上没有多大变化，所以好像看起来还可以的样子，所以当时初中我进了保送班老师还挺惊讶，因为老师一直不看好我，把我当做班上成绩中等的学生，我平时又比较内向。到了高中成绩可能好一点了，老师比较愿意接近。我高中成绩相对来说比初中好了一点，初中才进去的时候我年级400名左右，班上30多名，到了高中我成绩进步了，班上第3名，理科年级40名，老师对我的印象有一些改观，也比较关注我。（学生马思远语）

　　马思远的学习历程体现出他在学习的过程中逐步向学习的中心靠近的趋势，在这其中，学习成绩的稳步提升让他得到了教师的关注，不断地接近学习的中心给了他继续前进的动力，更重要的是，渐渐意识到学习的重要性促使他离学习又近了一步。马思远的学习历程反映出从边缘到中心的向心不仅仅是学习成绩的稳步提升，更重要的是学生学习意识的觉醒和对学习掌控能力的提高，正因为如此，他感觉自己进入了学习的良性循环中。

四　完全向心

　　如果说从边缘到中心的向心是一种良性循环的话，完全的向心则是学生参与的一种理想状态，一种圆满的参与轨迹。完全的向心是学生一直保持对学习的高投入从而得以维持其中心地位，这不仅包括学习成绩名列前茅，也包括学生具有较高的自我效能感和成就感。何炜祎的学习历程是个典型的例子。

　　小学一到三年级根本就意识不到学习，没有多少朋友，没有得到老师多少关注，就算那次文艺表演被放掉，只是难过，也没有什么立志学习的念头，我只是单纯跟在时光后面跑，记得很长一段时间，大概是三年级，上语文课听见老师的问题，觉得自己都能答出来，然后积极举手，整个过程觉得很高兴，如果没错的话，那个时候我参与学习很认真。那个时候的期末考试，都没差到哪里去，大多都是96分、95分。班上没有排名，所以也并没有多少在意，平时什么样，就是什么样。我四年级的时候脑袋突然开窍了，但也许是我本来就是潜力股，我的语文一直不差，原来一直没有意识到我可以通过成绩来加强我的存在感，很多人谈人生感悟都会提到有某一件小事改变了他们的人生轨迹，我也有，至少我这样认为，那次是语文考试，当我被老师叫起来站在全班面前，我感到一种从未有的优越感、成就感。是的，我渴望它，所以我比以往更加注重它。

我在四年级再次分班的时候以全班第二的成绩来到新的班级，那个时候，我隐秘地感受到一些成绩带来的边际效益，我到了新班级，像以往一样听完了絮絮叨叨的开学事宜以及感人肺腑的宣言就去学校小卖部买零食，我在那四年里已经习惯了一个人过，没有朋友的感伤只在偶尔出现，当我很没有气质地嚼着辣条回教室看见一大群学生围着新班主任，我居然有些轻蔑，我从小就有一种类似愤世嫉俗的情绪，但从我现在看来，那一刻我的邪恶情绪萌生了，悄悄地。我用袖子一撸鼻子下的辣出来的汗水，新老师就叫我了。我穿过包围在讲台外的人群，带着辣条的香气站在他的面前，一个四十多岁，很精神的男老师。他带着类似温和的笑容看着我，叫我当班长，不，他取的职务名是"班级总服务员"，现在想来就让我觉得骚包的名字，你也能感觉出我不喜欢他吧，不过那是后来，因为我在小学混了这么久，终于有人叫我当班长了，我干嘛讨厌他呀，我拥有一种与生俱来的领导范（有正义感，爱打官腔），那一刻我觉得我迎来了一个新的世界，那么儒雅的班主任，瞧他多么民主呀！虽然他选我只是因为我在那个班上是第一，以前就偶尔听说的漂亮女班长就站在我旁边，以一种善良友好很想和我交朋友的眼神看着我，我的友谊开始了，短短那几分钟，我似乎拥有了我早就渴望的东西。却忘了一切都是因为我的成绩。

其实我没有荒废学习，但我本来就不是那种有好的学习习惯或者方法，又有一个至今都致命的不踏实。我脑子一直打鸡血，觉得自己是多么厉害的人，可我的学习一点都没有什么进步，或者我只是在偶尔幻想我有很棒的成绩，依然是以前的样子，不过起效的是一种优越感和一点自信，再或者我不时地灵感大爆发，知识就理解了。我从小到大都害怕迟到，我除了在语文课上兴奋，有荣誉可拿时当出头鸟，平时还是喜欢在群体里安安稳稳的，估计是这些让我没有误入歧途，成绩也不是很差，但这让新班主任难过了，因为我成绩不出众了，那个班级总服务员也干得不好，我说过我有集体意识，但他只是偶尔像星矢的小宇宙爆发，我从小到大都被压迫的表现欲和一些懦弱让我这个班长当得真为坎坷，但我从不觉得我在这方面没有天赋，后来班主任撤了我的班长职务，让我当美术课代表，但当美术课代表让我很快乐，我喜欢上美术老师的课，而我美术作业多是最高分，多开心呀！似乎我又到了以前的日子，总有一样东西让我骄傲。

六年级上册，期末考试又像以往一样莫名淡定，听说那次考试很难，我考了年级第一。我超过了班上成绩最好的那个男生，他正忙着在学习与恋爱中间周旋，我看着他们非主流的剧情感到莫名的好笑，我更多在意的是我的成绩，上学期的年级第一让我在我一向讨厌的妈妈娘家人面前受到了表扬，走在路上，同学家长是老师的有几次在讨论我，因为我从未被他们注意的关键考试绝不掉链子的精神终于被他们发现了，班主任在开学时对我青眼有加，我当然享受那种优越感，但是我绝对没有以前那么高兴，我甚至瞧不起他们，觉得他们都是可笑的动物，我的邪恶情绪得到发酵，我甚至有些自负，但有一句话我深深理解，越自卑的人越要强。我好像失去了一些纯真，不过我那时的想法和行为也是相当幼稚。在六年级毕业的节骨眼上，我一次比一次考得好，或许是陷入了良性循环，看那时的我绝对没现在想得多，偶尔会有考差的，但我却那么在意了，它甚至影响我的心态了，就是现在一直困扰我的问题，虽然六年级毕业考我依然是年级第一，但我没有像六年级上册那样轻松，毫无负担，甚至没有我期望的程度。

初中的学习就要紧凑一点，所以我第一次月考的成绩是：语文122.5分，数学114分，英语129.5分，政治36分（满分50分），历史46分（满分50分）。年级排名第七，班上第二。要知道我刚进来的时候是年级第一，老师算是重视我的，让我做班长，在同学中间也算是比较早知道名字的，这就是在乡镇中学的好处，不过我的成绩似乎让班主任失望了，他让我进办公室，大部分记忆很零碎，就是说我考差了，我所在的是2班，考得最好的是3班，年级第一也是3班的一个女生，我从未有过的羞耻感席卷了我，唯一记住的是老师拿着成绩总表的样子和他的一句话：你上课很认真，但你不够勤奋。想想那个时候真是可爱，傻里傻气，但我认为那是件大事，但在我治标不治本的方法下，我在第二次的考试下彻底考砸了，班上第四名，年级第十四名。我在听到老师名次时非常失望，失望到底谷。那时我第一次面临到来之内心的压力，初中的时候我一直以为那接下来的时间是我的转折点，因为我很努力，但现在我想起来，那接下的时间我除了紧绷的神经，学习跟刚开始也没什么区别。

　　初一下学期由于我期末考试考的班上第一，年级第四，我又拥有了前进的动力和信心，我这个人吧，就是运气好，一上来就不想下去，所以我也很努力呀，只是上课注意力容易专注了。似乎我初一下册都是年级第四班上第一，当然我也不怕跟你说，我那时并没有特别轻松，我大部分时间都花在平时暗地里跟班上第二第三较劲。我到初二就更所向披靡了，当然我依然不踏实的跟他们较劲，包括3班，我也没那么想要他们知道我，年级第一依然是那个3班的女生，最好的班依然是3班，第一次月考我还是第四，到了半期考试，那次数学考试我考了年级第一。初二我一直是年级第一，也不知道为什么状态一直这么好。初三到了，我似乎更加注意成绩，似乎更加成熟，所谓成熟就是你认识社会的程度，我要考高中，我要考好的高中，我还要上大学，我还要成为一个优秀的人。初三上期的期末成绩出来了，我并列班上第二，年级第四。初三我们要进行诊断性考试，学习更加紧张，第一次月考物理化学特别难，我简直要做崩溃了，考完后更是郁郁寡欢，可是那次考试我竟然是年级第一，高兴只有一片刻，更多的是不安。但还是稍稍加了一点信心，但我为了掩盖心里的不安，学习态度恶劣，估计是受了那段时间风头正盛的一班一个很聪明的男生影响，有了这种比较，我的心理更加脆弱。伪装是一种害怕的表现，我下课很夸张的兴奋，心里明明没有底却异常开心,自己做的计划没有实现,那种沮丧感常常包围我回家后看电视,明明不好看却不愿意回房睡觉,忍不住看小说,看里面的悲欢离合,却是在找自己。因为诊断性考试表现好,我和外区的高中签了合同,中考期间一直下着雨,我也没有平时考试那么紧张,非要弄出自己干掉考试的热血激情,到最后,还是有遗憾,但也没心思去纠结了。

我高一是煎熬的,每天想要找到初中的优越感,然后发现以前的那点自信根本就被我自己给吓没了。天赋呢,我厚脸皮地认为还是有一点的,我从来都不曾放弃过,这一点我意识到,然后发现班上哪个人放弃了?人都有本能意识的,就算你再烂,你也会相信你自己,但其他的就不一样了,我在做作业时根本就集中不了全部精力,一做题就心烦意乱,但也有偶尔灵感爆发,理解之后就好了,其实我发现只要我不紧张,考试时我又会回到小学那样让我在重要考试时不掉链子的状态。前半期还好,但我没有发现。学习是一个系统的东西,把握全局,在脑海里形成一些解题方法很重要。我期中考试自我发挥较好,但下来的成绩没我预想的好,但由于在班上排名靠前,我内心是安定的。我就没有去深究学习。期末的时候考了文科年级第三,班级也是第三,但还是没有我预想的好,没有超过我想超过的人。

何炜祎在参与学习的历程中可以说是一直处于中心地带,因此教师的关注、同学的羡慕和"讨好"等让她享受中心地位所带来的优越感和存在感,她称为学习所带来的"边际效益"。然而,我也看出她感受到的压力和煎熬,因为要保持学习的中心地位,就必须相应地保持好成绩,当学习演变为对成绩的追求时,学生的心灵要遭受怎样的磨炼;当对知识的热爱逐渐转变为对"地位"的维护时,她既厌倦又无奈。

前文我们说向心式的参与是一种理想的参与轨迹,向心式参与促使学习有效展开,让学习走入良性循环的轨道,学习者在其中增强了自我效能感和学习的信心。然而,对于这种理想的参与轨迹,却应该有一个前提条件,即学习是学习者自发的主动探索行为,学习的意义在于学习者个体价值的实现与生命活力的焕发。当学习失去了本真的意义时,这种向心式的参与学习的历程，只会演变为复制的学习，让人厌倦。幸运的是，学生对这种情况是自知的，如何炜祎在访谈结束的时候告诉我"其实很想到边缘去看看"，我追问为什么有如此的想法时，她在片刻的思考之后说道：

> 我们通常都是围着世界的中心打转，前人走过的路，我们再去走一遍，再达到前人那个终点，或者说跟前人有一个差距，但我们从来没有另辟过，看一些别人没有看过的东西，才能有所创新，因为我们周围的环境啊，我们每个人都是按照大多数人走过的路，然后一直这样走下去吧，我就觉得有的时候，很想去边缘去看一下，在学习和教师的交往，一直都在中心打转，应该说一直在中心吧，有的时候距离中心远一点，但是很想向中心靠拢，应该说是不得不向中心靠拢。人生就是一场学习，如果去边缘学习，你会学习到的全部是别人没有见过的事，可能会带来一些创新吧。

正如何炜祎所言，学校学习的一个特征是制度化和标准化，既定的客观知识、统一的标准答案、量化的等级评价标准使学习异化为对知识的复制，对前人知识不加批判的吸收使学习者沦为受教育者，反思能力和批判能力几乎丧失殆尽。

通过学生学习参与历程的描述，归纳出四类学习参与的轨迹：中心到边缘的离心、完全离心、边缘到中心的向心、完全向心。学生的学习参与轨迹是一种动态的轨迹，它们循环往复、没有完全地停留在某一点，但由于时间的积累，形成了一定的动态轨迹。其中，向心式的参与是一种理想的学习，这也是莱夫和温格所提出的，学徒通过边缘参与到达中心参与，最后从新手变为专家的学习模型，但是现实的学校情境中，学习的异化使得向心式的参与成为对知识的不断复制吸收，并以学生创造力和批判力的散失为代价。同时，学生学习参与中普遍存在远离学习中心的"边缘参与者"，他们需要教育者的关注和引导。

另外，从以上调查中还可以看出，学生对学习参与/投入的多少，很大程度上在左右着学生的学习轨迹，甚至可以说，参与是影响学生学习的重要因素之一。正如莱夫和温格所提出的，参与体现了人与世界、活动、意义、认知、学习和识知之间相互依赖的关系，参与本身使学习成为可能，正是通过参与，意义得以凸显、身份得以形成。

第二节 学生学习参与中形成的学业自我概念

自我（self）是大多数心理学家关注的领域，从威廉·詹姆斯（William James）到库利（Charles Horton Cooley）再到米德，他们对"自我"的讨论主要指个人的自我概念，有别于弗洛伊德提出的自我（ego）。在这里，自我概念是我们持有的关于我们是谁的信念集合的统称。[①] 学业自我概念是影响学业成就的中介变量，是个体在学业情境中形成的对自己在学业发展方面比较稳定的认知、体验和评价。[②]

在学业情境中，个体在学业自我概念的引导下选择和解释接收到的信息，并进行自我展示。基于学生学习参与轨迹的描摹，研究发现学生在学习参与过程中形成了不同的学业自我概念，积极的学业自我概念促进学生的学习参与，消极的学业自我概念抑制学生的学习参与。

一 "保送生"

从总体上来看，我所追踪研究的六位学生，在学习参与的历程中，都形成了一个共同的自我概念——"保送生"。"保送生"是这些学生共有的身份，也是他们对自我的确认，在访谈中他们一再提到自己是"保送生"，"保送生"的身份也增加了他们的优越感。从这些学生的访谈中发现，"保送生"具有两个方面的优势。优势之一是代表着"辉煌"的过去。他们通过初中优秀的表现，在中考之前就获得了保送到现在就读高中的资格，无须通过中考成绩就提前被录取，这在初中是成绩优异者能享受的殊荣。

[①] ［美］谢利·E. 泰勒等：《社会心理学》，崔丽娟、王彦等译，上海人民出版社2015年版，第95页。

[②] 郭成、何晓燕、张大均：《学业自我概念及其与学业成绩关系的研究述评》，《心理科学》2006年第1期。

"保送生"分为外区的"保送生"、本区外校和本校的"保送生"。外区"保送生"是指生源地不在我所调研的地区,他们由于初中表现突出而被"推荐"到本区的高中就读,或者说因为成绩优异被高中"看中"。本区其他学校的学生也和外区的学生一样,前提是初中成绩优异,是学校里的佼佼者,才能获得保送资格。如顾菡在谈到为什么来这里上学时就说:

> 我们当时其实中考也不是很重要,我们学校几乎所有学习好的都会保送到这里来,但是如果我考得更好的话,也达不到更好学校的分数,也只能在这里。我是保送过来的。

本校保送的要求比本区外校和外区学校的要求低很多。本校保送是初二的成绩加初三的成绩来确定的,而外区和本区外校的学生要想获得保送名额,必须是年级中的佼佼者。本校的"保送生"有两次保送的机会,学生们称为"一保"和"二保",这样本校的"保送生"名额就会很多,对于本校的学生也是一种"优势"。学校为了照顾本校的学生,保送的名额较多。

> 本校保送的话我们年级有两三百个人,那些人当中我觉得成绩都不是特别好,只能说还行吧。(学生马思远语)

"保送生"的优势之二是"保送生"是高中成员资格中的"优异者",在高中享受着许多"特殊待遇"。在这些"保送生"中,地位又分上等、中等和一般的。上等是指外区保送的学生,中等指本区外校保送的学生和本校第一次就获得保送资格的学生,一般主要指本校通过第二次获得保送资格的学生。

外区的"保送生"属于学校里的"上等人",这样的学生在一个年级中有50个左右,他们可以享受学校提供的许多丰厚的"待遇"。如何炜祎说:

> 因为我选择了外区学校,本区学校也来跟我谈了很多次,那种

当大爷的感觉很爽……选择来这里读书，是因为只要在期末考试中考进年级前50就可以不用交学费和住宿费（学费1400元，住宿费女生400元，男生420元），我家里条件不好，我不想为这些事情担心，生活有保障，所以我就来了。

"保送生"中处于中等和一般优势的学生，他们可以不用冒险凭中考成绩入学，不用为中考焦虑，也不用担心中考发挥失常，进入高中以后，这些学生往往被分到学校中较好的班级中。

我初中学习不是很好，中等一点。后来努力了才保送起来，是二保。我们班本校升上来的基本都是保送的，前面是保送的后面就不用管了，就直接到校了。有两次，第一次保送一百多人，第二次有一百多人，后来的就是通过中考来的。（学生陈若谷语）

陈若谷是本校的"保送生"，她所在的班级是学校中理科班中的特尖班，属于二类较好的班级，正如她所说的，他们班的学生几乎都是"保送生"，学校里较好的班级的学生也几乎都是"保送生"。这些"保送生"不仅早早具备学校成员的资格，在入学之后还分享着学校里的"特殊待遇"和较好的教育资源。另外，这些"保送生"在享受许多隐性的和显性的"优待"时，也放弃了选择其他高中的机会。因为他们和学校有"签约"，并且要为此交保证金，毁约就得付出经济的代价，因此，毁约者也是少数几个。

本研究的研究对象没有非"保送生"，这在我研究开始的时候没有预想到，所有研究对象都具有"保送生"这样一个共性的身份，我想这或许就是学生在学习参与过程中所收获的，也是参与的价值所在。"保送生"是所有学生在入学的时候通过初中三年的学习所形成的身份，虽然他们具有相同的"声誉"，但是在进入新的场景中，新的学习活动开始的时候，他们又在学习参与中形成了不同的自我。

二 "平庸之人"

对于离心参与和边缘参与的学生来说，他们在教学中成为教师最

"看不见"的一类人,相比于成绩优异者,他们没有老师赞赏的目光和同学羡慕的眼神;相较于完全不参与的同学和成绩落后者,他们没有老师的点拨和提醒,甚至在班里引不起任何关注,他们深深地感知到自己在班里的可有可无。因为学业成就的"平庸",他们对自我的认知形成了他们口中的"平庸之人"。马思远的学习历程经历了从边缘到中心的向心式参与,他对"平庸之人"的体会是深刻的,在谈到自己在初中的学习经历时,他一再强调自己只是一个平庸的人,而他对平庸的理解,也和大多数学生的理解相似:

> 平庸就是班上成绩中等,不太显人眼的那种,好像少了他这个班级也没有太大的变化,因为我平时也不调皮捣蛋,而我初中也变得内向,所以说我平时就一个人待在教室里做些自己的事情,所以我去问老师问题的话,因为我们初中班主任是历史老师,她也不会意识到我去问问题什么的。数学老师曾经感觉我数学比较好,因为学习函数的时候,后来我数学成绩下去了,我又淹没在人群当中了,所以是一个平庸的人。连中考都是平庸的,本校保送的话我们年级有两三百个人呢,算不了什么。

成绩平平、得不到教师和同学的关注是学生对"平庸"的理解,而且他们所指的"平庸之人"范围极为广泛,基本上等同于课堂教学中的"边缘人"[1]或"隐形学生"[2],这些学生对自我身份的认知——"平庸之人"的看法可以归纳为以下几点:在学业成绩上没有优势的学生是"平庸之人"最明显的外显条件;除了学业成绩一般以外,没有什么过人之处,无法引起教师和同学的关注;自认为"平庸"而导致性格孤僻和内向,甚至自我封闭;在班级群体里的存在感较弱,有"可有可无"的虚无感。这是学生们对"平庸之人"这个概念的理解,也是他们对自己行为和体验的解释,综合本研究在这方面的发现,"平庸之人"具有一些共

---

[1] 李森、杜尚荣:《课堂教学中的"边缘人"及其转化策略》,《教育研究》2014年第7期。

[2] 李茂:《齐头并进——关注第2级段的落后生》,《基础教育课程》2007年第8期。

有的特征。

1. 普遍性

所谓普遍性是指"平庸之人"普遍存在于课堂教学中，普遍存在于学校场域中，他们在学生群体中占了很大的比例。"平庸之人"这一概念表征了绝大部分高中生在学业方面的自我知觉。之所以其有普遍性，是因为这里的"平庸"是相对于"优异"而言的，有着"非优即平"的认知假定。结合学生学业成绩的正态分布可知，对大部分普通学生而言，他们在学业的自我认知上，都是属于"平庸"的。相对于成绩优异的学生来说，"平庸之人"指的是那些在学业上表现一般和表现差的学生，这部分学生占了班级总人数的2/3。如吴康宁通过对班级组织中学生人际状况多种可能性的分析，从学生在班级中单向被选择或被拒绝的维度，归纳总结出班级中存在五种类型的学生：受欢迎型、受争议型、受孤立型、受忽视型和受遗忘型。吴康宁认为受欢迎型、受争议型、受孤立型和受遗忘型在班级组织中只涉及少数学生，而受忽视型的学生却占了班级组织中学生人数的90.4%。[①] 受忽视型的学生和本研究学生口中的"平庸之人"特征相似，他们在班级中较少受到教师和同学的关注，在班级中默默无闻，他们的身心游离在课堂教学外，很少参与到教学的中心。

2. 非恒定性

非恒定性是相对于恒定性来说的，恒定性是指"平庸之人"在课堂教学中生存状态的相对稳定性，要实现转化具有一定的困难；非恒定性是指"平庸之人"在课堂教学中随着对学习参与的增强或减弱而表现出来的对自我概念转化的可能性。这里所说的转化包含两个方面的可能性：一是从"平庸之人"转变为学习参与者，这些学生有可能长期以来一直受自我和他我的影响，自认为属于"平庸之人"，但是当条件改变时，也能够使他们从"平庸之人"转化为学习参与者；另有可能从学习参与者退变为"平庸之人"。在我所研究的六名学生中，有两名学生一直处于课堂教学的边缘，代表着"平庸之人"的相对恒定性，另有两名学生从学习参与者退变为"平庸之人"，有一名学生从"平庸之人"转变为学习参与者，后三名学生的例子表现了"平庸之人"所具有的非恒定性。

---

① 吴康宁：《教育社会学》，人民教育出版社2009年版，第287页。

3. 自我期待性

自我期待性指"平庸之人"对未来自我的期许和想象，他们不断努力，期待在未来能够实现身份的转化。如访谈中我问他们是否认为自己可以在数学考试中取得高分并解决数学难题，他们都信心满满，对未来充满期待。虽然他们觉得现在还不行，但是相信随着学习的积累和时间的投入他们是可以在数学考试中取得高分的。

> 我能在数学上取得高分，毕竟现在才高一，后面的路还很长，难题能是能，估计花的时间会很长。（学生王千阳语）
>
> 如果坚持做题的话可以。我们班有个同学月考考了146分，我相信我坚持做题的也可以。（学生艾熙才语）

以上分析可知，虽然这些"平庸之人"对自我的认知不太积极，他们主要受到来自学业成绩的影响而自觉平庸，但是这些学生对未来自我却有着积极的期待，他们相信随着学习的积累和时间的投入可以在数学考试中取得高分，还同时受到榜样效应、教师对"充分参与者"的"重视"的影响，期待在学习参与中成为"充分参与者"。

> 生活并不是一帆风顺的，有进有退。虽然我感觉在班主任心中，我还是算差生的，也是处于一种外围的地位，但我相信，我必定会到中心的！也相信，未来的成就未必比别人低！（学生王千阳语）

4. 弱势性

弱势性是指"平庸之人"在班级组织和在课堂教学中处于不利地位，主要表现为权利的缺失。从班级组织的结构来看，这些学生在班级中属于"群众阶层"，他们对班级的影响较小，服从于教师或"班委阶层"的权威，无权就班级事务发表自己的观点，即使发表也很少被采纳，极少得到管理班级事务，锻炼自己能力的机会。如在访谈中了解到的文科班的操行评定[①]命名的问题，当时采用集体取名的方式，大多数的同学喜欢

[①] 粘贴于教室的右面墙上，在研究设计一章，画现场图中已提到。

并赞同采用"封神板",但是班主任不同意,最后采纳了班主任和班委喜欢的"上下求索"。

权利和话语就像一对孪生兄弟,一方不得势,另一方也会被漠视。前文研究结果显示,教师是课堂教学中行为的发起人,并掌握着课堂教学的话语权,处于教学中心的学生常常得到教师的关注并获得言说的权利,而这些自称"平庸"的学生,他们在课堂教学中常常沉默,很少与教师互动从而得到课堂发言的机会,也较少被教师表扬或批评,因此,他们在班级管理中无权管理班级事务,在课堂教学中较少得到发表自己意见、表明立场的话语权,因"平凡"隐匿在同学中间。

5. 自我妨碍性

虽然"平庸之人"对未来自我具有期待,但同时他们又常常不够努力、拖延或采取一些干扰学业的行为,心理学家将这种矛盾现象称为自我妨碍。在心理调节方面,自我妨碍可以说是一种自我保护策略。在几乎以学业成就为唯一评价标准的情境下,学生们努力学习获得高分往往会被认为是聪明有天赋的表现,但如果努力学习却获得低分却会被认为是低能。

因此,许多学业成绩平平的学生因为害怕失败而不努力学习,他们常常采取一些自我保护策略来逃避因失败或表现不好而带来的自我怀疑或他人嘲笑。这种自我妨碍性对学生的心理调节具有一定的积极意义,学业成就一般或较差的高中生较常使用自我妨碍来保护自我的价值和形象①。但从学业表现来看却有着消极的影响,这些学生在学习过程中常常不够努力,当感觉学习困难时就放弃不学,避免因自己努力而表现不好受到同学的嘲笑或认为自己无能,因此"平庸之人"所具有的自我妨碍性造成了他们学业上更大的失败。正如面对高考成绩的不理想,这些学生一再说的"我总是不够努力,然后考不好,恶性循环"。不够努力是这些自称"平庸"的人为了维护自己的形象而使用的一种自我印象管理策略,但正由于这样,造成学生不努力而导致学业失败,学业失败又引发更少的努力,从而进入恶性循环。

---

① 王申连、赵玉晶、郭本禹:《高中生自我妨碍的特点及其与学业自我概念的关系》,《中国特殊教育》2012年第4期。

"平庸之人"是学生在学习参与中所形成的自我概念，它形成的缘由是多方面的。从学生的参与轨迹来看，学校环境因素对他们自我概念的影响较大。学校环境的影响是指随着学生升学或转学之后学校的变化，可能使学生在新环境中迷失自我，甚至随波逐流。学校环境对学生的影响主要发生在初中阶段，我所追踪研究的这六名学生，都表示小学的时候对学习没有什么概念，更没有体会到学业成绩对他们产生的影响，但是通过初中三年的学习，进入高中的他们，看似处于同一阶段，但实质上每个同学都通过初中三年的学习，形成了不同的"学业自我"和"人际自我"，通过和周围同学的对比，他们深刻地体会到学校环境对他们产生的影响。如本研究中从学习参与者逐渐退化为"平庸之人"的两个学生，都经历了环境的"渲染"。

> 初中不用每天穿校服，仪容仪表也不好好检查，我身边的同学爱漂亮，各种比名牌比潮流，拉头发，谈恋爱，打群架。虽然她们嘴上不说，但是能看出来她们的思想是往哪个方向的，我讨厌这样的环境和人……但是就算我不像其他人那样，我也是青春期的孩子，也会叛逆。有一种影响是无形的，就是我对学习积极向上的态度。周围的人都是我才懒得做这个，我才懒得听课，人总是有一种随波逐流的一面，有可能是隐性的，有可能是显性的。我就有一点随大流的感觉了，到了初二，我就开始上课只听我不会的，我会了就自己玩，或者和旁边的人讲话，但是作业我还是会按时完成，哪怕是留到最后。也就是从这个时候，我就不喜欢我那个班主任了，因为不管我犯什么错，他总是放过我，后来我的习惯就越来越差……
> （学生顾菡语）
> 刚刚转学的我还是战战兢兢，生怕课本不同而被落下一大截，开始了一阵子前所未有的认真学习，直到第一次半期考试，我一跃而起成为全年级的第三名，当时我心中已经有谱了，可能是乡镇学校的教育质量有限，现在的同学不能和原来的同学的成绩相比较。但是我还是沉溺在了成功的喜悦里，仗着自己的底子比他们优秀，便开始了边玩边学的状态。渐渐的活跃于各种学校活动之间。直到我的诊断考试结束。初中的最后一年是我的败笔，是充满遗憾的一

年，我如果当时努力学习，或许我本来可以冲击更好的高中呐，可惜没有如果……（学生艾熙才语）

从生态学的视角来看，环境具有客观的物质环境的特征，也具有环境中人的主观性经验特征。学生们在真实的学校场域中，受到来自学习环境中种种因素的"干扰"，他们一方面对环境有清晰的认识，另一方面却在无形中成为了环境的产物，作为初中生的他们，并没有完全的自制力来抵抗外界的"诱惑"，也没有得到师长的及时帮助和引导，这使得他们渐渐失去了对学习的积极态度和良好的学习习惯。正如《荀子·劝学》所言："白沙在涅，与之俱黑。"

另外，"平庸之人"自我概念的形成，还受学生从众心理的影响。个体的行为容易受群体行为的影响，特别是在新环境中，个体行为有参照群体行为的倾向，有着与群体融合的需要。为了被同辈群体接受，个体往往会模仿群体成员的行为方式、口头禅和表达方式，维护群体成员共有的价值取向。顾菡的例子很好地说明了这一点，在一个以"懒得做作业"和"懒得听课"为荣的群体里，她对学习的态度受到了或显或隐的影响，显性方面的影响是她意识到自己学习习惯变得越来越差，比如迟到，但是却因为教师的"纵容"使她越发不可收拾地形成了坏习惯，隐性方面在于，这一切在高中才得以暴露，致使她在高中感觉远离了学习的中心。

"平庸之人"自我概念的形成，还受家庭背景的影响。研究表明，家庭的社会经济地位影响学生的学业成绩，[①] 对学生的学习参与度也达到统计学上的差异显著。[②] 家庭是学生成长的第一场所，也是人们对自我认知形成的地方，在学习参与中，学生的自我概念会受到学业自我的影响，但却摆脱不了在人际自我中所形成的社会比较。"平庸之人"在班级管理中缺少锻炼才能的机会，在学习中得不到教师的关注，在家庭中相较于

[①] 任友群等：《我国五城市初中生学业成就及其影响因素的研究》，《教育研究》2012年第11期。

[②] 马蕾迪：《昆明市初三学生数学学习参与度及对其数学影响》，硕士学位论文，云南师范大学，2013年。

学习参与者来说，从小就缺少接触优质教育资源的机会，如艾熙才在自述中写道："正式进入小学以后，才发现班上卧虎藏龙，90%以上都是油田子女，殷实的家庭条件下，很多同学都学习了特长，这种差距让我倍感压力。"

学生的家庭背景对他们的影响是深远的，即使学业成绩较好，但是在一个热衷比较的社会里，学生们也会因此而自觉无能和"平庸"。在学校中，家庭背景所发挥的效用随处可见：学校里较好的班级里，总有那么几个学生不是因为成绩排名进入的，尽管一再表现一般，也始终占据着优势的教育资源；教师对某局长或者处长的孩子关爱有加；教育投资较多的孩子比没有投入的孩子在学业表现上更优秀。因此，学生们认为"平庸就是你既没有什么过人的天赋，也没有傲人的家庭背景，就是没有天赋，没有背景"。

可以说在学习参与的历程中，"平庸之人"形成的原因是多方面的，在教育过程中，稍不留意就将学生推向了"隐形"的境地。这种对自我概念的认知，对学生个人的发展也是极为不利的。"平庸之人"的自我认知，导致了学生性格上的胆小、内向和怯懦。马思远因为自觉"平庸"而性格内向，感觉被"淹没在人群"而不愿和班级里的同学有过多的交往。王千阳在自述中的开场白把自己比喻为"一颗孤独的流星"，"黑暗，孤独，无助……"，而顾蔼在学习过程中，也从无所畏惧走向胆小、不自信。

> 我在小学的时候一直没有畏惧过什么，无论是学习上的困难还是能力上的不足。我记得我从小就不喜欢写作文，到现在也是，可是学校的作文比赛我也没有惧怕，而且还拿了六年级组的一等奖。我从小就很瘦小，在班里总是最矮或者倒数第二矮的人，但是当时我也没有惧怕过或者自卑过，我觉得我虽然矮但是我可以在很多事情上比别人做得好，比如学习，我负责班级的活动，代表班级参加演讲比赛，代表毕业生全校讲话。我很喜欢也很怀念原来小学的我，但是现在我做不到这些了。
>
> 进入高中以后，我觉得高中那个班级里压力非常大，我初中养成了不积极回答问题的坏习惯，也不当班干部锻炼自己的能力，所

以就越来越胆小。班级里的同学都很优秀，成绩优秀，能力也优秀，让我在那种散漫的环境下待习惯了的人觉得非常有压力。我觉得我不像原来那么好，自卑和后悔是我对高中的第一印象……我语文也不会朗诵，数学也不擅长，管理能力也在初中的时候全部丢失了，所以我就越来越胆怯、自卑、焦虑。（学生顾菡自述）

另外，"平庸之人"的自我概念还使学生主体自我散失，主体自我类同于威廉·詹姆斯提出的"主我"的概念。最早论述自我的二元性的心理学家为威廉·詹姆斯，詹姆斯使用主我和宾我来区分自我的这两个方面。他认为，主我是指自我中积极的知觉、思考的部分，宾我是指自我中被注意、思考或知觉的客体。[①] 这种主我和宾我的区分后来被米德用主我和客我来代替，主我是对处于个体经验内部的社会情境做出反应的部分。

学生主体自我的散失主要表现在以下三个方面：首先，在学习动机和学习的意义解释上，这些自称"平庸"的学生，具有较高的工具性动机，他们更倾向于"看到"学习所具有的现实意义，比如学习意味着好工作和好生活，学好将实现平民百姓家的孩子的阶层转化，这很大程度上源于他们从教师和父母那里接受的学习的意义，而不是他们在学习的过程中发现的或创造的学习的内在意义。

其次，在教学过程中，他们因为"边缘性"而被忽视，较少受到教师的关注，因此很少得到课堂发言的机会，没有表达自己思想的机会，亦不和教师、同学进行交流和沟通，甚至不知道如何表达自己，他们游离在世界和自我之外，表现为一种被动、受动的参与状态，呆坐静听、被动接受、身在场而心不在场是对他们最贴切的描述。

最后，从影响学生学习参与的因素来看，这些学生更容易受外界环境的影响。这些自称"平庸之人"的学生提到的影响他们学习参与的因素，主要是最近过程和环境的因素，自身所具有的"人的因素"在他们的解释中缺失，而自我的虚无或自我的隐身正是这种缺失的根源，笔者将在第四章中详述。

---

① ［美］乔纳森·布朗：《自我》，陈浩莺等译，人民邮电出版社2004年版，第2页。

三 "充分参与者"

"充分参与者"描述的是那些处于学校学习活动中心的个体,他们积极主动地参与学习,对学习表现出浓厚的兴趣,乐观自信地与教师和同学交往。从学生学习参与的轨迹来看,作为学习者的学生,并非处于一种既成的、静止的状态,而是处于一种生成的、动态的状态。如有的学生一直处于学习的中心位置,是学习参与中的"充分参与者",有的学生经过自己的努力实现了边缘向中心的转换,成为"充分参与者","充分参与者"同"平庸之人"一样,都具有非恒定性的特征;不同之处在于,相对于"平庸之人"的普遍性,"充分参与者"在班级组织中可谓寥寥无几;另外,作为学习的主动参与者,他们一方面独立于社会情境、人我关系而存在,很少受外在环境的影响,另一方面却无法逃遁现实世界中的社会规范和人我关系,成为矛盾纠葛的主体,或许这也正是在现实教育情境中教育主体的宿命。

(一)自我调节性

自我调节性是指学习者主动激励自己并且积极使用相应的学习策略进行学习,是"充分参与者"所具有的一种稳定的特性。自我调节性对应着心理学家所提出的自我调节学习或者自主学习。美国心理学家齐默尔曼(B. J. Zimmerman)曾建立了一个系统的自我调节学习的研究框架,他认为学生在元认知、动机、行为三个方面都是一个积极的参与者时,其学习就是自主的。① 也有研究者提出,自我调节学习的一般过程包括:目标选择、行动准备和行为控制环路三个过程。② 从自我调节的几个模型来看,几乎所有的自我调节学习理论都强调了学习的动机,即目标定向、行为表现两个方面。

在目标定向方面,"充分参与者"有效的调节他们的行为之前,必须选择一个目标,作为行为的导向和确定他们为什么而学。具有理性思维的"充分参与者",他们在目标的定向上也是理性的,他们的目标既具有

---

① 庞维国:《自主学习理论的新进展》,《华东师范大学学报》(教育科学版)1999年第3期。

② [美]乔纳森·布朗:《自我》,陈浩莺等译,人民邮电出版社2004年版,第2页。

抽象水平，又有现实的具体的目标。虽说用广泛而抽象的语言进行描述的目标被认为比用精确而具体的语言描述的目标更有价值，① 但两种目标的存在能增强"充分参与者"学习的动力。如何炜祎对自己为何参与学习的解释是：

> 我觉得学生学习参与有两种，一种是就是我说的自身就对这个知识感兴趣，你会主动去参与，另一种是你不得不去参与，因为你要去考试，你是被迫去参与的。参与就是你要去融入，你要去理解它。我学习最主要的体验就是学习有的时候是很纯粹的，就是说你本身对它热爱的话，它就会很快地融入你，融入你的血肉。但是如果说学习是很被动的，你能够凭自身去克服，克服对它的不喜欢，你也是可以把它抓住的。

何炜祎无疑是学习的"充分参与者"，她对目标选择的态度是积极的，表现为浓厚的学习兴趣和对知识纯粹的热爱。但是，个体很难对所有的学习内容或知识都有兴趣或保持热情，当面对这种情况的时候，通过考试也就成为学习的目标。而正因为对学习目标有清晰的定位，他们在行为表现中会依据目标调适自己的行为，并且表现出更多的努力和坚持。

具体精确的目标定位与"充分参与者"对自我的认知和期望有关。在教学活动和班级组织中，这些学生不仅受到教师的"优待"，还得到同学的"认可"，他们具有积极的学业自我和人际自我，他们一般会从与自己相匹配的行为确定目标。对这些"充分参与者"来说，他们是教师和同学心目中的佼佼者，因此他们也会认为自己是佼佼者，对未来自我的期待很高，因此他们往往会选择一些具有挑战性的目标。

> 我应该属于一个很积极的人，很乐观很开朗，四川话说的"咋发"，就是很活跃，跟老师关系处得很好，老师也很喜欢我……并且我想考好，我想考一个很好的大学。文科状元谁都想当啊，但是我不敢说出来，我要当文科状元啊，我要考多好多好，我只是说我不

---

① ［美］乔纳森·布朗：《自我》，陈浩莺等译，人民邮电出版社2004年版，第14页。

想被环境影响太多，我不想做环境的产物。然后我就想改变自己，但是我要改变自己的话，我首先要让我看见的东西不只是我周围环境里的，所以我就去看网络公开课、看杂志、了解网络等。（学生何炜祎语）

初中的时候老师不关注我，常常被忽略，现在老师挺关注我的，同学也会找我给他们讲题……我的目标很远，我想考到全国前十的金融大学。（学生马思远语）

何炜祎和马思远是学习参与度较高的两名学生，学业成绩排名基本在班级前三名，何炜祎在文科班的实验班，因此在年级上的排名也是前三名，马思远在理科班的二类班级，年级排名40名左右，他们都属于成绩优异者，在班级和年级上属于学习的佼佼者。因此，他们选择的目标暗含着对我是什么样的人的认定，在目标和学业自我概念之间建立的联系提高了目标的效价，也增加了他们想要获得成功的动机。

行为表现方面，即目标设定之后，就要去努力地实现它。人们一般会通过信息收集、心理预演、练习来调节行为，自我效能感与这些过程相关联。如具有高自我效能感的人可能会在行动中设想自己成功的心理图像，对于成功的想象能够增加个体成功的可能性[1]，高自我效能感的人也会愿意花更多的时间进行反复的练习。他们在面对两难情境的时候，往往会选择更有利于自己目标实现的行为。如马思远在被动听课与主动学习中的行为调节：

上课听课是不会主动发言的，但是遇到问题还是会主动去问，而且也会主动地找题来练，只是上课接受知识的过程是被动的。（被动?）比如老师让发言大家都不想发言。课后主动找课外的题做，不懂的会问老师。时间上的投入，下课也在继续学，中午晚上都要做题、看书。

---

[1] Steven J. Sherman, Richard B. Skov, Esther F. Hervitz, Caryl B. Stock. "The Effects of Explaining Hypothetical Future Events: From Possibility to Probability to Actuality and Beyond", *Journal of Experimental Social Psychology*, Vol. 17, No. 2, 1981, pp. 142–158.

（二）反思性

反思性意味着"充分参与者"所具有的反思意识和行动能力（反思能力），只具有反思意识而不付诸行动，则不是严格意义上的反思。从调查结果来看，反思意识所有学生都具备，是学生们对自己学习过程中的得失利弊进行的深入分析。如研究过程中我让学生写自述的目的，也是想借此促进学生的反思和内省，艾熙才通过自述，激发了反思意识，他也意识到自己在反思过后行动力的缺乏。如他所言："我也因此发现了自己一个毛病，明明知道事实的真相，却选择沉迷于表面的喜悦。有着真心认错，死不悔改的懒脾气。"反思能力是在反思意识的基础上，认识到自己的不足从而付诸实践、完善自己的能力。

> 上星期我就陷入了一种不太想学（的情绪），我一放学回到寝室就想玩手机，所以这星期我就把手机给我父母了，我就没带来学校，但是我还是会迷恋听歌，听着听着会跟着唱，所以，我认为我还是不太自觉，我需要强制自己学习，但是有时候我又狠不下心来强迫自己学习，还是有问题。有时候我放松了就没有度，所以我还是会强迫自己学习。（学生马思远语）

反思能力一旦形成，会促使自我时刻处于一种警诫状态，当行为超出主体可接受的范围，自我会产生新的行为抵制不良的行为，甚至强迫自己放弃不可接受的行为。反思能力的形成，还需要有较强的自制力和毅力，像马思远一再提到的那样，需要不断地强制自己学习。但是，从"充分参与者"的教育历程来看，他们所具有的反思能力的发挥也有赖于教师外在的帮助。

虽然说教师的监督是外在的，但是也正因为教师对学生持续的关注和引导，才使得学生不易偏离学习的轨迹。由于成绩优异，"充分参与者"是教师特别关注的对象，当他们在课堂上开小差、学习状态不佳，特别是考试成绩下降，教师就成为助其反思的外在监督力，预防学生成绩继续下滑。如何炜祎在描述教育经历时，多次提到自己曾被教师叫到办公室做"思想工作"。

我的成绩似乎让班主任失望了，他让我进办公室，大部分记忆很零碎，就是说我考差了，我所在的是2班，考得最好的是3班，年级第一也是3班的一个女生。从未有过的羞耻感席卷了我，我唯一记得的是老师拿着成绩总表的样子和他的一句话：你上课很认真，但你不够勤奋……

　　那次考试我跟第一名只差3分，而且我还错了一道简单的题。老师讲完了试卷，习惯性地留时间给我们自己消化，她把我叫到办公室，她不快不慢地翻着我的试卷，偶尔插几句话，我渐渐隐藏不了我内心高兴的情绪，她利落地合上卷子，然后用一张欣赏的笑容看着我说：你有天分，就是要细心点。（学生何炜祎语）

教师叫学生到办公室谈话，成为教师对学生实施监督的手段。前文已述，教师的监督方式多样，不管是在教室外走廊上的巡视，还是叫学生到办公室"谈心""做思想工作"，教师的监督在一定程度上帮助"充分参与者"产生一种高度的内向性自我意识（private self-consciousness），对他们的反思意识和反思能力的形成具有支持作用。

（三）防御性

防御性指"充分参与者"在学习过程中对自己能力的怀疑，从而采取积极的措施和策略来防止失败，这在心理学上被称为防御性悲观主义（defensive pessimism）[1]。防御性悲观主义者对结果的期望水平低，也正是通过对未来失败的想象促使他们小心应对所有可能导致情况变糟的问题，采取积极行动来避免错误。因此，对消极可能性的设想激励着他们努力学习，从而获得成功。

　　我小时候有一个魔咒，就是如果我觉得我考得很好，出来的成绩就不理想，如果我并不是很在意，出来的成绩往往让自己惊喜……在公布考试成绩时强迫自己觉得考得不好，内心深处却在窃喜，等到很

---

[1] J. K. Norem, N. Cantor, "Defensive Pessimism: Harnessing Anxiety as Motivation", *Journal of Personality & Social Psychology*, Vol. 51, No. 6, 1986, pp. 1208–1217.

高的分数摆在我面前时，再享受特别的惊喜。（学生何炜祎语）

我觉得我不是太自信，我认为我学习成绩不是特别好，我每次考下来都觉得自己这次要考砸，可是没有想到考这个成绩，可能我们学校的学生，要不就是这次大家都考差了，我根本没有骄傲的资本，我认为理科实验班的根本就没有发挥出真正的水平，考得都是简单的，而且高考也不可能考这么简单，但是高考只要一考出来，大家都知道了，所以我现在没有底，总感觉自己不行，可能排名年级100之后（实际上排名年级40）。（学生马思远语）

从何炜祎和马思远的叙述来看，他们都是典型的防御性悲观主义者，在考试之前和考试之后都设想自己会表现得不好，但每次的结果都证明他们能够获得成功。对自己的成绩设置低的期望水平是防御性悲观主义的主要特征。另外，在学习过程中的自我怀疑也促使他们更加努力来确证自己。自我怀疑是"充分参与者"在学习过程中伴随着成绩的升降沉浮，对自我能力的不确信而产生的自我怀疑，学生产生自我怀疑主要源于归因的偏差。由于受到教师评价、同学言论的影响，在以考试为主要评价方式的学校里，教师和学生习惯于将学习的好坏归因于是否聪明、有无学习天赋，而很少将学习的成败归因为是否努力和勤奋。在他们的概念中，聪明和天赋代表着学生个人的能力，而努力和勤奋是无能的表现。何炜祎在高一的心路历程正是这种情况最好的例证：

初中的时候，我尝过不踏实学习的苦果，不对，我是自己愚笨，没那个天分。班主任对我说过，校长对我说我，好多好多人对我说过，你没那个天分。我童年用想象编造的梦境被"天分"两个字打败。我败的是我自己，怎么这么可笑地相信它，世界上最可恶的是那些肆无忌惮否定孩子的人，他们用天分把一些人推上顶峰，让那些辛勤赶路的人落到山脚。不过，最可悲的是自己，还要去相信（这些话），并且无法摆脱。

我一直以为我的高一就是一个伪文艺青年所经历的心理战役，我已经数不清我有多少次在读过一些成功学书籍以后某些让我感到充满力量或者自惭形秽……本来努力和成绩是难能可贵的东西，可是在那个时候看来，它证明了我很土气，人家都是混社会，会交际，会尔虞我诈的聪明人，你就跟个孔乙己似的"是个站着喝酒而唯一穿长袖的人"，我受到了来自内心的自我嫌弃。

怎么人家就能那么厉害把自己的人生弄得风生水起，其实光说别人也不容易，但很难真正理解，毕竟人家的成绩就摆在你的档案边，形成鲜明的对比——你多么得落后。

我的高一是煎熬的，每天想要找到初中的优越感，然后发现以前的那点自信根本就是被我自己给吓没了。

高一上学期我是矛盾的，心里从来没有安稳过。每天跟同学们在教室里嬉戏，过后又心里惴惴不安，担心他们的成绩超我一大截，我无限地尴尬、沮丧。我是有弱根性的，我根本就不够聪明。

那时候"聪明""天才"压在每个学生心头上，年少可怜的我，想要证明自己优人一等，却力不从心。要是我能在那时候停下浮躁的心，安安静静地学习，估计我的成绩应该会更好。但这些都是后话了。

"要是"填充了多少失意人空洞的内心，我们都在最后明白，可惜选择早已来到，匆匆落笔，却没有生花。

多种原因让我选择文科，理科成绩的不理想、原本的文科天赋、八月长安的影响等，我不后悔选择文科，但选文科的都是脑子不好的人的说法潜移默化地成为大家脑海里的定理，多么可悲，我自己都无法骗自己不去相信……你知道那种理科实验班存在证明了你并不是很优秀，特别是人家其他事情也玩得转，证明你不够聪明。

有时候发现自己好像真的很多时候都在装，在同学面前装谦逊，在异性面前装可爱，走在公众场合很不自在，想要表现自己自然大方，感觉面对真实的自己就不安了，在羡慕的人面前自卑弱小，在比自己弱的面前有脾气，我有时候都看不起自己，后悔不已。

没办法，我可能无法完全改变。

就算在做作业也害怕别人看着你，害怕努力反而成了不聪明的标签，看上去我多可悲？

以上是何炜祎自述中写到的"高一协奏曲",就像她自己说的,这是她在高一的学习历程中跟自己打的心理战役。她受到教师评价自己没有学习天赋的影响,这一思想包袱牢牢地束缚着她,成绩好的时候才可以将"包袱"放下,但成绩下降的时候,或者从乡镇中学升入高中后,周围都是初中各个学校的"尖子生"时,则会害怕落后,但又担心勤奋和努力会受到同学的排挤,被贴上不聪明的标签,最终从自我怀疑演变为来自内心的自我嫌弃。在调查中,几乎所有的文科学生都会向我解释为什么选择文科,尽管我们的聊天没有涉及选择文科的理由,但是学校、教师所传递的价值观让他们觉得文科生低人一等,他们感觉到被歧视,正如何炜祎说的"文科生成为脑子不好使的代名词"。

归因理论于1958年由社会心理学家海德(Fritz Heider)首次提出,海德将归因分为内部归因和外部归因。所谓内部归因是将行为的发生解释为与个人自身的能力、态度、性格有关,外部归因将行为出现的原因解释为受外在情境的影响。1966年罗特(Julian Bernard Rotter)提出控制点的概念,将归因分为内在控制和外在控制。在海德和罗特的基础上,韦纳(B. Weiner)提出自我归因理论(也称成败归因理论),将归因分为内在和外在、稳定和不稳定、能控制性和不能控制性三维度六因素。从社会心理学的归因理论来看,教师和学生在评价别人时倾向于不可控的、稳定的内在能力归因,相对来说,文科生似乎更在意外界的评价,女生对别人的评价也显得更敏感,男生虽然很少受外界的影响,但他们有一点却是相同的,学生在自我评价时,倾向于不稳定的外在环境归因。如马思远在取得好成绩时总是说:

> 这次考的很简单啊,完全就是看你的自觉程度,成绩波动都很大的,有时候哪一次你仔细了,你就可能考得很好,(你能保持现在的成绩吗?)不能,它是一种状态吧,比如说我的语文期中考了101分,但这次只考了89分。所以我就觉得有运气的成分在里面,这个成绩并不真实。因为我平时的作业都错很多的,所以我感觉自己没有学好。作业要错一半,只是好像老师都不太深究,不然我每次都要被喊到办公室里面去。

马思远将自己的成绩归因为与自身能力和努力无关的任务的难易程度、外在的运气和机遇的因素，而这些都属于不可控的、外在的不稳定因素。这样的归因偏差，忽视了可控的稳定的内在因素，如努力、勤奋等，天赋、运气因素虽然也是部分原因，但不必然是主导因素。海德认为，成功取决于四个因素：能力、努力、策略和运气，与个人相关的能力、努力和策略是影响成功的重要因素。

通过以上分析可知，"充分参与者"在面对考试时更倾向于采取防御失败的倾向来保证成功，在学习过程中，他们并不总是降低期望水平，在对未来的把握中，他们相信自己的能力，表现为较高的自我效能感，正如"平庸之人"对未来自我的期待一样，"充分参与者"相信自己在学习上有能力取得高分和解决难题。如何炜祎说：

> 我觉得如果我坚持的话我应该能取得高分，因为我觉得它不是很难。如果理解了就会觉得它不是很难。能解决数学难题，我觉得就是考试的时候，你如果把平时该练的题目都练习了，心态再好一点，整个过程很流畅的时候，那些难题就很轻松，就能够把它解出来。
>
> 对于理科我可以这样说，我觉得我的错误一般，并不是搞不懂，一般都是错在粗心，对于某些难题，我认为我还是可以通过分析做出来的……我就是觉得考好了的话下次能考得更好，考差了的话下次能考好。还有就是更倾向于刷题来复习，都是刷题，英语语文还是倾向于刷题，只是有时候刷无聊了，还是会复习一下。（为什么不先掌握知识再刷题呢？）我是有点自信在里面的，我觉得我前半学期，高一下的前半学期，慢段我学得比较好，所以我就没有进行过多的复习，就直接刷题。（学生马思远语）

"充分参与者"作为学校里的佼佼者，一方面受到学业自我的鼓舞，另一方面又受社会比较和社会评价的影响，形成"他人导向"的人格。即使作为"充分参与者"，他们在学习的"两难情境"中也摆脱不了矛盾、纠结的自我"撕裂"和自我的疏离，就以何炜祎的描述做结：

高中的我变化很大，我是班上属"活泼"型的女生，跟同学老师关系不错，喜欢语文老师的辩论会，诗歌鉴赏会，参加广播站，参加学生会，参加朝阳之星等，貌似还挺丰富，但我内心是挣扎的。我都没有把它们做好，我至今都还记得参加活动时我的忐忑心情，那种明明受到别人鼓舞，希望全面发展自己，但机会很少，并且，我根本就害怕。所以我那一整个学期是矛盾的，心里从来没有安稳过。

第三节 学生学习参与中自我概念的建构历程

通过前面的分析可知，学业自我概念是一个有组织的结构化系统，而不是各种自我评价的混乱集合。学业自我概念是对我是谁的回答，那么，是什么决定了学生的学业自我概念？自我概念的形成经历了怎样的过程？这是本部分要探讨的问题。对于是什么决定了学业自我概念这个问题，人们一般从自我概念的结构进行回答。

詹姆斯是最早对"自我"进行关注的心理学家，他用主我（I）和宾我（Me）来区分自我。主我是思考、知觉着的主体我，宾我是被思考的对象；主我是认知者，宾我是被知者。米德追随詹姆斯的步伐，将自我分为主我（the I）和客我①（the Me），主我是进行社会互动的主体，具有自发性、能动性和创造性，因此是不确定的、无法预见的；客我是社会个体从他人的角度和视角出发审视自己和评价自己，客我以一般化他人的形式进行自我调节和社会控制。米德关注自我的社会建构，认为自我是由客我自外而内地调节和控制主我。詹姆斯和米德的宾我和客我，其实是一种社会性自我，类似于库利提出的镜像自我（looking-glass self）。库利认为，个体的自我概念是通过别人对自己的态度和反应，以

---

① ［美］乔治·赫伯特·米德：《心灵、自我和社会》，霍桂恒译，北京联合出版公司2014年版，第192页。

他人为镜子，在他人眼中看到的自我。①

以上三种关于自我概念的分析，都包含个体自我的内在心理和外在社会世界的交互作用，特别是米德关于主我和客我的论述，对本研究构建学业自我概念的途径具有启示意义。根据数据的分析，我主要从学生内部的自我觉知和学生与外部社会关系的镜像过程来分析学生学业自我概念的建构历程，分别是以学生自我知觉为主的内在途径和学生与他人的交往中形成的镜像自我的外周途径，这两个途径是彼此交互作用、有机统一的，如图3—1所示。

```
                        自我概念
                  ↙              ↘
        自我知觉 ←── 连续的交互作用 ──→ 镜像自我

        自我图式              自我概念            社会比较
        可能自我              行为倾向            成功和失败的经验
                                                  反射性评价
                                                  周围的环境
                                    ↓
                        ┌───────────┴───────────┐
                    积极自我                    消极自我
                    主动参与                    被动参与
```

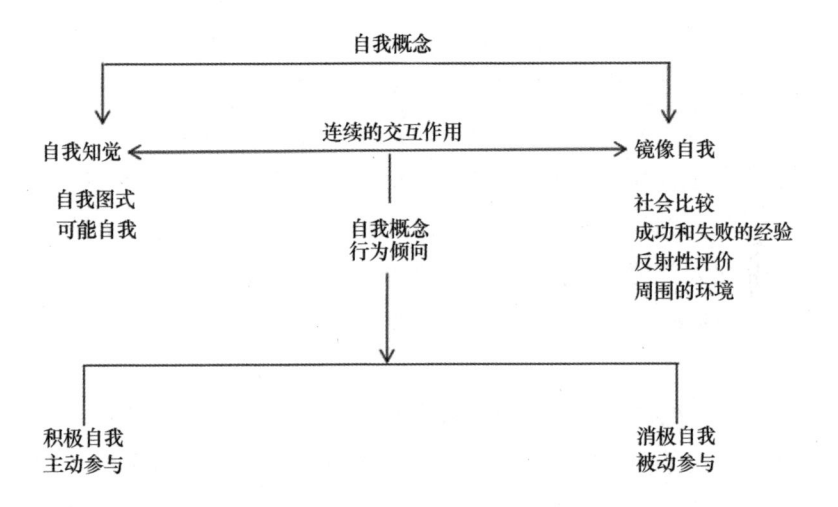

图3—1 高中生学业自我概念的建构历程

一 以自我知觉为基础的内部路径

学业自我概念的建构历程，其一是以自我知觉为基础的内部途径。学业自我概念的基础，是个体对自我的知觉，自我知觉包括自我图式和可能自我。自我图式是一种有组织的、结构化的关于自我的认知集合。学生的自我图式——对自己个人属性的认识如身强力壮的、超重的、聪明的以及其他方面——有力地影响着他们对社会信息的加工。② 自我图式

---

① ［美］乔纳森·布朗：《自我》，陈浩莺等译，人民邮电出版社2004年版，第48页。
② ［美］戴维·迈尔斯：《社会心理学》，张智勇、乐国安等译，人民邮电出版社2006年版，第30页。

构成了学业自我概念的原初图像，它帮助学生了解自我的属性并能在社会情境中识别该情境与自我的相关性。如这些学生对自我的认知是"自己很平庸，学业成就一般，没有骄人的、傲人的家庭背景，没有过人的学习天赋"，基于这样的自我认知，他们在学习的情境中就会付出更少的努力和时间去学习、放弃挑战有难度的题目，或者对于学习的结果要求降低，认为及格就行。

"可能自我"指在将来某个时刻用以描述自我的特征，是对于我想成为什么样的人，对于理想自我的期待，这是学业自我概念形成的内在导向。由于繁重的学业压力和应对高考的紧张氛围，这些高中生对于自己想成为什么样的人几乎没有清晰的定位，以至于在高考填报志愿的时候他们甚至不知道自己想读什么专业，想去哪个大学。这些高中生对自我的期待是取得好成绩，赢得教师和同学的关注，实现向学优生的转化，但不是所有的学生都能获得高于平均分以上的成绩，因此他们在自我期待中体验到的是对实现可能自我的挫败而愈发自觉"平庸"。如这些高中生"平庸之人"的学业自我概念，正是以自我知觉为基础，通过与镜像自我的比较形成的。

二　以镜像自我为参照的外周路径

镜像自我是社会自我的体现，是个体在与社会世界的交互作用中获得的自我概念，周围的环境、社会比较、以往成功和失败的经验、从他人的态度和反应中获得的反射性评价是学业自我概念形成的镜子，高中生正是通过这些"多面镜"而形成对自己是谁的信念。

首先，周围环境的影响是指学校环境因素对学生学业自我概念的影响。学校环境影响是指由于学生升学或转学感受到的变化，这些高中生升入高中以前都是初中比较拔尖和优秀的学生，但进入高中以后，由于学习科目增多、学习内容难度加大、竞争比较激烈，逐渐从初中的学优生变成高中学业平平的中等生，这种改变使学生产生了消极的学业自我概念。相关研究也证明，高中生的学业自我概念的积极程度较初中生有所下降，高中生容易对自我产生怀疑，使其在自我认识与评价上产生心理冲突与困惑。① 如在由初中升到高中的环境改变导致的学业落后中，学生形成了"平庸"的自我认知。

其次，社会比较主要表现为学业成就排名。学业成就排名是以成绩为标准的等级评价，学生通过和周围同学比较确定自己处于何种位置，从而通过自我知觉的自我图式和可能自我来确定学业自我概念。另外，教师"唯成绩论英雄"，成绩好的学生教师关注较多，成绩不好或一般的学生成为教师"看不见"或"管不了"的学生，在如此鲜明的对比下，大多数学生形成"平庸之人"的学业自我概念，而成绩名列前茅的学生则形成充分参与者的学业自我概念。

再次，以往成功和失败的经验将会提高或降低学生个人的自尊。成功的经验除了可以带来高自尊，还使学生获得积极的自我效能感，在学习中更自信，从而增强自我知觉中的自我图式和可能自我，在社会比较中增强对学业自我概念的确认。反之，失败的经验会被学生内化为对自我的认定，特别是在以往的评价中获得的失败经历。对于绝大多数排名居中和靠后的学生而言，长期失败的经历让他们放弃努力，因为努力依然失败更容易导致认知冲突和自我怀疑，结果不努力而遭致学业失败，学业失败而自觉"平庸"，再加上长期得不到教师和同学的关注强化了学生对自己"平庸"、无能的自我知觉，进而形成"平庸之人"的学业自我概念。

最后，反射性评价是学生从他人对自己的态度和反应中获得反馈后进行的自我验证。以上分析可知，在经过环境的改变、社会比较和以往成功和失败的经验后，学生逐渐形成"平庸之人"的学业自我概念，而后"平庸之人"学业自我概念通过以他人为镜进行自我验证和确认。集体主义的文化孕育了相互依存的自我，在这种集体主义文化中，个体更容易受他人"眼光"的影响，如学生从教师是否记得自己的名字、上课是否和教师有眼神交流并得到发言的机会、同辈群体对自己羡慕或是不屑一顾等的行为态度中，以他人为镜来进行自我概念的验证，从而与自我知觉中的内在自我产生联系，形成有关自己是谁的信念的集合。

---

① 姚计海、屈智勇、井卫英：《中学生自我概念的特点及其与学业成绩的关系》，《心理发展与教育》2001年第4期。

基于以上分析可知，高中生学业自我概念的形成不是简单的由内而外，或是由外而内的过程，而是多种因素内外交织、复杂地相互作用的过程。从研究结果来看，高中生的学业自我概念的生成主要受镜像自我的影响。这一方面是由于集体主义文化环境下的个体更容易受到社会比较的影响；另一方面是由于高中生面临高考，学业成就几乎成为自我评价和他人对自我进行评价的唯一标准，而学业成就是一种典型的社会比较。自我知觉虽是学业自我概念形成的基础，但是如果没有外周途径提供比较，人们将不会知道自己是高还是矮、是胖还是瘦。社会世界对于学业自我概念的形成，正如一根测量的标尺，但学业自我概念绝不应该由外在影响决定，学业自我概念应该是以内在自我为参照的自我建构。

第四章

学生学习参与的影响因素

> 环境影响人的成长,但它并不排斥意志的自由表现。
> ——车尔尼雪夫斯基①

影响学生学习的因素一直是研究者关注的焦点。不同的研究者从不同的视角对影响学生学习的因素进行分析,常见的观点有功能论、冲突论和解释论。本研究主要基于学生参与的视角,分析学生的学习行为,这方面的研究国外早在20世纪60年代到70年代就开始了,对影响学生学习参与的因素,国外学者多采用量化的研究方法,主要探讨学校、课堂教学和个人需求对学生学习参与的影响。如涉及学校影响因素的有学校的规模、规则和参与改革;涉及课堂教学的有教师的支持、同辈影响、班级结构、自主支持和任务特征;涉及个人需求的有个人经验和课程内容,个人自治和个人的胜任力。② 国内研究者同样采用量化研究,得出影响学生学习参与的因素主要有学生个人背景、教师的因素、课堂环境因素和家庭环境的因素。③

本研究认为学习是个体与环境的相互作用,因此学生学习不仅受学习者个体特征的影响,也和学生置身其中的外界环境有关,但这里的外

---

① 参见 http://www.newxue.com/mingyan/13256881128391.html。
② Fredricks, J. A., Blumenfeld, P. C., "Paris. School Potential Engagement: Potential of the Concept, State of the Evidence", *Review of Educational Research*, Vol. 74, No. 1, 2014, p. 73.
③ 吴海荣:《中学物理教学过程中学生参与及影响因素研究》,博士学位论文,西南大学,2010年,第96页。

界环境不仅包括客观的物质环境，也包括学生体验到的环境。在发展心理学领域和儿童发展研究领域，通过研究人和环境的交互作用而独树一帜的当数美国康奈尔大学的布朗芬布伦纳（U. Brofenbrenner）教授。布朗芬布伦纳自20世纪70年代始提出人类发展的生物生态学模型，他批判传统的发展心理学"在最短暂的可能的一段时间内，在陌生的情境中，对儿童陌生行为进行的研究"，① 因此，他主张在真实的环境中研究人的行为和发展。

布朗芬布伦纳早期的生态学模型主要受勒温（K. Lewin）场动力理论和行为公式的影响，勒温认为心理学将情境区分为人（P）及其环境（E），人的行为 B 受环境和人的状态的影响，因此人的行为或心理事件的公式为 $B = f(PE)$，② 且勒温这里所指的环境强调的是人所真实感受到的心理环境和外在环境的结合，是具体的和现实的被体验的情境。受此影响，布朗芬布伦纳提出的环境具有客观的物质环境的特征，也具有环境中人的主观的经验性的特征。

布朗芬布伦纳的生态学模型被他称为一种正在演进中的人类发展理论，他于1979年出版的《人类发展生态学》一书，提出了著名的人类发展的生态学模型，主要关注环境对人发展的影响。他的生态学模型被广泛引用，也有不少质疑的声音，但正如他自己宣称的那样，该理论处于演进中，他也一直在修订自己的理论模型。早期的理论模型注重环境对人的影响，因此将环境分为微环境、中环境和宏环境。虽然说布朗芬布伦纳所定义的环境不仅是静态的、客观的物理环境，还包括人们所感知到的、动态的主观环境，但在后期他所修订的人类发展的生态学模型中，更加关注人的生物学特征和人的发展。以至于他认为"当前的人的发展的生物生态学模型，在基本结构方面以及双向的互相促进的关系方面远远超越了它的前身"。③ 经过修订的人的发展的生态学模型包含过程—

---

① Bronfenbrenner, U., "Development Research Public Policy, and the Ecology of Childhood", *Child Development*, Vol. 45.1, Mar, 1974, pp. 1 - 5.

② ［德］库尔特·勒温：《拓扑心理学原理》，高觉敷译，商务印书馆2003年版，第14页。

③ Bronfenbrenner U., & Morris P. A., "The Bioecological Model of Human Development", in W. Damon & R. M. Lerner (eds). *Handbook of Child Psychology* (6th ed, Vol. 1), Hoboken, New York: Wiley, 2006.

人—环境—时间四个核心因素，即 PPCT 模型（Process-Person-Context-Time）。

本研究正是基于这样的理论视角，在真实的环境中研究学生所置身其中的外在环境和学生所体验到的环境对他们的学习所产生的影响，并关注环境和个体之间的交互作用，从而得到一个类似布朗芬布伦纳提出的人类发展的生态学模型（the Bioecological Model of Human Development）的模型，如图4—1所示，其中，学习者和最近过程是影响学生学习参与的两个主要的因素。下文将分别论述最近过程—学习者—环境—时间四个因素对学生学习的影响。

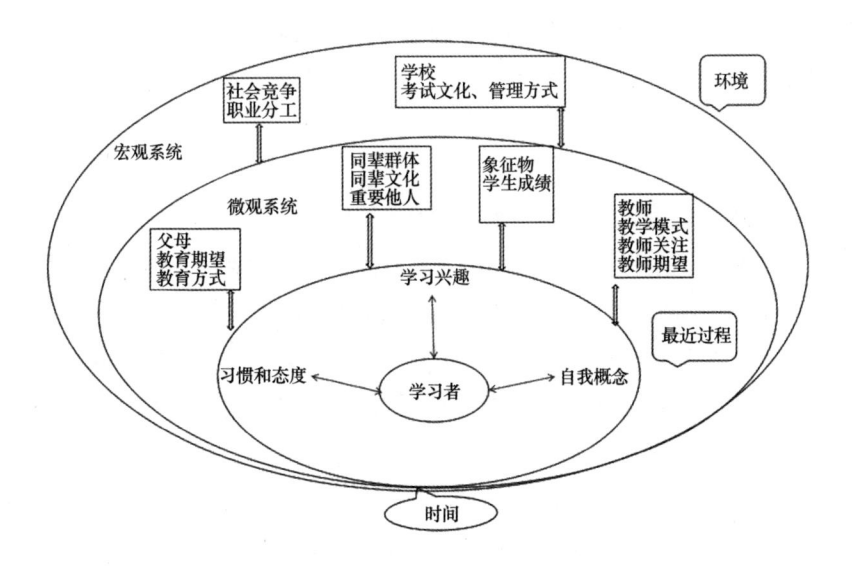

图4—1　影响学生学习参与的生态系统

第一节　最近过程：影响学生学习参与的黏合剂

个体嵌套在一层一层的外界环境中，如学生嵌套在家庭中，同时嵌套在班级中，班级嵌套在学校中，家庭和学校又都嵌套在社会中。过程是个体发展的生态学模型中的核心内容，是和学生发生交互作用的主要方面。布朗芬布伦纳受维果斯基心理发展观中"最近发展区"的影响，提出了最近过程，他将构成有机体和环境之间的相互作用的过程称为最近过程。最近过程贯穿人发展的始终，是个体在发展过程中与周围环境中的人、活动、物体和具有象征作用的物体之间持久的交互作用，并在广泛的时间内保持相当的发生频率。如在我所调查的这些高中生中，所有的学生都和最近过程发生着作用不一的交互作用，在他们的学习过程中，可以称得上最近过程的是象征物——成绩，以及同辈群体或者同辈群体中的重要他人和教师教学模式的影响。考试成绩对学生具有强化的作用，他们每个月有一次月考，每次月考成绩不仅可以检视自己学习的情况，也是教师对学生评价的标准，每一次的好成绩可以带来种种的"边际效益"，如增强学生的自我效能感，增加他们的自尊和自信，得到教师的关注，得到父母的赞许，这一切都有利于学生更投入地参与到学习中。

一 成绩是强化学生学习参与的象征物

本研究采用质性研究的方法，通过学生访谈和在学校观察，发现学生成绩是影响所有学生学习参与的砝码，虽然前期研究证明学生学习参与与学生成绩显著正相关，学生的学习参与度影响学业成就的提高，[①][②]然而，研究者却将关注的焦点放在学习参与有利于提高学生的学业成就的解释上，忽视了成绩本身对学生学习参与的影响。脱离研究者预设的自变量和因变量之间的相关和回归关系，有助于清晰和多层面地关注事实本身，而不是采用线性的和单向的方式去考虑两个事物之间的关系。本研究在不否认学生参与学习有助于学业成就提高的基础上，提出学生的学业成就也是影响学生学习参与的一个重要因素。正如费恩（Finn. J. D.）的参与—认同模型表明的，在学生的早期阶段，参与学习和不参与学习的模式对学生以后的行为和学业成就有长期的影响。通过这个模

---

① Helen M. Marks. "Student Engagement in Instructional Activity: Patterns in the Elementary, Middle, and High School Years", *American Educational Research Association*, Vol. 37, No. 1, 2000, pp. 153–184.

② 马蕾迪、范蔚、孙亚玲：《学习参与度对初中生数学成绩影响研究》，《中国教育学刊》2015年第2期。

型,费恩说明缺乏参与(行为上的参与)导致学业上的不成功,学业上的不成功反过来又导致了情感上的懈怠和对学校认同的缺乏,从而导致学生不参与学习,这个过程是循环的,参与学习和认同、参与学习和成绩相互影响。①

成绩在学生的日常生活中被具象化为分数。以学校为主的考试文化、在学校宰制下教师对学生成绩的重视和家长"望子成龙,望女成凤"的心理导致的对高分的追求,都是成绩在实际生活中的表现,成绩造就了功利主义的学习动机,也成了"压倒骆驼的最后一根稻草"。

(一) 成绩本位的学校考试文化

有学者认为学校组织具有普遍主义、成绩本位、情感抑制、专限性以及集体主义的价值取向。情感抑制和集体主义又是普遍主义衍生而来的,成就本位与专限性关系密切。因此,学校教育的价值取向主要是普遍主义和成绩本位。② 本研究集中探讨成绩本位的价值取向对学生学习参与的影响。

学校既是对学生进行个体社会化,使学生成为有生产能力的社会成员并进行文化传承的教育机构,也是对未来社会成员进行培训、筛选和安置的选拔机构。作为培养未来社会成员和将学生筛选到更高位置的选拔机构,学生成绩就成为选拔所依据的重要标准。然而,学生成绩是通过考试的方式获得的,考试作为一种终结性评价,考试所得成绩就几乎成为学校中对学生进行评价的唯一标准。在学校教育中,虽然教育的目标有三:认知与技能、过程与方法、态度情感价值观。但由于后两者几乎无法量化,其评价的客观性不易把握,形成"隐性目标"在评价中的失落,以认知评价为主的"认知成就"评价,使学校的价值取向简化为成就本位。即"根据某人实际所获成就(成绩、业绩、绩效)决定所予评价及相应行动的成绩本位"。③

成绩本位的基本特性是以成就/成绩进行价值判断并采取相应的行

---

① Finn, J. D., "Withdrawing from School", *Review of Educational Research*, Vol. 59, 1989, pp. 117–142.
② 吴康宁:《教育社会学》,人民教育出版社 2009 年版,第 262 页。
③ 吴康宁:《教育社会学》,人民教育出版社 2009 年版,第 266 页。

为，如前一章提到的，学校对那些擅长考试并在初中的各种考试中成绩优异者，采取免学费和住宿费的优惠政策，学校按学生的成绩实行"区别对待"。考试文化浸透于学生的日常生活。从学生的日常生活来看，考试是学生的"家常便饭"。我扎根的学校，高一年级开始就分好文理科，学校每月有月考，学习完一个单元的内容就要组织单元测验，到学期中间要组织全校期中考试，当然期末考试更是少不了的。频繁的考试成为学校教学安排中的大事，每次期末考试结束后，将实行班级分配和学生流动。学校里将理科类班级按成绩由好到差分别分为1个实验班、4个特尖班、1个踩线班与3个平行班，文科类由于班级较少，分别分为1个实验班和3个平行班。全校高一年级有14个班级，10个理科班和4个文科班，每个实验班最多有68个学生，各个班上的学生将按照期末考试的成绩分配和流动，此时成绩成为学生在学校班级中获得地位的筹码。而且，随着年级的上升，实验班筛选出来的学生将会越来越少，现在班上60多个学生，在高三的时候将会有20多个学生被分流出去，谈到对此种残忍的分流制度的看法时，李老师是这样认为的：

> 这种分流是很残酷，但是他留在这个班对他来说不一定是好事，毕竟将来我们这个班是要培养精英中的精英，高分中的高分，每天学习的难度和强度就远远超过其他班，他成绩在这个班跟不上，就可能产生心理压力，可能更不行，其实什么是最好的，适合才是最好的。不是说一定要在最好的班，在最好的班他不一定学得最好，在普通班也不一定学得不好，但是家长和学生都希望在好班，这得慢慢引导。

在残忍的甄别和筛选下，学生每次的考试成绩都成为决定他们"命运"的试金石，考得高分时会得到学校的"优待"，获得走进具有优势资源班级的通行证，是升入更好大学的筹码，从而增强了学生学习的动机，增加了自我效能感；当发挥失常，没有考得好成绩的时候，学生可能从好的班级分流出去，也可能失去进入优势资源班的资格，从而打击学生自尊心与自信心。艾熙才的经历也说明了分班对学生学习参与的抑制：

我小学是非常认真和积极学习的,到了初中呢,初中的时候,好像就在初二,因为一次考试,考得不太理想,那时候分到了全校的二类班,然后,反正就松散了好久。分到二类班的时候,整个班的氛围也没有原来班级的好,个人也是爱玩的,就受到了影响,要不然我高中就不会来这里。

(二) 成绩本位的教师评价标准

"考考考,教师的法宝;分分分,学生的命根。"在学生访谈中,六位学生共有 91 次提到成绩,8 次提到分数;在学生的自述中,共有 77 次提到成绩。成绩对于学生、教师来说都显得如此重要。

受成就本位影响,学校呈现出科层制机构"非人性化取向"的特征,学校中的主要成员:教师和学生之间出现了形式化的情感中立的角色关系,特别是教师与学生的关系掩盖在"表面上"公平的"以成绩论英雄"的评价标准下。学生们对此的认识也是深刻的,如马思远说:

我初中成绩一般,到了高中成绩可能好一点了,老师比较愿意接近,但是我觉得我跟他保持一定的心理距离是因为他不像小学时那么单纯,小学单纯就是说这个学生怎么样啊,它没有那么多成绩的因素,我觉得人跟人交往用成绩来看的话有点冷漠,我觉得以成绩来看学生好坏不太好,所以我跟教师保持一定的距离……初中的时候老师不关注我,现在的话老师挺关注我的。

马思远从初中到高中逐渐由边缘参与走向中心,成绩由班上中等走向班上第 3 名,成为教师关注的对象,因此他在与教师的相处中,体验到了"人情冷暖",受到了两种鲜明的对待,也正因为这样,他觉得那些以成绩"看"学生的教师冷漠,没有人情味,自己要刻意跟他们保持距离。但他又意识到由于成绩上升,教师对自己的特别关注和额外照顾能促进自己的学习,同时,成绩一般时,教师的不关注让学生缺乏学习的动力。

> 比如说你的成绩有一次很好，以后老师就会对你加倍关注，然后同样地，如果老师对你加倍关注，你就会回应他，这样形成一个良性循环，这样成绩就越来越好。但如果你成绩一直平庸，老师不给你关注的话，可能就没有什么学习的动力，就一直平庸。

学生因为成绩好得到教师较多的关注，从而增加了教师和学生之间的交流，学生感觉被教师关注，因而有受到教师重视的感觉。但是成绩中游的大部分学生，却成了教学中的"边缘人"，较少受到教师关注，并且和教师之间的关系较为疏远。教师和学生之间的亲疏关系作为学习的重要资源，影响着学生的学习。

学生的成绩，除了带来教师的关注以外，还让教师对学生传递不同的期望。教师期望是教师在了解学生成绩状况的基础上，对学生将来的学业成就和行为进行的预测和推测。教师期望会表现在学生身上，从而促进学生的学业成就提高，因此被称为教师期望效应。教师期望效应也叫"皮格马利翁效应"或"罗森塔尔效应"。"皮格马利翁效应"指古希腊雕刻家皮格马利翁爱上了自己雕刻的少女，并将少女看成活生生的真人来对待，皮格马利翁真挚的爱感动了爱神阿劳芙罗狄特，爱神赋予了少女雕像以生命，终使皮格马利翁的期望成真，有情人终成眷属。美国哈佛大学教授罗森塔尔（Robert Rosenthal）在教育研究中证明了皮格马利翁效应，罗森塔尔和他的研究伙伴雅各布森（A. L. Jacobson）教授在6个年级的18个班级里抽取了部分学生，然后把名单提供给任课老师，并郑重地告诉任课教师，名单中的这些学生是学校中最有发展潜能的学生，并再三嘱托教师在不告诉学生本人的情况下注意长期观察。8个月后，当他们回到该小学时，惊喜地发现，名单上的学生不但在学习成绩和智力表现上均有明显进步，而且在兴趣、品行、师生关系等方面也都有了很大的变化。这一现象证明教师对学生的期望深刻地影响着学生的学习和发展。在学校情境中，并没有教授来告诉教师哪些学生是最有发展潜力的学生，教师对学生的评判标准就是而且仅是学生的成绩。对于在考试中取得好成绩的学生，教师对他们具有维持期望的效应，总是希望他们维持好的成绩和好的行为表现，学生也总能接收到教师传递来的期望，并努力使自己的行为符合教师的期望。

然而，由于我国的特殊国情，班级授课制成为学校的主要教学组织形式，教师无法因材施教，更无暇顾及每一个学生。特别是在一个有60多个学生的大班中，教师一个人的精力和时间无法给所有的学生，除了少数几个成绩优异者和班上的后进生会受到教师的额外关注外，大部分成绩中等的学生就成了学校中没有鲜明个性的群体中的一员，甚至作为学习主体的个体也沦为复数形式的学生。而且，教师对学生的关注和期望与学生的成绩具有相互作用，教师容易受到学生成绩的暗示，如果学生自身不努力，要求教师对每一个学生关注和具有高期望，也是不现实的。

成绩本位的教师评价标准不仅指教师以成绩为标准对学生进行评价，也指学校以学生成绩为标准评价教师。在非人性化的科层制中，教师一方面以成绩为标准对学生进行评价和关注，另一方面学生成绩也是学校对教师的绩效考核方式之一。因此，学生的成绩不仅关涉学生在学校中的地位，也关系到教师的绩效和学校本身的绩效，即区教育局以学生成绩论学校的得失，学校以学生成绩论教师的成败，教师又将学生成绩"反馈"给不同成绩的学生，这其中一环扣一环的评价指标都是学生的成绩，教师面对这种被宰制与实施宰制的双重矛盾，颇感无奈，如冯老师说：

> 我们现在感觉压力最大的是区里面的要求，学校这次考不到第一要扣钱，这个压力好大。心理压力大，就是说如果学校不给指标，让我们老师自己感觉到如果不认真工作，对不起学生、对不起社会、对不起国家，那么大家都愿意干这个事情，是我自己愿意，而不是你强迫我干的。如果是这样来教学的话，我感觉是比较幸福的，也才是最快乐的。就是说我们的教学和金钱不联系，完全是看成要对得起学生，学生在你的班，就是你们的缘分。

在应试教育思想的驱使下，市、县级教育局给某些高中校长和有关教师下达成绩指标和升学指标，并形成了以成绩好坏为尺度的评价学校、评价教师的种种做法。这对教师的教学形成了不正确的导向，致使许多教师以成绩论英雄，对成绩好的学生关爱有加，对成绩一般或不好的学生则产生"恨铁不成钢"的心理,这样的区别对待更加大了学生之间的差距,好的更好,差的更差。

(三)高分本位的学生家长心理

现代社会各行各业竞争越来越激烈,看遍人间百态的家长普遍期望自己的孩子长大后"有出息",考上好的大学,找一份"体面"的工作,正是在这种"望子成龙,望女成凤"的心理驱使下,家长对自己孩子的评价,也依附成绩本位的评价标准。原本,家长对子女的评价应该是一种过程性评价和基本评价,孩子在成长过程中与人交往、生活中的处事能力和态度、习惯等都应该是家长关注的基本评价方面,但是"唯好成绩而论孩子的进步"日渐成为横在家长和孩子之间的一堵墙。因为成绩的变化,孩子要么受家长的"压迫"上辅导班,要么在家长的高期望下"负重前行"。

> 从小学开始就一直补课,那时候,三年级开始,数学成绩就开始下滑,然后我妈就特别着急,就开始给我找家教老师,然后我又不想,就开始各种周旋嘛,然后就开始一直到五六年级,开始还是比较好的,然后我妈还是担心,我妈就非常担心,非要让那个同学继续来补课,从小学六年级开始,就一直补到现在,中间就没有停过。(补哪科呢?)初中最惨,基本上每科都补,现在好一点,只补数学和英语。(怎么从三年级开始就补数学呢?)就是从三年级开始,换了数学老师当班主任,然后就是突然成绩下滑,三年级有段时间就是天天请家长,作业之类,跟老师顶嘴那些的加起来,我自己觉得当时家长管得太多,压迫得太厉害了,就想反抗一下,但是反抗也没有效果,初中又补了,但是初一没有补,因为初一成绩比较好,但是初一下感觉成绩又有点下滑,又开始补了。(学生王千阳语)

父母希望孩子在学习中取得高分、成为班级中的佼佼者,在这种期望下,孩子的行为总会自觉不自觉地朝向父母期待的方向发展。研究证明，父母的期望能促进孩子的学业成就，① 作为一种外力，它可以督促孩子认真学习，起到约束和管制的作用，孩子会将父母的期望内化为自己的期望，最终实现孩子对父母期望的自我认同。

> 我父母虽说忙但却从不忽视我的学习，每天我都将我当天的作业放在课桌上，无论他们回来的时候再晚再累都会检查一遍，如果错误少便会在第二天早上叫我起来纠正，多的话，就当即叫我纠正。那时我的父母还是奉行"黄金棍下出孝子"的信条。而我也因此挨了不少打。衣架、扫帚、鸡毛掸子、皮带……这些触手可及的东西都是我父亲的教具。但是我心中也明白他们对我的爱，打我只是恨铁不成钢，父亲总是每次打完我都十分心疼地和我谈心，和我聊他看到的现实生活，要我好好学习，将来一定要有本事，不再被欺负。我总是似懂非懂地点头。因此我从不会对父亲怀恨在心，只是可能也是因此变得特别现实。（学生艾熙才语）

虽说父母期望能够促进学生的学习，但也不能一概而论，不是说父母的高期望就一定会将孩子导向好成绩，增加孩子对学习的投入，不合理的期望和"家长主义"只会伤害孩子的身心，再加上高期望带来的不正确的教育孩子的方式，对孩子的学习并无益处。王千阳的自述很好地说明了这一点：

> "老师不会吃人，所以你要大胆的举手发言哦，我下午要问！""嗯。"下午放学后，"今天举手没有？""没有。""为什么？""不知道。""不知道就是理由了吗？让你问问题又不掉二两肉！你说说，你以后也这么胆小会有什么用？当棒棒②也要胆大才行，会说才行，你呢？""嘭"我关上了门"哦，逃避就是办法了吗？逃，逃，逃不去面对它，就能克服的吗？"看着窗外，我愤怒到了尽头，但跳还是

---

① 马蕾迪、范蔚、孙亚玲：《学习参与度对初中生数学成绩影响研究》，《中国教育学刊》2015 年第 2 期。

② 棒棒是重庆特有的一群靠一根棒子在城市中帮他人抬重物为生的人。

不跳呢……

"王千阳，明天给我把地拖了，听见没有？"

"王千阳，去把水掺了！"

"王千阳，明天早上给我把书读了！"

"王千阳，给你说的话你当耳边风吗？"

"王千阳！"

……

我的头要炸了，捂着头，想赶走他们，可它们仿佛生根在脑海里，又仿佛魔咒般，在耳边回荡……

啊！

痛苦，黑暗，无助，我的内向难道就没有理由吗？我爱逃避就没有理由吗？我的懦弱就没有理由吗？

小说难道就没有好处吗？跟着主人公一起坚强地成长，克服困难，是他们给了我坚定的理由，让我在你们的谩骂声中成长！

此生无悔入二次元！

"这么大了还看动画片，你不害羞啊！""这叫动漫，不叫动画片！动漫是专门给青少年看的！"同样的道理，在动漫里能暂时忘却痛苦，忘却害怕，忘却悲伤，跟着主人公一起欢笑，一起悲伤一起成长，一起面对困难……

可当动漫完了的时候，可当关上手里的书的时候，一切宛如梦……

徘徊着的，不安着的——

世界是现实的，放假的日子是那么漫长，不知做什么。开学也近了，再坚持一下。常化妆的同学说："你有黑眼圈了。""嗯。"每天都是11点睡，7点多起床，我只是想睡觉而已！

阳光照在身上，可我却感觉不到丝毫的温暖……

迷茫着，我干了什么：时间就这么过去呢？困惑，努力了，却还是不尽如人意。

忙于补课之中，休息，什么叫休息？玩手机？"一天就知道看手机！""你就电脑这个最积极！"

王千阳是所有访谈的学生中最典型的受父母"压迫"的例子，他的父母从他小学三年级成绩下滑就开始逼迫他上辅导班，初中基本全部科目都在"补"。家长的高分心理源于他们明白好成绩对以后升学和就业的帮助，他们深知社会上的等级划分和受教育程度有关联，好成绩等于好大学和以后的好工作，王千阳的父母希望孩子能考上重点本科，他们认为"读文科，考上二本的话，出来也找不到什么好工作，前途渺茫"。以至于他们在孩子成绩下降时盲目地找辅导班，借助外力来帮助孩子获得高分，而不是帮助孩子一起分析考得不好的原因，也没有征求孩子的同意就强迫孩子上辅导班，接受额外的学习。上辅导班需要在学校学习时间外投入课余时间，占用学生休息、做作业和复习的时间，此外，将孩子学业成绩的提高寄托在外力上也是不合理的，更别说被迫学习往往是无效的。高一学生学习时间本来就紧张，一周只有周天下午半天的休息时间，可王千阳说他还在上两个辅导班，我惊异于他哪里有时间去上辅导班，他告诉我周日上午学校的安排是上自习，所以他妈妈给班主任请了假，他周日上午和下午上辅导班，也就是说，一周唯一一个下午的休息时间，他仍然在马不停蹄地上辅导班，从而增加对学习的时间投入。然而他在学习上的表现，正如他自己所说，"努力了，却不尽如人意"。

二　同辈群体是影响学生学习参与的关系网

　　就所属社会群体而言，学生生活在家庭、学校及同辈群体构成的三重社会之中。① 家庭是学生开始学习社会化的场所，父母是学生的第一任老师，学生处于父母的监控和保护之下，家庭对学生的影响属于一种"先主性影响"；学校是学生接受正规教育的地方，教师代表学校对学生施加"有目的""有计划"系统的影响；同辈群体是学生的亚文化群体，同辈是学生的参照群体，影响着学生的言语、行为和兴趣爱好等，可以说，这三个小社会以其独特的社会特征对学生有不同的影响，同辈群体因其年龄特征大致相同，对学生个体的行为具有包容和理解性，近年来同辈群体对学生的影响越来越受到研究者的重视。甚至有研究者提出，"有迹象表明，在许多国家，同辈群体对青少年的影响在增强，而家庭的

---

① 吴康宁：《教育社会学》，人民教育出版社2009年版，第223页。

影响却在减弱。"①

相对于家庭和学校，同辈群体是学生自己选择和建构的，成员之间不受家长威严和教师权威的控制，他们因兴趣爱好、价值观、期望而聚合在一起。同辈群体服务于其成员不同的目标："在教育和社会系统内地位相似、年龄相仿的年轻人能够自由表达；在学会与他人相处的过程中，体验着社会互动与友谊；学会性别角色；强化规范、规则和道德。"② 在本研究中，同辈群体中成员的积极参与，也能促使学生个体积极参与教师教学，这种"高参照性"特征对学生学习参与的影响是显而易见的，如王千阳所言：

> 老师对学生学习的影响是必然的。同学也有很大的关系，因为周围的人都参与教师的教学了，而你没有参与，就会感觉有点孤单，然后就会跟着一起参与学习。老师因为她是活动的倡导者，同学是参与者，然后他们都在积极参与，而你没有参与，就感觉跟周围的环境格格不入，所以你也会参与学习了。

同辈群体的学习行为能起到榜样示范或相互激励的作用。也就是说，同辈群体活动的方向和目标容易导致学生个体行为的趋向和跟从，学生往往自觉不自觉地跟随同辈群体内的行为规范和准则。反过来，当同辈群体内出现不良的行为和风气时，也会对学生个体的行为产生消极的影响。马思远在谈及对学习时间的投入时，就表达了常常会受到同学的干扰的问题：

> 时间上的投入，下课也在继续学，只是有的同学想玩，会被影响。当周围同学在讲话的时候，有时候我会参与进去，没有太坚定。有时候同学在看小说，前段时间同学们都在看一些玄幻小说，我也

---

① ［美］珍妮·H. 巴兰坦：《教育社会学：一种系统分析法》，朱志勇、范晓慧主译，江苏教育出版社2005年版，第181页。
② ［美］珍妮·H. 巴兰坦：《教育社会学：一种系统分析法》，朱志勇、范晓慧主译，江苏教育出版社2005年版，第179页。

会跟着看。

同辈群体的利弊很难判断，只是当同辈群体文化积极向上时，往往能促进学生个体的发展，然而，同辈群体终究是学生自己形成和建构的，并没有明确的规范需要遵守，当同辈群体与学校文化出现矛盾和抗衡的时候，产生抑制的作用也在所难免。如马思远课余时间想继续投入学习却受到同学的干扰；王千阳在自述中所说"虽然是我的同桌带我玩的，这次期末考试他也一定考的比我好吧"却让人深感遗憾。

另外，在同辈群体中，知心朋友、同桌一旦成为学生的重要他人，将发挥积极的影响。重要他人是指对学生的发展具有重要影响的人，与同辈群体相比，重要他人是具体的个人，虽然重要他人也有可能是父母、教师，但这里仅指同辈群体中学生个体的重要他人。本研究中，何炜祎的同桌作为她的重要他人，从初中到高中，不仅激励、鞭策着她持续不断地专注学习，而且也激发了她的潜力。虽然我没有访谈何炜祎的同桌，但是从何炜祎的叙述中，我相信她对她的同桌来说，也属于重要他人。

> 我很感谢的就是我有一个同桌，我觉得学生时代，选择一个好同桌是非常重要的。我初中的同桌，也是我现在的同桌。初中一直我成绩是最好的，但是她是靠自身的努力上来的，她是班上第二名，我承认她非常认真，她在三年里是受到老师表扬最多的人。然后怎么说呢，就给我造成了一定的威胁，让我开始马不停蹄地努力，跟她竞争、赛跑啊，应该是对我的一种激励吧，激发我内在的潜力。初三的时候就是因为有她在鞭策我，但是她同时也给了我很多心理压力。（学生何炜祎语）

我所调查的这些高中生，他们大多住校，很多学生都是一个月或一个周回家一次，对父母的依赖也越来越少；在学校中他们和同学、教师的接触最多，但遗憾的是，这六位学生的重要他人有同桌、朋友，但教师却没有成为他们学习历程中的重要他人。作为住校生，父母对学生的监控和管理可能每周或每月发生一次，而教师可能因学生人数过多、教学任务重、时间精力有限而无暇与学生交往，教师只能保证完成教学任务，对学生学习参与的影响主要发生在课堂上，并不构成持久的交互作用。而作为学生重要他人的同辈伙伴，因共同的兴趣、价值观，每天生活在一起，对学生学习参与的影响可能充斥着群体成员所在的每一个地方。并且，在每次考试成绩出来以后，学生自己会和同辈群体中的重要他人进行对比，成绩好的需要守住好成绩更加努力，成绩不好的也因为重要他人的激励和鞭策努力追赶，所以重要他人成为激励学生学习参与的最近过程。除发挥促进和激励的作用外，高中学习激烈的竞争，也带来了朋友之间竞争的压力。或许，正是他们正确的调适，将压力变为动力，用积极的心态面对同伴之间的竞争，才使得学生的重要他人起到促进学生发展的作用。

最近过程也因个体成长阶段的不同而发生改变。如在小学阶段，影响学生参与的最近过程可能有父母的高期望、教师的关注或者学生自己所发展的良好的学习习惯，但随着学生逐步成长，所面对的情境也越来越复杂，对学生学习参与发生作用的最近过程也会变得更加广泛和复杂。到了初中，学生渐渐长大，进入青春期，父母对学生参与的影响会慢慢减少，教师、同辈群体或重要他人都开始发生作用。到了高中，学生的心智逐渐成熟，影响学生学习参与的最近过程也相应会变得与其他阶段不一样，这时父母和教师所发挥的作用会相对减弱，而同辈群体、同辈群体中的重要他人对学生学习参与的影响却逐渐增加。

另外，同辈群体中的重要他人更容易出现在女生中间，在焦点团体访谈中，男女生就这个问题进行过争执，后来在学生自述中得到印证，在同辈群体中，女生之间都存在重要他人，她们在生活中形影不离、分享秘密，学习上互相帮助也彼此竞争，但是从男生的叙述来看，男生似乎更"独立"，当他们聚在一起的时候，很少会讨论学习上的问题。

三 教学模式是促使学生学习参与的助推手

课堂教学是师生共同参与，并在教师的主导下进行的师生之间的双向活动，缺少了教师和学生任何一方的参与，课堂教学都将无法展开。在教学中，教师属于具有经验、心智成熟的社会成员代表，学生则属于从属地位的、心智尚未完全成熟的未来社会成员的代表，学生在教师的教育下学习未来进入社会所需的知识和技能，因此，有人说教师是学生学习成败的决定者。也有学者认为,教育质量的高低在很大程度上取决于课堂教学的有效性,课堂教学的有效性则取决于教师专业能力的高低[1],本研究通过课堂观察、教师访谈和学生访谈,认为从教师方面来说,教师的教学模式是影响学生学习参与的关键因素。

在问卷调查中,课堂上吸引学生参与学习的教学方法中,自主学习是最吸引学生参与的教学方法,89.8%的学生表示非常赞同或赞同,只有9.9%的学生表示不赞同或非常不赞同;运用多媒体的课也同样受到学生欢迎,87.9%的学生表示非常赞同或赞同,只有11.8%的学生表示不赞同或非常不赞同;另外,81%的学生表示非常赞同或赞同教师讲授,19%的学生表示不赞同或非常不赞同。64%的学生表示非常赞同或赞同探究学习,65.7%的学生表示非常赞同或赞同小组合作学习(见表4—1)。

表4—1 学生对学习价值认可的描述统计 (单位:%)

以下班级活动多大程度上使你感兴趣或吸引你参与	非常赞同	赞同	不赞同	非常不赞同
教师讲授	18.9	62.1	14.8	4.2
自主学习	55.3	34.5	8	1.9
探究学习	23.3	40.7	27.8	8.2
小组合作学习	25.2	40.5	22.5	11.8
运用多媒体的课	44.3	43.6	9.5	2.3

在高中课堂上,教师所使用的教学方法几乎都是讲授法,并且讲授法也为学生广泛接受。通过第三章中的教师访谈可知,高中教师因为教学任务重、时间紧,探究学习和小组学习这种形式化的教学方法已被教师舍弃,运用多媒体的课也只是文科类的教师在使用,理科老师认为理科类的课程注重推演,在黑板上一步一步地板书是最合适的。自主学习虽然是学生最感兴趣的一种教学方法,但是只能说是学生的美好期望罢了,因为实际的课堂中,很少能够见到真正开展自主学习的教学方法。

---

[1] 孙亚玲:《课堂教学有效性标准研究》,教育科学出版社2008年版,第20页。

在课堂观察中,我发现教师几乎都采用讲授式教学方法,但学生的学习参与水平却不相同。因此,我选择教学方法一致,但学生的参与水平不同的两位数学教师进行深度访谈,进而发现教学方法上位的教学模式才是影响学生学习参与的关键因素。教学模式是教师在多年教学经验中,将教学理念和实践结合起来形成的,被称为教学理论和教学实践的中介。学术界对教学模式的界定不一,乔伊斯(B. Joyce)被认为是教学模式理论研究的先驱,他在《教学模式》一书中提出,教学模式是构成课程和课业、选择教材、提示教师活动的一种范型或计划,这是学术界最早对教学模式进行的界定。国内学者认为乔伊斯的定义只反映了教学模式外在的表现形式,并没有揭示出教学模式的内在本质。因此,国内学者对教学模式的界定主要有三种观点,一种认为教学模式就是教学过程的模式,包括一定的目标、实施程序、条件等;另一种认为教学模式属于教学结构的范畴,是教学各要素、阶段和步骤的组合;还有一种认为教学模式属于教学方法的范畴,是教学方法或多种方法的综合。虽然教学模式的概念界定不一,但对教学模式基本组成要素的认识是大致相同的。即教学模式由教学思想、教学目标、操作程序、师生组合和教学评价组成。[①] 教学模式的分类按其理论根源主要分为信息加工教学模式、个别化教学模式、社会互动教学模式和行为控制教学模式。[②]

以冯老师为例,他的教学模式并不是单一的一种,而是信息加工和社会互动教学模式互相交叉,不仅强调学生知识的获得和智慧的增长,也注重教师和学生之间的相互联系和影响。具体来说,其教学模式的基本组成要素主要体现在以下几个方面。

(一)教学思想

教学思想也称为教学理论,是教学模式中各要素内在的灵魂,教学思想贯穿在教学模式的各要素中。每一个教学模式都以特定的教学思想为依据,如信息加工教学模式的教学思想是信息加工论,社会互动教学模式的理论依据是符号互动论。

[①] 李定仁、徐继存:《教学论研究二十年》,人民教育出版社2006年版,第268页。

[②] [美] Bruce Joyce、Marsha Weil、Emily Calhoun:《教学模式》,荆建华等译,中国轻工业出版社2002年版。

冯老师的教学思想包含着信息加工理论和社会心理学的互动理论。由于高中数学更多属于程序性知识，结构严谨的知识偏多，需要教师的系统讲授，冯老师采用信息加工理论的模式，这也符合数学学科的特性。但是，其社会互动的思想也贯穿在教学中，课堂上冯老师和学生互动的方式包括言语的和非言语的，每节课上，师生之间的一问一答，虽然更多的是教师和学生群体的互动，但是冯老师能保证让班上90%的同学参与到教学中来，他通过一些非言语的方式和学生交流，"每节课至少和班上的每个同学对视一次"、手舞足蹈、跺脚等，使学生亲近老师，从而参与教学交流。为了进一步了解冯老师的教学思想，我与冯老师进行了深度访谈，就如何让学生积极参与学习进行了追问。

> 我：您的课堂非常吸引学生参与，您在教学中是如何考虑的呢？
>
> 冯：以前我在教学中经常提倡的双备，首先是备大纲和教材，过后连续起来呢就是大纲教材一起备，作为一备；再就是备学生，其实我当时在教学中的体会就是，光这两备都不够，还要考虑到自己与学生之间的关系，那就是备自己，备课标，备学生。比如说你自己的要求过高学生适应不了，你自己的要求低了学生吃不饱，就是关键是你所教的东西一定要适合学生，是学生需求的，这是一个，这个无法用语言来形容，这是在长期的具体教学过程中形成的，然后也是一个长期的过程，也不是一天两天形成的，这和长期的思考有关，还有一个很关键，就是作为一堂课，其实在课前，课外的一些东西很重要，比如数学这门课，要想培养学生的兴趣，第一你要和学生零距离接触，要和他的关系融洽，要让他喜欢你这个老师，喜欢你他就会渐渐地喜欢你的课堂，喜欢你的课堂他就愿意参与你的课堂，那你所教的这门学科他就渐渐地喜欢了，这是一个连锁反应。
>
> 我：怎么做到让学生喜欢呢？
>
> 冯：这就是看平时的啊，你的言行举止，你的处世作风，一定要让他觉得你是有魅力的。刚开始接新班的时候，有那么几天，一个星期的接触，你能够让班上90%的学生都喜欢你就不错了。那么这个可能是在学习中，生活中多去关注一些，比如下课了走到他面

前,和他聊两句,也可以和他聊学习上的,比如对一个问题,你可以耐心细致的给他引导,不是给他讲,是给他引导,给他点,慢慢启发他,因为他想出来的他就有成就感,他就会觉得,这个老师还主动地辅导我。比如平时学生来问你题,你不要说我现在有事啊之类的,第一次来问你,你不要打击他,哪怕你再有事也要停下来给他辅导,时间久了,关系好了,你确实有事的话也可以说,说等会再来,他不会有什么想法,如果他第一次来问你,你这样说他就会多想,以后就不会来问你了,所以前几次很重要。第一堂课也很重要,第一堂课,比如我新教的高一,第一堂课你不要讲很多知识,第一堂课你就聊天,聊数学的发展史,让他感觉这个老师知识好渊博,天南海北,上下五千年,至少是前五千年的事都知道,他就会对你感兴趣,他就会有意地来接触你,来了解你,认为你也是一个有故事的人,渐渐地他就会认为你有魅力了,他喜欢你后,你说的任何一句话,他都会认真的听。

在冯老师具体的教学思想中,他认为学生愿意参与的前提是喜欢教师,只有学生喜欢这个教师,才会喜欢这个教师所教的学科,最后学生才愿意参与到教学中来,冯老师说这是一个"连锁反应";对于要如何做才能让学生喜欢,冯老师认为教师需要做课外的功课,比如下课后和学生互动,主动关心学生学习上和生活中的问题,教师和学生之间没有交流障碍,最好能"零距离"(这里指心理距离)交流;在课后辅导学生的过程中,不主动将问题的解法说出来,而是一步一步地启发学生,让学生获得成就感;在接手新的班级的时候,他会在第一堂课的时候给学生讲数学的发展史,而不是一来就讲授数学的学科知识,冯老师想展现给学生的,不止是一个只会讲数学知识的教书匠,而且还是一个会讲述历史、知识丰富的老师,进而赢得学生的喜欢和尊重。

互动是在特定的情境中,人们基于语言和符号的相互作用过程。互动包含着相互作用的一切形式,如认知上的相互启发、行为上的相互促进、情感上的相互感染和共鸣。冯老师注重和学生互动,在和学生进行言语交往、信息交流的过程中,师生之间相互促进;学生和教师充分交流,获得自我的充分发展;教师从学生的行为反馈中获得教学自信和热情,从而更专注教学;与学生的交往,通过有效的互动,实现教学目标。

(二)教学目标

教学目标是教育目标在实际操作中的具体化,是教育目标的"下位概念",教学目标体现教学设计的价值,也是体现教育思想。教学目标在教学中具有十分重要的功能。首先,通过明晰教学目标,教师能够清晰把握教学内容的选择和组织,所以教学目标是选择和组织教学内容的依据;其次,教学目标决定着教学的组织形式和教师的教学方法,一堂课的目标规定了课堂上教师会使用讲授法还是学生自主探究的方法;最后,教学目标还为教学评价提供依据,评价的标准根据目标的达成进行判断。

教学目标因教学内容而不同,但是总体来说,冯老师通过教学目标的设计清楚地把握了整节课的重难点,甚至在课堂上随教学过程的展开而将教学推向高潮。他上每一堂课的总目标就是让学生学习起来快乐、不枯燥,正如他说的"我不是为了讲这个内容而讲题,是为了整个这堂课,让学生学起来快乐,他学起来快乐他就肯定参与我的教学,让他感觉40分钟只有两分钟,感觉一眨眼就过了,感觉不枯燥",而这样的感觉,我自己也亲身体会,听冯老师上课不会觉得时间难熬,他在教学实践中践行着自己的教学目标。

> 课堂上提高声音是有我本节课的重点和难点,与学生下面的反应有很大的关系,有时候我会声音抬高,一方面是这堂课已经进入高潮了,或者是这个地方有的学生在开小差了,瞌睡了,马上我要声音提高,我不批评他,他感觉声音提高了,他自己想办法,揉揉眼睛,偏轨的马上要重新进入,要起这些作用。还有我的重点,有时候我会加大声音,有时候我会跺脚,有时候我会用粉笔在黑板上点,都有可能,那是根据当时的情况的,已经形成一种习惯了,那就是你自己必须要投入进去,我不是为了讲题而讲题,是为了整个这堂课,让学生学起来快乐,他学起来快乐他就肯定参与我的教学,让他感觉40分钟只有两分钟,感觉一眨眼就过了,感觉不枯燥。
> (冯老师语)

一般来说，教学目标的来源主要有三个：学生的需求、社会的需求和学科的发展。冯老师的教学目标更多地着眼于学生的需求。如上文提到的，他认为教师的教学目标不能过高或高低，过高了学生适应不了，过低了学生又吃不饱，"关键是你所教的东西一定要适合学生，是学生需求的"。或许正是冯老师的教学目标可以满足学生的需求——既满足了学生对知识的需求，又满足了学生的心理需求——让学生在快乐中学习，照顾到学生的情感，冯老师的课程才充满了吸引力。

（三）操作程序

任何教学模式都有一套独特的操作程序，操作程序是将教学设计付诸实践的一套时间序列和逻辑步骤。操作程序包括教师在相应的时间内完成什么教学任务，它规定着教学的步调。因教学模式有其稳定性，一般的操作程序都有一套稳定的逻辑步骤，如讲授式教学模式的操作程序包括：复习旧知—教授新知—练习巩固—布置作业。

冯老师一般采用创设情境/问题导入/复习旧知—师问生答—学生记笔记—师生共同归纳总结这一操作程序。操作程序的设置不仅需遵循学生的认知规律，还需结合本学科的学科性质，操作程序中的每一个逻辑步骤都当如此。如在问题导入步骤中，冯老师一直用创设情境、复习旧知的方式进行问题导入，他认为这些学生都是心智比较成熟的高中生，教师在讲授新课的时候可以直接用情境创设或开门见山的方式导入新课，但所创设的情境必须和数学有关联，而且是生活中的数学问题，这样也才是和学生的生活有关联的问题，如他说道：

> 创设的情境着重于来自生活中的数学，生活数学，让学生有兴趣，这是一种情境创设；第二个方式是开门见山，因为数学很多情况下就是开门见山，今天我们要干什么，让学生首先明白我们是干什么的，接着就抛出问题，抛出问题就是引题，引出本节的重点；还有一种方式，说不定有时候就是一个故事，当然这个故事就是一个数学故事，一定要与数学有关系的，要与我们这节课有关系的。其实对情境，以前我听过很多老师上课，他们都是盲目地追求生活数学，自己去编一些情境，但是编的情境呢，第一不是学生熟悉的，

第二编的情境不科学，就是科学性与我们真正的实际生活中的数学不吻合，这就间接地告诉学生一个错误的信息，表面从数学上看没有问题，但是从生活中去研究调查的话就有问题了。比如我们数学中函数单调递减，单调递增，增函数和减函数，2008年的时候听课，有个老师举例说，他就说近段中国股市单调递减，但是是真的单调递减吗，我们所说的单调递减是时刻在减，而股市有变化，如从今早到今晚是单调递减，但是有增有减，其实这就不是一个减函数，虽然整个在递减，但是不是递减函数，他就违背了科学。

冯老师在谈到创设情境的时候提到要注意四个原则：第一要学生熟悉，第二要贴近生活，第三要科学，不能向学生传递错误信息，第四要有度，有把握。在他的教学中，他也切实按照这样的想法去实践，虽然作为操作程序第一步的导入课程只有短短的5分钟，也可以看出教师的教学思想和教学理念。

（四）师生组合

教学是教师教和学生学的统一的活动，教师和学生在教学中分别扮演着不同的角色，发挥着不同的作用，没有教师的教或没有学生的学都不能构成教学。但是教师和学生的不同组合，则反映了不同的教学模式。如讲授式教学模式下，师生之间的组合是教师讲授，学生接受，教师是知识传授者，学生是知识的接受者，教师是领路人，学生是被引之人；罗杰斯的非指导性教学中，教师是促进者，教师创设和谐放松的学习环境，使学生成为学习的主人。

在师生互动的教学理念下，教师扮演启发者、引导者、促进者的角色，师生之间是一种人格上平等的关系，学生在教师的循循善诱中和教师沟通、交流信息、做练习和记笔记，并和教师进行广泛的情感交流，在教师的促进和激励作用下形成和发现有助于自我发展的知识经验。本研究中的冯老师将教师和学生都看作教学过程中的参与者，彼此在参与中实现思维的碰撞、情感的共鸣。

师生之间的组合应以教学内容和学生的认知基础为依据，冯老师认为容易解决的问题应大胆地放手让学生去做，教师不能包办代讲，而对于难的问题，或在教学中学生理解不了的问题，教师应该系统讲授。从某方面来说,教学方法决定着师生之间的组合,然而,教学内容又决定着教师采用何种教学方法,只有在教学内容和方法上相互贯通,师生之间的组合才能达到最优,从而实现教师和学生在相互参与中的相互促进和激发。

当一个问题确实很难的话——如果一个概念一个定义比较简单,有一些看规律或者是看生活中的问题,这个我就由学生总结——比如一个定义,对数定义,学生根本就不知道,学生怎么知道嘛,指数,我们之前讲指数,由指数过渡到对数,那只有老师讲,就说很多东西,特别是陷阱大的东西,该老师讲的还是老师讲。就说稍微简单点的,班上60%的同学通过自学解决得了的,这个我就要大胆地交给他们去处理,你就不能包办了。但是一堂课,你不能讲得过多,不能完全由你讲。很早以前,我记得我以前当学生的时候,我每节课参与的时间最多有两三分钟,那会上课是45分钟,其余时间是老师讲,从头讲到尾,如果说那节课内容比较简单,老师最多喊个把学生上去黑板板书一下,两三分钟解决问题,那个时候一般都是传统的讲授法,过后是启发式了,现在又是什么新课改理念,但是还是,讲授法虽然不是主要的,但是还是不能把它丢了,该你讲的一定要讲,不该你讲的绝对不能讲,就是把握一个度的问题。学生在教学中,80%的时间不是听众,是参与者,其实老师也不是引导者,老师也是一个参与者、合作者,这堂课如果哪一方面做不好,这堂课效果就不好。就是说老师参与,学生也参与,相互发生碰撞才好。(冯老师语)

(五) 教学评价

教学评价是教师对学生的学习活动进行的价值判断。在教学过程中,冯老师使用的是形成性评价,通过一些间接的手段暗示学生,对于高中生来说,他认为学生的自尊心需要保护,因此他不会使用负面评价语言。冯老师善于把控课堂,察言观色——察学生的言,观学生的色。当学生出现"状况"的时候,适当的提示总能发挥作用。如他所说:"发现有的学生在开小差了,瞌睡了,马上我要声音提高,我不批评他,他感觉声音提高了,他自己想办法,揉揉眼睛,偏轨的马上要重新进入,要起这些作用。"

教学评价的功能还在于形成反馈,冯老师善于依据课堂上学生的表现来调整自己的教学,在他的教学理念中,教学的对象是学生,而不是那些数学知识,因此他认为"适合自己学生的才是最好的"。因此,课堂上虽然没有那些"做得好""你真棒"的评价语言,但从教师身上传来的微笑、表扬的眼神,都是意味丰富的评价语言。正如他所说:

> 学生的一举一动必须随时观察,其实我们站在讲台上,下面很好看,他的每个动作,包括嘴巴在说什么,我都看得清楚的,他在下面玩什么,都看得清楚的,但是你讲课朝天讲肯定不行的,就你讲的时候,一定要面对学生,我一节课,至少要和班上的每一个学生对视一眼,有的学生爱走神,要对视两到三眼,如果他很认真,我就给他投去一个赞赏的目光,虽然我不说,但是我边讲边点头,他懂我的意思,无形之中就暗示了他,用肢体语言来表扬他,如果是不认真学的,我就直接提出来,甚至把他撵出去也有可能,但是撵出去也不行了,一般就是罚站,站到后面去。刚开始当教师的时候,要和每个同学对视是不行的,但是过后,教了十几年之后,是每个学生都要对视,让学生感觉到老师在关注我,如果你一节课和他一眼都不对视,他对你这个人就要疏远了,老师看都不看一眼,说明你不关注他。一直这样要求自己,就自然而然地形成了一种本能。

冯老师的教学模式是经过33年的教学经验磨炼而成的,就像他自己说的"已经形成了一种本能",他的教学理念和教学实践的结合形成的特有的教学模式,正是促进学生学习参与的关键因素,而学生对学习的高参与,同时也促进了教师对教学的投入和专注。

然而,不是所有的教学模式都能促进学生的学习。本研究所观察的另一位数学教师的教学模式,可称为行为控制教学模式或者单纯的信息加工的教学模式。注重教师的讲授,师生之间有形式上的互动,但没有形成反馈,因此没有形成真正的师生互动,这样的教学模式抑制了学生的学习参与。课堂观察和学生访谈发现，该数学教师的教学模式成为阻碍大多数学生学习参与的因素，如王千阳说道："像我们的数学老师，他要退休了嘛，他又不习惯用普通话，就感觉他上课像一潭绝望的死水，基本上睡觉的占绝大多数。老师要调动班级的整个气氛，然后每个人才能都参与。"

虽然大多数学生不参与该教师的教学，但是，对于那些主动的学习者来说，该教师的教学模式并没有阻碍他们参与学习，这些主动参与者往往采取"选择性参与"的策略，而且正如何炜祎所言："虽然数学老师不好，但是他讲的数学知识我能够听，我忽略了这个老师，只是完全对知识的热爱而参与学习。"

综上可知，教师的教学模式能够促进所有学生参与学习，在学习中实现师生之间的广泛沟通和交流，但有些教师的教学模式也会抑制部分学生参与学习，而对于那些主动的学习者来说，教师的教学模式很少会产生抑制学生参与学习的作用，在此模式下，受影响较大的是那些被动参与者。

第二节 学习者：影响学生学习参与的动力源

学习者自己是在最近过程中发挥决定性作用的因素。布朗芬布伦纳将人的特征分为动力特征、资源特征和需要特征。动力特征具有引起和维持的作用，分为发展性生成特征和发展性破坏特征；资源特征指的是学生的生物生态资源，如性别、年龄、体重等；需要特征是个体的需要被满足而引起的外界环境的反应，在本研究中并未发现资源特征和需要特征对学生参与的显著影响。

在本研究中，对学生学习参与的最近过程的运转起到方向性作用的是学生的动力特征。动力特征促使学生积极参与学习、维持学习的动力、追求长远目标而延迟当前需要的满足，如学生的学习兴趣。在所调查的这些学生中，学习参与水平较高的学生，或者说具有发展性生成特征的学生一致认为兴趣是促使他们参与学习的动力源，也是学习发生的首要条件。但是当他们发现不是所有的事情都能引起他们的兴趣，并且知道必须学习参与和不得不参与时，为了实现高考考出好成绩这个长远目标，他们可以克服兴趣被满足的需要。此外，学习兴趣使学生保持学习参与的动力，三年的高中学习对学生来说"像是打野战，必须每天十分勤奋、脚踏实地，才能为未来打好基础"（学生王千阳语），而缺乏兴趣将会影响学生的学习参与度和投入度。学生的学习兴趣、学习习惯和自我概念又是相互作用的。兴趣有利于良好的学习习惯、态度的形成和保持，进而形成积极的自我概念；积极的自我概念使学生的自我体验是、自信的和有成就感的，积极的自我概念有利于学生兴趣的激发和习惯的保持。另外，最近过程作为学习者学习空间中的异质外壳，只有和学习者的自身因素相互交叉和相互作用时，才能对学习参与产生影响。

一　学习兴趣是激发学生学习参与的直接动力

爱因斯坦曾说：兴趣是最好的老师。这句耳熟能详的话语成为教师和学生的共识。学习兴趣可以引发学生对学习注意、持续的投入和专注。特别是随着学生年级的升高，课程内容增多和难度增加，不能像小学或初中那样，采用一些简单的、外在的手段去吸引学生的注意力，对于高中生来说，学习兴趣是决定学生学习参与的内在因素。

学生的学习兴趣主要表现在两个方面，一方面是发生在学习之前，学生对某一学科的喜爱，是一种对知识本身或对学科内容本身的热爱，这也被心理学家们称为内在学习动机；另一方面是发生在学习的过程中，由于教师采用了新颖的教学方法、使用了吸引学生的教学用具、运用多媒体等生动的教学手段，在教学中激发了学生的学习兴趣，积极地参与教师的教学，并体验到学习的乐趣。

在我所访谈的这些学生当中，特别是那些成绩优异、学习参与较高的学生，学习兴趣是他们多次提到并被反复强调的一个影响因素。在他们的学习体验中，兴趣最主要的一个功用是能帮助他们保持对学习的专注，不产生厌倦感，体验到学习的快乐。

> 兴趣绝对是最好的老师，人的兴趣在这里的，他绝对会专注、专注、超专注，如果兴趣在这里了，他就像玩电脑游戏上瘾了，陷在里面不能自拔的。其实我觉得，学生参与和老师教得好不好没有

多大关系，我觉得还是看个人的兴趣，因为我觉得像英语，真的还是只能拿英语说事，因为我们英语老师确实教得比较好，但是我还是对英语没兴趣。真的，这个问题我真的不知道该怎么说了。真的是只有对这个科目的兴趣影响到我，但这又是极不理智的。（学生艾熙才语）

兴趣的另外一个意义是学习发生的前提，喜欢或有兴趣总能引发学生学习参与的内驱力。面对激烈的竞争和在高考的压力下，学生发现不是所有的事情都可以用兴趣来维持，因此，在矛盾交加时，他们学会了忍耐，学会了自我调适。

首先我觉得学习的话，要足够吸引我的兴趣，它连我的兴趣都吸引不了，我只是凭着一种我该去，那种很麻木的意思去，我觉得很没有意思的。没有兴趣干的事情很无聊，但是，比如说那个事情真的很重要你也必须去干，只是说你自己觉得没有多大意义吧。（学生何炜祎语）

学生在学习过程中，理智告诉他们仅凭兴趣学习是不理智的，所以他们在没有兴趣的情况下也会逼迫自己参与学习。然而，没有兴趣而不得不做的事情，难以使学生维持注意力和保持对学习的投入，且常常引发学生的倦怠，从而抑制了学生的学习行为。

有可能就是他讲的知识没有引起我的兴趣啊，就像老师讲得热血沸腾，你在下面依然冷淡自如的，他讲的那个东西不吸引你，跟教师的讲课技能没有关系，单纯是知识点很无聊，即使他讲得很认真，那个参与应该也很低吧。比如某老师，她讲的很多知识，有很多地方是重复的，虽然我自己理解也不深刻，但是就是不想去听，就是懒啊，很倦怠啊，就是不想去参与。如果说我有三分之一的时间是很专心地听老师讲的，有另外三分之一是在走神啊，再有三分之一是我在思考我自己的作业。（学生何炜祎语）

二　学习习惯是影响学生学习参与的持久动力

学习习惯是指学生在长期的学习过程中形成的对于学习的惯性，良好的学习习惯能够帮助学生在教学中遵守纪律、符合规范，迎合父母和教师的期望，从而增加学生在学习活动中的参与，促进学生的学习。如教师们经常说，小学主要以培养学生良好的学习习惯为主，习惯养成了，对以后的学习和生活有很大的帮助。因为良好的习惯也将会带来积极的学习态度，而积极的学习态度又可以促进习惯的养成。因而，有学习理论将态度看做习惯。①

在学生自述自己的受教育历程中，一直处于中心参与的学生，都离不开良好的学习惯性，艾熙才和顾菡在小学是"充分参与者"，很大的决定因素是小学时他们有着良好的学习习惯和学习态度。

> 正式进入小学以后，才发现班上卧虎藏龙，90%以上都是油田子女，殷实的家庭条件下，很多同学都学习了特长，这种差距让我倍感压力，但或许是初生牛犊的我并不知道什么叫攀比，只晓得一定要在成绩上超过他们，这样好强的我渐渐展露出来，那时的我应该是一个较为主动的学习者，上课听讲，课后写作业，一切都按部就班。那时班上有一个很奇怪的风气，就是谁先写完作业就会特别骄傲，而我则经常感受到这份骄傲。（学生艾熙才语）

> 小学的我，不需要爸妈在我学习上花时间，我可以做得很好，坚强积极向上，所以成绩也一直很好。（学生顾菡语）

良好的学习习惯和态度相伴相生，如若保持良好的学习习惯，学生将会进入学习的良性循环当中。《孟子·离娄下》有言："君子深造之以道，欲其自得之也。自得之，则居之安；居之安，则资之深，资之深，则取之左右逢源，故君子欲其自得之也。"孟子认为追求学问必须有良好

---

① ［美］谢利·E. 泰勒等：《社会心理学》，崔丽娟、王彦等译，上海人民出版社 2015 年版，第 133 页。

的学习方法和学习态度，一旦有了良好的方法和态度，就能将知识掌握牢固，进而慢慢地积累知识，最后能够左右逢源、触类旁通。何炜祎在十年的学习生活中，将学习的习惯保持得非常好，她也体会到好习惯带来的效应。

  如果说你学习习惯很好，你有段时间无心学习，但是你考出来的成绩也会很好，并给你带来一些成就感。（学生何炜祎语）

  学习习惯是在长期的学习过程中形成的，然而长期养成的好习惯却几乎可以在一瞬间毁坏。艾熙才和顾菡小学养成的良好的学习习惯，在初三最后一年却被完全消解了，而不良的学习习惯对他们的学习产生的抑制作用既出乎他们的意料，也让他们深受其害，以至于他们在高中一直处于克服坏习惯的过程中。顾菡在自述中就谈到她的好习惯的消解以及坏习惯的产生对她学习所产生的影响：

  初一的时候我几乎每节课都听得很认真，就像小学一样，干什么都很认真，希望做到最好，而且当时我的好习惯还在，所以当时就一直考班里的前三名。到了初二，我就开始上课只听我不会的，我会的我就自己玩，或者和旁边的人讲话，但是作业我还是会按时完成，哪怕是留到最后。也就是从这个时候，我就不喜欢我那个班主任了。初二我成绩依然很好，但是我染上了坏习惯，或者说是以前就有的习惯，比如我爱迟到、不再像原来一样管班里的事去锻炼自己的能力。

  但是这一切都没有影响我学习的效果，原因就是我大部分还是延续了原来的在学习上的好习惯。但是初三就不同了。初三的时候学校的晚自习下课更晚了，所以我们睡得也很晚，导致我上午的课开始有了瞌睡的迹象。那时候寝室里有人玩手机到深夜，也有人打牌，有人聊天到深夜。但是我们都没有意识到上课瞌睡是一件非常严重的事。当瞌睡来的时候非常痛苦，也没有告诉自己用意志去坚持，因为当时我已经有了对学习不重视的态度。初三上半期的考试，我成绩就下降了。然后接着就是来自爸妈的训斥，其实从小到大爸妈这样，平时根本不管我学习，就只是在我成绩下降了的时候骂我。我的惯性还是好的当时，所以经过一点点的努力，我初三的期末成绩就回到了原来的状态。

到了高中，我觉得那个班里压力非常大，我初中养成了不积极回答问题的坏习惯，也不当班干部锻炼自己的能力，所以就越来越胆小。我觉得我初中会染上周末不写作业上课睡觉的坏习惯简直可耻。我语文也不会朗诵，数学也不擅长，管理能力也在初中的时候全部丢失了，所以我就越来越胆怯、自卑、焦虑。但是我知道这是一种进步的表现，毕竟我不会再以拥有坏习惯和坏的态度为荣，我决定好好学习，让自己变得优秀，哪怕只是学习上的。

但是事与愿违，我上课睡觉的毛病害了我，数学物理课只要瞌睡就会听不懂，听不懂就没办法做作业，一天一天拖下来，欠的账也越来越多。英语的词汇也是这样，我从来不去落实自己的行动，生词越累越多，我唯一擅长的英语也离我远去。这是一个力不从心的过程，我的态度端正，但是我没有了好习惯，所以一直没有真正落实学习。

正所谓"千里之堤，溃于蚁穴"，当学生意识到学习的惯性对他们的影响如此巨大时，想要在高中"悬崖勒马"，然而却发现培养良好的习惯和改掉坏习惯非一时之功，因此他们感到力不从心。如顾菡自述中提到的，她高一一整年都想改掉上课睡觉的坏习惯，到最后却是习惯战胜了她自己。艾熙才也面临同样的境况：

初中的最后一年是我的败笔，是充满遗憾的一年，我如果当时努力学习，或许我是不是可冲击更好的高中呐，可惜没有如果。我也因此发现了自己一个坏习惯：明明知道事实的真相，却选择沉迷于表面的喜悦。有着真心认错，死不悔改的懒习惯。而我原本坚实的知识基础在这一年也基本上被摧毁的脆弱不堪，这一切都将在高中暴露。

刚刚步入高中的我信心满满，心想一定要洗心革面，重新做人，可这都是无稽之谈，一年养成的懒习惯，岂是一下就可以克服的，成绩上体现最明显的就是英语，一个需要积累沉淀的科目。现在的我是无奈的，心中是多么的不甘于现状，但却疲于改变，连续一个学期的成绩下降，已经让我有着不小的心理压力，但自己心中却傻傻地想如果自己努力会如何如何。

学习习惯和态度是影响学生学习参与的一只隐形的手，这只手可以左右学生对学习的投入，进而影响学生的学业成绩，而学业成绩和学生参与又是相互作用的，最终，学习习惯和态度对学生学习参与的影响积沙成塔。因此，要培养良好的学习习惯和改掉不好的习惯，除了需要学生自身持续不断的坚持以外，当然也需要父母、教师和同学等的外界帮助。

三 自我概念是影响学生学习参与的深层动力

人的自我概念是个体在社会化的过程中，伴随着身心发展和与周围环境的相互作用所形成的关于自己以及自己和周围人的关系的认识。积极的自我概念将形成主动的学习参与倾向，而消极的自我概念将抑制学生的学习参与。

自我概念是自我知觉和镜像自我的集合。自我概念是个体对自己是什么样的人的一种判断，是主我对客我的认识和评价，自我知觉和镜像自我相当于米德所提出的主我和客我的概念。主我和客我是米德运用符号互动论而提出的：个体在社会互动中因所发挥的功能不同而展现出来个体自我的特征。作为人的整体自我中的组成部分，主我具有自发性、能动性和创造性，是个体自我对其他人的态度做出的能动的反应，因此自我具有无法预知性，而客我则是个体从他人的态度和视角出发观察和评价的自己，是相对其他的社会成员个体所展现的客体的侧面。在学习过程中，个体常常受自我知觉和周围学生行为和言语的影响而形成不同的自我概念。消极的自我概念容易产生自卑的自我体验，从而抑制学生对学习的参与。

感觉自己始终比较粗心，又比较喜欢在关键时刻掉链子，自己的存在感比较弱。（为什么这样认为？）是反思的结果，别人当着我没有说，不知道后面会不会说，就是自己的反思，跟周围的同学比较，感觉哪些科弱了，哪些科比他们强，现在最大的困惑就是原来成绩没有我好的（同学）为什么反而现在比我好了，我观察的是他们每天都在学，下完课刷题，上课认真听讲。我原来不屑这样，现在要开始这样了……我身边就是两个极端，一个就是每天学习考得比我好，另一个就是每天耍考得也比我好，这两种极端在我身边然后就觉得比较痛苦。感觉自身，想玩，又怕学习不好，学习的时候又想玩，就在克制自己的这种情绪。（学生王千阳语）

王千阳在与周围同学的比较中认为自己没有学好，也没有玩好，是一个存在感比较弱的人，再加上过去的学习经验，他形成了"喜欢在关键时刻掉链子"的自我识知，因此他对自我的体验是消极的，他采取的自我调节行为也比较消极，就是一味地克制自己想玩的情绪，而不是从积极的方面去激励自己。长此以往，他的自尊将降低，认为自己不如别人。

自尊也是自我概念的一个重要的方面，随着年龄的增长，高中生心智逐渐成熟，自尊对高中生来说，需要特别的呵护和关爱，一旦学生在学习参与中自尊心受到伤害，将会导致他们拒绝参与教学。艾熙才在小学的时候，就因为教师误会自己而受到教师的体罚，自尊受到教师伤害的他，从此拒绝参与教学：

> 小学的老师也曾经对我产生了几次误会，连续次数学老师向我要作业我却怎么也找不到，老师便以为我是没有完成，故意藏起来了，对我一顿打骂，我的数学老师一向以下手稳准狠著称，那次的痛真的让我记忆犹新，到了毕业才知道，原来是班上有的同学偷偷地将我的作业拿去抄了之后，防止被老师发现，而将我的作业"抛尸荒野"。发生了这件事之后我对数学老师一直存有偏见，上课的时候基本头也不抬。

自尊心受挫对于一个小学生尚且有如此大的影响，对于高中生，更是需要特别留心。在我观察的一堂课中，教师让学生自己评讲试卷时，几乎没有学生愿意参与，全班的沉默让教师越来越急躁。课后和学生访谈时才知道，学生认为老师让他们自己讲，他们刚开始有点不适应，但是在教师急躁的催促下，更没有学生愿意参与了。如有学生说："我们起来讲课的时候，老师说话很急躁，高中生嘛，自尊心都已经成熟一些了吧，她就说那些东西，还是很让人生气的。（她说什么？）她说你还是没有把它讲清楚，带有一点讽刺的，本来嘛，我觉得学生应该把它大胆地说出来，有同学表现得很好，她就很夸张地去赞美他，你知道在那种对比之下，就觉得很没有意思，就不想参与。"

保护学生的自尊，让学生在学习中保持积极的自我体验，有助于促进学生参与学习。在教学中，教师给学生的反馈对学生的自尊有重要影响。[①] 具有丰富的教学经验，并将学生放在"眼里"的教师就懂得保护学生的自尊心，例如冯老师在访谈中说道：

> 课堂练习中，如果有学生出现错误，我一般不喊他上台展示，因为他毕竟要脸面，但是我会间接地说，这种解法是错误的。我会说，我是这样想的，你们说这种做法对吗，我不会说是学生做的，有的老师就会把做得对的弄上来展示，把做错的也弄上来展示，确实对和错相互对比，大家都清楚，但是让做错的那个学生心里不舒服。我会换位思考，如果我是学生，我确实做错了，哪里没有考虑好就被展示了，虽然没有被批评，教师也许还会表扬我，正因为有我的错误解法，才衬托他的正确解法，并且我的错误的解法也不是我一个人，其他同学也会记忆深刻，但是对我的打击很大，我会永远感觉抬不起头。我是反对把错误解法拿出来展示的，特别是点名道姓的，可以说错解，就说是我自己的一个想法就行，学生知道自己错了就行，得保护他的隐私的。

学生的自我知觉和镜像自我是相互联系的，彼此之间也可能相互制约。只有学生具备了积极的自我知觉，又在镜像自我中体验到高自尊的、自信的和有成就感的自我时，他在学习活动中才会表现为积极的参与。

---

① 陈琦、刘儒德：《教育心理学》，高等教育出版社 2012 年版，第 55 页。

第三节　环境：影响学生学习参与的隐课程

环境由微观系统、中间系统、外系统和宏观系统四个紧密相连的系统组成，这四个结构如鸟巢的环境系统"一层嵌套着一层，如俄罗斯套娃一般"。[①] 布朗芬布伦纳提出影响人类发展的四个环境系统彼此相互联系，形成了不同层次的关系，并能够产生交互作用，从而对人产生不同的影响，其对人的影响程度根据其与个体距离的远近而定。最内层的微观系统是包括个体在内的，与个体直接接触的人（如父母、教师、朋友等）或环境（如家庭、学校、社区等），是个体直接体验的活动方式、行为角色与人际关系的系统；中间系统是个体所处的两个或两个以上的微观系统的相互作用形成的系统，如家庭与学校之间、教师与学生、学生与同辈群体之间的相互作用，中间系统也可以说是一个微观系统的组合系统；外系统是个体并未直接接触，但有可能对个体的发展产生间接影响的系统，如父母的工作单位、父母的职业、学校的行政领导等；宏观系统是指包含微观系统、中间系统和外系统在内的整个社会文化背景或意识形态系统，宏观系统中的社会文化或亚文化贯穿于其他的三个系统。在本研究中，对这些高中生的学习参与产生直接影响的主要有微观系统和贯穿于微观系统的宏观系统。

一　宏观系统

宏观系统是贯穿于所有系统，对学生产生潜移默化作用的历史文化背景。人作为一种文化存在，从出生起就被抛入历史文化的洪流，受其滋养也受其制约，社会中每个人的生活都和文化紧密相连。

我国教育受科举文化的影响，"十年寒窗无人问，一举成名天下知"是一代代学生的真实写照，"学而优则仕"是学生学习的最终目标，为了目标的实现，历代仁人志士刻苦求学终功成名就的故事也代代流传，"悬梁刺股""囊萤映雪"和"凿壁偷光"等是小学生耳熟能详的成语故事。

[①] Bronfenbrenner U., *The Ecology of Human Development Experiments by Nature and Design*, Cambridge, M. A.: Harvard University Press, 1979, p. 3.

在这样的文化背景下，考试文化和社会的竞争机制、评价标准深刻影响着人们读书求学的境遇。再加上现代社会分工越来越细，高学历被人为地和社会地位、生活幸福指数联系起来，使得人们学习的目的越来越功利、现实，希望通过学习改变身份和社会地位，找到好工作并过上幸福的生活。学习过程中人们懂得忍耐，以"吃得苦中苦，方为人上人"激励自己。

学校是培养社会所需人才的地方，因此学校具有传承社会文化的功能，校园中随处可见的名人名言、学校的校训都是对某些社会文化的宣扬和继承。为了获得好的声誉和好生源，学校所采取的管理方式是不断的增加学生的学习时间，封闭学生的生活空间，以牺牲学生休息和玩乐的时间换取学生的好成绩；学校对成绩优秀的学生的奖励政策，也成为学生学习的一种外在学习动机，并发挥着效用。

二 微观系统

在宏观系统影响下的各个微观系统对学生参与的影响各异。父母作为孩子的第一任教师，对学生的行为习惯、价值观和学习态度具有深刻的影响，特别是父母对孩子的期望，从语言到行为无不渗透着"考好成绩""考上好大学""获得好工作"的价值期待。虽然高中生因住校和父母的接触减少，但孩子早已在多年的学习和生活中将父母的期望内化为对自己的期望，他们对学习不敢懈怠，很大程度上是因为他们承载着父母的希望，不能辜负父母，父母的期望在学生的学习参与中作为一种驱动力促使他们学习。

教师对学生参与的影响也有重要的意义。高中生不像初中生、小学生那样依赖教师，对教师的话言听计从，他们具有一定的判断是非的能力，对事物和周围的人有自己的看法，因此他们比较注重教师是否具有良好的性格品质。也就是说，受学生喜欢和欢迎的教师，一定是在人格品质方面赢得了学生的信服和尊重，所谓"亲其师信其道"，教师的"人格魅力"是促使学生参与学习的关键。另外，教师的教学，即上文提到的教师的教学模式对学生学习参与的影响非常重要，高中阶段教师和学生的互动和交往更多发生在课堂上，如果教师在课堂上只是一味地讲授知识而不和学生互动，或者只是形式上的互动而没有发生实质性意义上的互动和交流，那么这样的教学模式并不能促使学生学习的发生。只有教师"眼里"有学生，在和学生的互动交流中共同学习知识，学生才能参与到有意义的交流中。

同辈群体或同辈群体中的重要他人，随着学生年龄的增长对他们的影响越来越大。同辈群体对学生学习参与的影响在最近过程中已述，在此不赘述。

各微观系统之间发生的相互作用被布朗芬布伦纳称为中间系统，理论上来说，这是易于分析的，但在实际中，往往很难判断两个系统之间的交互作用，而两个以上的系统交互作用对学生学习参与的影响则更难判断。通过实证研究，只能发现这些微观系统之间彼此是紧密联系的、相互作用的，当他们都产生积极的、正向的效用时对学生学习参与的影响应该是显著的，而且这里的微观系统其实也是最近过程中的影响因素，这些影响因素是相互交织、相互依存的。本研究无意去测量各影响因素的重要性程度，以及各自作用力的大小，只是努力揭示它们之间复杂的关系。

第四节 时间：影响学生学习参与的经验事件

布朗芬布伦纳认为，时间是一个与前三个因素不同但却重要的因素，正如环境系统由微观系统、中间系统、外系统和宏观系统四个紧密相连的系统组成，布朗芬布伦纳提出时间具有三个相连的水平：微时间、中时间和宏时间。微时间是指正在进行中的事件的连续性与不连续性，如使学生在每门功课中保持规律的时间投入；中时间是指正在进行的事件的时间间隔，如天或周；宏时间是指在更广阔的社会中，关注不断变化的预期和事件，因为它们既影响着跨越生命全程的人的发展的过程和结果，同时也被其影响。[①] 本研究从学生的学习历程入手，表现在时间上是一种历时性的系统即宏时间对学生学习参与的影响。

---

① 丁芳：《一种正在演进着的人类发展观——人的发展的生物生态学模型述评》，《华东师范大学学报》（教育科学版）2009年第2期。

学生在十余年的受教育历程中，因对学习投入的程度不一而形成的学习参与轨迹是对宏时间最好的说明，时间沉积下来的轨迹最终成为学生的学习经历，影响着学生的学习。如长期成功的体验会增强学生学习参与的信心和效能感，从而增加学生面对学习的挑战时的努力性和坚持性。而长期失败的体验或者学习成绩逐渐下降，将减弱学生学习参与的动机，使学生产生懈怠感和厌倦感，最终被抛出学习的中心。

第五章

走向"参与学习"

我进入学校开始研究时,教师总会问我研究什么课题,我告诉他们我从参与的视角研究学生的学习时,教师几乎异口同声地告诉我:"我们高中课堂上学生的参与是很低的。"这时我就会反问他们:"如果学生不参与,学习是怎么发生呢?"学生不是空空的等待接收知识的容器,教学也不是分发饼干,从教师手里掰一块传给学生。学习不是接收知识、不是加工知识,学习是学生作为主体参与其中的,与知识、与他人、与自我的交互过程。教师的回答反映了人们对学生参与学习这个概念的误解:只是形式上的互动。新课改以理念的形式提倡自主、合作、探究的学生主体参与的学习方式,却并未对其进行解释,理论的不足导致实践的乏力,因此阐明"参与学习"的本质具有现实的指导意义。

随着2001年第八次新课程改革强调改变学生接受学习、死记硬背、机械训练的学习方式,倡导学生主动参与、乐于探究的学习方式以来,合作学习、探究学习、发现学习成为各个学校变革学生学习方式的代名词,然而课上得热热闹闹,但依然没有改变学生被动学习的局面,只是从形式上的"满堂灌"变为"满堂问"。其实,不管是探究学习还是合作学习,目的都是促进学生积极主动的参与学习、体验学习,其核心理念是"参与学习","参与学习"乃是对学习本质内涵的澄清,突出学习者作为主体与周围世界、与他人、与自我的相遇。

第一节 走向"参与学习"的必要性与可能性

前述研究结果表明,走向"参与学习"具有现实的必要性。从当下学校教育教学来看，学生的学习以被动接受为主要特征，具体表现在以下几个方面：一是学校中的教育教学受行为主义和认知主义学习理论的影响，学生管理中的强制性和权威性束缚学生的身心，教育中采取的灌输和强迫的方式，消解了学生在教育中自我教育的可能性；二是教师教学以"单边"传授知识为主，学生被动静听，课堂上缺乏生生互动，学生很少有机会发表或与别人分享自己的见解或观点，消解了课堂上的人际互动；三是学生学习的方式主要以课堂上被动接收知识、课外机械重复做练习为主，学生的学习是对"知识"的占有，消解了学生人之为人的独特性与周围世界的关系。学生被动接受的学习方式，对学生造成的影响表现为：学生的工具性学习动机较高；学生的心理需求被成人的需求代替；学生作为学习主体的自我渐渐疏离。也有教师认为，被动接受的学习方式对高中学生身心发展有两大危害。一是学生厌学。他们对学习的态度往往只剩下某些功利的追求，而失去对学习本身的兴趣。二是学生学习的后劲不足。尽管我们有很多学生在国际奥林匹克竞赛中摘金夺银，却没有人在成年以后能摘取诺贝尔奖等世界科学高峰上的明珠。[①]

事实上，从某种程度上来说，学生学习的方式，也是学生生存的方式。上述这些问题已危及学生的生存状态，必须打破当前学校教育教学中学生被动学习的恶性循环，促进学生的学习方式由被动接受转向主动参与。实现这种转向的可能性主要在于以下三个方面：

其一，学习科学的发展为走向"参与学习"提供了理据。学习科学是20世纪70年代出现的，它是基于心理学、计算机科学、脑科学、社会学、哲学等学科的交叉科学，研究者包括各学科的专家。通过学科间的相互合作，产生了新的想法、新的方法论以及思考学习的新方式，因此，这一新学科被称为学习科学。[②] 学习科学所关注的焦点是：一个学习环境（包括人、自然环境和人文环境）中正在发生什么，以及学习环境是如何影响学习的成效的。学习科学主要回答学习是如何发生

[①] 周伟锋：《以生为本的中学数学课堂教学改革》，《人民教育》2009年第3期。
[②] ［美］R. 基思·索耶主编：《剑桥学习科学手册》，徐晓东等译，教育科学出版社2010年版，第3页。

的，以及学习环境对学习产生的影响。目前，学习科学家对学习的几个基本概念已形成了基本共识：①需要更深刻理解概念的重要性。学习科学家认为学校教育是一种教授主义，教授主义假定知识是有关世界的事实以及问题解决的程序，这样的假设并没有得到科学的验证，通过教授主义培养的学生只是适应了工业化社会经济发展的需求，而在知识经济时代，仅靠记忆陈述性知识和程序性知识是不够的，学习者必须对复杂概念有更深层次的理解，掌握利用复杂概念创造新概念、新理论、新产品、新知识的能力，从而形成深层学习。②注重教，也注重学。学习科学提倡学习者积极参与到自己的学习中去，这样才能深刻理解概念。学习科学家不仅关注教学技巧，也关注学习的过程。③创设学习环境。学习科学研究确定了学习环境的主要特征，包括真实性、探究、协作和技术，学习环境是学生学习的脚手架和学习支持，基于学习科学的环境能够产生情境兴趣并吸吸引学生参与学习。④学生的学习是对原有知识的利用。指明学生学习的知识结构与成人不一样，在学习之前，每个学生都有对知识的前概念和迷思概念，因此最佳学习的应建立于学生已有知识基础上。⑤重视反思。反思表现在学生表达自己有关学习某一知识后的观点，对自己的学习过程和知识进行思考的过程和能力。总之，学习科学关于人类如何学习的研究，为"参与学习"提供了科学的理据。

其二，新课程改革的深化为"参与学习"提供了土壤。自2001年基础教育课程改革和2004年普通高中课程改革推行以来，这场以转变学生学习方式为主的课程改革已进行十余年了。经过十余年新课改理念的洗礼，教育工作者们在思想观念上已经接受了新课改的理念，积极投身新课改。① 新课改强调的自主、合作、探究的学习方式，其核心精神便是鼓励学生积极主动地参与学习，这与本研究提倡的"参与学习"不谋而合，为"参与学习"提供了外在环境。

其三，实践中的成功案例为走向"参与学习"提供了范例。如广东省广州市第四中学的周伟锋老师，在连续四届的高中毕业班循环教学中

---

① 帅飞飞、李臣之：《中学教师对新课改认同感的调查研究》，《全球教育展望》2009年第5期。

都能取得比较显著的成绩,[①] 其原因在于该教师认识到"把教转为学"的思想的重要性,以及该老师以学生的学习为主,让学生以认知主体的身份亲自参与丰富多彩的活动,在与情境的交互作用中,重新组织内部的认知结构,建构起学生对内容、意义的理解。同时让学生以学习小组成员的身份,参与到小组的研讨中。该老师认为:"数学的学习并不是一个封闭的过程,也不是一个直线发展的过程,而必然是一个改进与发展的过程。这种改进与发展主要是通过与外部的交流而实现的,特别是在与同辈群体的交流中实现的,我们不能简单地用教师的思维替代学生的思维。"[②] 实践中许多"以学促教"的成功案例,为走向"参与学习"提供了典范。

第二节 "参与学习"的内蕴

"参与学习"有别于传统的"接受学习","接受学习"源于主客二分的认识论传统,将学习者视为独立于客观世界之外的存在,学习就是去发现具有客观性和确定性的知识。学习者与世界、学习者与知识之间是彼此独立的实体关系。"参与学习"强调学习者与世界是一种共在的关系性存在,学习是学习者在特定的情境下与社会世界、与知识、与自我相互作用的结果。

一 "参与学习"的个体维度

"参与学习"的个体维度主要从学生与时空、学生与知识、学生与学习的关系三个方面说明,揭示出"参与学习"的时空观是学生个体的时空观;"参与学习"的知识观是学生个体建构的知识,是一种个人知识;"参与学习"的学习观是自我意义的建构及自我的认识。

---

① 这4届学生高考平均分都超过了全市最好的6所重点中学的平均分。特别是第三届学生,该老师在他们高二、高三时共出差三个半月,学生的高考成绩却比对照组超出23.5分。第四届学生,一部分时间该老师请了实习老师用他的方法去教学,结果超出的分数更多,达到40多分。

② 周伟锋:《以生为本的中学数学课堂教学改革》,《人民教育》2009年第3期。

（一）自在：学生与时空的关系

从学生参与内涵的发展来看，首先，人们对参与的关注最直观的是对学生身体在场的关注，即对学生入学机会和受教育权利的关注。如联合国于1989年颁布的《儿童权利公约》规定了儿童的教育参与权利；PISA把学生参与（到校受教育）作为考核一个国家教育质量的指标①。而后研究者们逐渐将视野扩大到学生学习时间的投入，认为时间的投入才是衡量学生学习参与的重要指标。② 然而，单纯的空间在场和时间的量化从来都不曾说明学生参与的发生，因为真正的参与必须是学生在个体时空感下的身心投入，而不是我们日常所使用的、可以客观量化的自然时空中的投入。

由于受客观主义认识论的影响，在教学活动中，人们将时空看成是客观的、绝对静止的、确定的自然时空，认为教学活动的时空和自然时空是同步的，教学活动的时空就是自然时空，这主要源于哲学家对时空的理性抽象。在西方哲学史上，时空观是哲学家偏爱的主题。罗素（Bertrand Russell）就认为，康德（Immanuel Kant）的时空观是《纯粹理性批判》中最重要的部分。③ 康德的《纯粹理性批判》以一种调和经验论和唯理论的"中间路线"立论，带有明显的二元论的色彩。关于时空的观点，以牛顿为代表的唯理论者认为时间和空间具有独立自存的实在性，是不以人的意志为转移的，是一种先天的自在之物。如牛顿把空间比喻为一个空空的盒子，可以把所有的东西都放进去，它本身看不见，但它在那里。④ 以莱布尼茨为代表的经验论者认为时间和空间是一种相对的关系，随着事物的运动变化而变化，它们是模糊的经验表象。康德并不同意牛顿和莱布尼茨的观点，他采取了调和他们观点的方法，吸收他们各自的"优点"从而提出时空是人类的感性直观形式的观点。一方面康德部分认可牛顿关于时空的先天假说，认为时空有无处不在的普遍必然性，

---

① PISA Official Website, http://www.oecd.org/pisa.
② Yazzie-Mintz, E. *Engaging the Voices of Students: A Report on the 2007 & 2008 High School Survey of Student*, Engagement. Bloomington, IN: Center for Evaluation & Education Policy, 2009, pp. 1 – 20.
③ ［英］罗素：《西方哲学史》，商务印书馆1976年版，第279页。
④ 邓晓芒：《康德〈纯粹理性批判〉句读》，人民出版社2010年版，第185页。

指出时空具有形而上学的性质、是先验的，具有客观性；另一方面康德吸收了莱布尼茨将时空和感性经验相联系的观点，承认时空具有主观性的性质。康德的时空观具有主观的形式，但同时具有经验中客观的普遍必然性，具有鲜明的二元论特征。以康德为代表的对时空进行抽象的理性思辨，影响了人们的时空观，进而影响了教学时空观，学生与时空的关系属于一种外在的关系。

传统的教学将时空看成一种客观的、确定的实体存在。教师们往往争分夺秒地利用时间传授知识，学生们从小就被告知"盛年不重来，一日难再晨。及时宜自勉，岁月不待人"以及"少壮不努力，老大徒伤悲"的惜时名言，造成教学中接受、灌输的学生学习方式，这在调查中也得到了印证。学校将时间精确划分，每个时间段规定了相应的任务，学生身处时空的"牢笼"中。然而，教育的对象是人，教学中的时空不是哲学家理性推论"先天综合判断何以可能"的抽象时空，教学中的时空是一种人类所能具体感受到的、人类实际生活于其中的时空。有这样一个例子：在史密斯老师的阅读课堂上，有四个学生的表现各异，艾丽斯是那样地被她的老师和课堂作业所吸引，以致她对周围的一切事物、包括其他儿童在内都不在意；佛兰克半心半意地听老师讲课，但主要注意教室里的其他儿童；海伦是个交际达人，她希望教室里大多数儿童都注意她，她确实也不时地盯着老师，但是现在却在关心别的事情；约翰的身子在教室里，但在"心理上"他却正坐在一架学校附近田野上操作的闪闪发光的新拖拉机上。① 这样的案例在学校情境中举不胜举，即使在相同的自然时空下，学生所体验到的时空也会有如此大的差异，在第二章叙述学生学习参与中的"走神"行为，也是学生基于个体的时空观出现的学习行为。

只有当学生个体参与或投入到教学时空中，学生"真正的学习"才得以发生。这里并不是贬低自然时空，因为人的成长有赖于自然时空，但人的发展应该依赖于生存视角下的个体时空。如果只按照自然时空去判定学生是否参与学习，我想是不全面的，正如博尔诺夫（Otto Friedrich

---

① ［美］莫里斯·L. 比格：《学习的基本理论与教学实践》，张敷荣等译，文化教育出版社1984年版，第269页。

Bollnow)所言:在考察时间的问题上,我们不能从钟表所测定的客观时间出发,而是要从人在生活中具体度过时间的方式出发。① 博尔诺夫的时间观受到柏格森(Henri Bergson)的影响。虽然以往的哲学家一般将时空作为同类形式来研究,但柏格森认为时间和空间不是同类的形式,他指出时间和空间具有非常不同的性质,时间是不可重复的和不可分割的,而空间则是可以重复和可以分割的②。时间不可分割和时间不可量化,是时间绵延说的核心。柏格森认为时间作为不可分割的"流",人们只能内在地"体验"它,只能"投入"或"置身"到它当中来把握它,而不能以一种逻辑范畴来把握它。梅洛·庞蒂(Maurice Merleau Ponty)对空间的论述与柏格森对时间的论述有异曲同工之妙。梅洛庞蒂认为人类是居住在空间里的,"我不是在空间和时间里,我不思考空间和时间;我属于空间和时间,我的身体适合和包含时间和空间"。③

"参与学习"强调的正是一种学生个体的时空观,这种时空观不是主观的,它是自然时空和个人时空的结合。人类生活在自然时空中,教学活动发生在自然时空下,明亮的、温度适宜的、安静的教室和按课程表安排的教学时间是教学发生的条件,这是从时间和空间的量上来说的。而师生共同营造的充满安全感、归属感、具有关心和爱的教育气氛,教师和学生之间相互启发,共同建构知识的意义,交流情感,学生与学生之间共持热情的求知兴趣,切磋共学,才能使学生的时空与教师的时空、与整个教学时空"共鸣",建立起师生之间、生生之间"思维同步、情感共鸣、认知共振"的教学场域。

(二) 自为:学生与知识的关系

人类生活在变幻莫测的危险世界中,寻求安全感几乎是人生存的本能。杜威认为,人类通过两种途径寻求安全感。一种是与威胁到自己的各种力量进行和解,如祈祷、献祭、礼仪和巫祀等;另一种是发明许多

---

① [德] O. F. 博尔诺夫:《教育人类学》,李其龙等译,华东师范大学出版社1990年版,第90页。
② 谢地坤:《西方哲学史》(学术版第七卷),江苏人民出版社2011年版,第171页。
③ [法] 莫里斯·梅洛·庞蒂:《知觉现象学》,姜志辉译,商务印书馆2001年版,第186页。

艺术，用行动来改变世界。① 杜威认为，传统哲学对理性的崇拜，正是逃避危险、寻求确定性的表现，因此，传统哲学家将世界作为外在于认识主体而存在的客观实体，人类认识世界的方式就是准确地去映射、表征客观世界，这样的认识论如同仿照假设中的视角动作的模式而构成。对象把光线反射到眼上，于是这个对象并被看见②，作为认识主体的人类成为映射世界"如其所是"的一面光洁的镜子，从而得以消除人在复杂世界中的焦躁、不安和对不确定性的恐惧。这种认识论的背后蕴含着二元对立的逻辑，延伸到实践中，造成认识主体与客体的相对立，学生与知识的关系脱离了认识者的主观感受、情感，是一种客观中立的、旁观者式的反映与被反映的关系。正如杜威所说："实在的对象固定不变、高高在上，好像是任何观光的心灵都可以瞻仰的帝王一样。结果就不可避免地产生了一种旁观者式的认识论。"③

旁观者式的认识论将知识看成具有某种先在本质的客观存在，因此一切涉及个人的、情感的、人性的成分都从知识中被清除，人在识知的过程中也应该是价值无涉的静观和接受。杜威对这种二元对立的认识论进行了深刻的批判，而波兰尼（Michael Polanyi）却要使长期以来被客观主义框架歪曲了的世界万物恢复它们的本来面目，他据此提出他的认识论——个人知识。个人知识是波兰尼杜撰的词语，和客观主义认识论的客观性、公共性的知识相对，但是波兰尼并没有因此否定知识的客观性，他认为客观性和个人性相结合就是他所说的个人知识。

知识的隐性之维是个人知识得以成立的基础。波兰尼强调说，人类知道的比能够说出来的要多。他举例说，游泳者不能解释自己为什么会在水中浮起来，学会骑自行车的人不知自己如何能保持平衡而不致摔倒，品酒师或品茶师能够品尝多种酒或茶的差异但不能解释原因。这些知识是长期被显性知识压在冰山之下的隐性知识，虽然这些知识在逻辑上具

---

① [美]约翰·杜威：《确定性的寻求》，傅统先译，上海人民出版社2005年版，第1页。

② [美]约翰·杜威：《确定性的寻求》，傅统先译，上海人民出版社2005年版，第16页。

③ [美]约翰·杜威：《确定性的寻求》，傅统先译，上海人民出版社2005年版，第16页。

有不可言传性，但它们是学习者与客观知识的必然联结。波兰尼提出的个人知识实际上将人与知识从主客分离的二元对立统一起来，人不再是世界万物中沉默的一员，人在与世界的互动、对话中建构知识和意义。正如波兰尼所说，识知是一种要求技能的行为，是一种艺术；在每一项这样的行为中，都具有一个知道什么正在被识知的人的热情洋溢的贡献，即正在识知的人的"无所不在的"个人参与。① 正如在最精密的自然科学中，知识的产生也要求有科学家热情的求知兴趣、科学家本人所具有的技能和个人判断的个人知识参与一样，没有完全客观的、与个人价值无涉的知识。

"参与学习"所强调的知识观突出学生是知识的建构主体，学生不是外在于知识的表征者、反映者，学生在知识面前具有主动性，知识的学习是学生带着自己的求知兴趣、个人能力、批判思维和创造性思维积极参与、主动探究的过程，是学生亲身经验、亲自探究的个人求知行为，而不是传道、授业、解惑的被动静听式的接受行为。学生与知识的关系是一种自为的、可为的建构关系，知识之于学生，应该是助其成长，培养学生具有教养的心灵的外在手段，知识的学习应该是敞亮学生自身存在的意义，关照学生个体精神自由成长，而不是成为让学生裹足不前、压榨学生时间和精力的工具。

(三) 自明：学生与学习的关系

传统的学习观注重学生知识的获得，从桑代克到奥苏贝尔，从博比特（Bobbitt F.）到泰勒（Ralph W. Tyler）再到布鲁姆（Benjamin Bloom），都注重教学中目标、手段、评价的要素，学生成为教学流水线中被加工的产品，学习对学生的意义就是被考核、被评价、进而被筛选，达到外在的评价目标成为学生学习的目的。学习被异化为对知识的复制，学习的目的是为了考上大学、为了好工作、为"明天"做准备，学习的内涵脱离了学生个体的内在意义，学生成为一种功利的、冷漠的学习机器。

佐藤学（Manabu Sato）在《学习的快乐——走向对话》一书中追寻学习的思想渊源时，指出应该得到传承的学习传统有两个：一是"修炼"的传统，指学习是体悟和认识自然本性与自然秩序，认识自身的本性、

---

① ［英］迈克尔·波兰尼：《个人知识》，许泽民译，贵州人民出版社2000年版，第5页。

更好地实现自我的学习传统。① "修炼"的传统是通过学习活动，发现或认识自身存在的不足，从而矫治自身存在的不足，成为更完善的自己。通过"修行""矫治"的学习，是自我的内心世界之"旅"，是自身智慧的"上下求索"，是同自身内心世界的对话。② 这种学习传统，是对苏格拉底"认识你自己"最好的注脚。二是"对话"的传统，其源头是苏格拉底的产婆术，现今指的是杜威提出的通过人与环境交互作用的经验的学习，以及维果茨基通过语言的沟通和"最近发展区"理论的学习。"对话"学习的传统注重人与世界、与他人、与自己的对话和沟通，并通过"对话"来探究世界的意义。佐藤学强调学习的这两个优良传统，借以复兴学习的内涵，因此，他提出所谓"学习"，就是跟客观世界的交往与对话，跟他人的交往与对话，跟自身的交往与对话，③ 通过学习来实现意义与关系的建构。

我国的教育语境中不乏学习所具有的与客观世界对话的维度，随着基础教育课程改革，学习是与他人对话的维度也得到了关注，但是学习与自我的关系，却常常被人们遗忘。受集体主义的影响，我们的文化以"公"为价值取向，很少谈及"我""自我"这样的概念。对自我的追寻，是哲学的最高命题，古代"庄周梦蝶"的典故和苏格拉底的"认识你自己"就是鲜明的例子。现代心理学和社会学将"自我"列入研究的中心议题，詹姆斯最早提出自我概念，将自我分为主体的我"I"和客体的我"me"，主我是一种主动的、积极地觉知、思考，客我是被注意、思考或觉知的客体。④ 后来库利修正了自我的概念，提出"镜中自我"，突出社会自我，库利认为人们对自己的认识通过观点采择过程得以展开，即想象自我如何被他人看待而产生或好或坏的情感。米德发展了库利的思想，提出符号交互理论，认为自我的发展与个体和社会的交互作用存

---

① [日] 佐藤学：《学习的快乐——走向对话》，钟启泉译，教育科学出版社2004年版，第7页。
② [日] 佐藤学：《学习的快乐——走向对话》，钟启泉译，教育科学出版社2004年版，第8页。
③ [日] 佐藤学：《学习的快乐——走向对话》，钟启泉译，教育科学出版社2004年版，第20页。
④ [美] 乔纳森·布朗：《自我》，陈浩莺等译，人民邮电出版社2004年版，第2页。

在紧密的联系，个体通过运用语言符号进行社会互动而形成自我。这与学习过程相类似，在第三章已经揭示，学生学习参与的结果在于自我概念的形成。学习是人类与社会世界的交互作用，通过学习与客观世界、他人及自我的对话和沟通，最终促成自我的形成和发展，通过学习来认识自己和完善自己，这应该是学习的最终目的与意义所在。

二 "参与学习"的社会维度

杜威曾在《我的教育信条》中开宗明义地说："我相信一切教育都是通过个人参与人类的社会意识而进行的。"[①] 杜威认为，人类学习的社会性，从婴儿出生时就在无意识中开始了，他认为教育过程有两个方面，一个方面是心理的，另一个方面是社会的。如果说心理维度对应的是学习者的个体维度的话，那么学习的另一个维度就是社会性了。人是社会的动物，人不能脱离社会群体而存在，学生的学习也是一种社会性活动。一切学习都包含着同他人关系的社会实践，甚至学生一个人独自进行学习时，也是和"看不见"的他人在交流，学习无处不具有社会性。学生是学习活动中的参与者，课堂中学生的学习是在师生关系和生生关系之中实现的。

（一）我与你：学生与教师的关系

在制度化的学校情境中，教师由于"闻道在先""术业专攻"，是知识的代言者，具有权威性。学生被当做无知者，需要通过学习来走出自身的偏狭。这是一种典型的主体—客体的师生关系，这种关系不但遮蔽了学生的主体性，教师也被制度化为高高在上的、无个人情感的知识传递者。德国哲学家马丁·布伯（Martin Buber）在他的代表作《我与你》中指出人与世界的关系、人与人的关系应该是我—你的关系。借用布伯的关系论，师生关系是一种特殊的人与人之间的关系，是一种我与你的关系。无独有偶，胡塞尔突破主—客二分的认识论范式提出的"主体间性"解决了"唯我论"的困境。教师和学生作为教育活动中的主体，两者的关系是一种主体与主体之间的交往关系。这种交往不是主体对客体的作用和客体对这种作用的简单反作用，而是主体之间通过符号自觉能

[①] 赵祥麟、王承绪编译：《杜威教育名篇》，教育科学出版社2006年版，第1页。

动地发送、接受和解释信息从而协调活动的过程。① 学生作为课堂教学中的参与者,作为一种主体性存在,是与教师主体进行交流和对话的共在。

在"参与学习"的学习方式下,教师和学生的关系是一种交往关系,是两个主体之间的交流和沟通。这种交往关系建立在理解之上。理解被海德格尔看作人存在的基本方式,它超越了主体认识客体的意识活动,理解并不只是对文本、知识等"对象性"知识的获得,更是主体与主体之间意义的通达。而要实现这种通达,必须以"前理解"为基础,前理解是教师和学生原有的知识经验和能力,为教师和学生提供了特殊的"视域",正是通过扩大该"视域",使其与其他视域融合,才能达到理解者之间的"视域融合"。

理解的实现还需要借助语言这个媒介。从书面语言来说,理解是教师和学生通过与文本交流、对话从而实现对人类传承下来的客观知识的了解、获得和承继,并进而使学习者得到发展;从口头语言来说,教师和学生之间通过平等对话实现理解。对话不是一般意义上的交谈,而是师生之间精神的交流、心灵的共鸣。是师生双方共同在场、互相吸引、互相包容、共同参与的关系,这种对话更多的是指相互接纳和共同分享,指双方的交互性和精神的互相承领。② 教师和学生作为教学场域中的参与者,是具有独特性的主体,在进入教学场域之前,他们的身份文化背景不一样、知识经验不一样;在教学场域中,每个人的兴趣点、理解程度、情感表现又不一样,因此,需要双方相互言说、倾听,在理解中对话、在对话中理解,保证教师和学生达成"视域融合",真正实现教师和学生的交流。通过教师和学生的对话,还能促进学生"最近发展区"发挥作用,帮助学生实现与客观世界、与他人、与自我的对话和交流。③

(二) 共学:学生与学生的关系

相较于师生关系,学生与学生的关系较少受到关注。在西方教育社会学研究中,学生互动研究无论在广度上还是在深度上均不及师生互动

---

① 项贤明:《泛教育论》,山西教育出版社 2004 年版,第 6 页。
② 金生鈜:《理解与教育——走向哲学解释学的教育哲学导论》,教育科学出版社 1997 年版,第 131 页。
③ Ma Leidi, Fan Wei, "The Present Situation and Reflection of Student Engagement", *Cross-Cultural Communication*, No. 6, 2015, pp. 72-73.

研究，尤其是20世纪70年代之后，"互动研究"几乎成了"师生互动研究"的代名词。① 然而，课堂中的实际情况是，一个教师和五六十个学生互动，由于师个互动的"不周全"以及对高效率课堂的追求，导致课堂上要么是满堂灌，要么以师班互动代替师个互动，学生与学生之间的互动变得少而珍贵。

学生与学生之间的关系，是教学场域中一种重要的社会关系。学生之间地位相对平等、无成人权威干涉，学生之间的相互沟通和交流有助于学生社会能力的发展，如表达自我的能力、展现自我的能力、相互沟通的能力、合作与竞争的能力等。尤其是在课堂教学情境中，更应该注重学生与学生之间的交流和沟通。因为学生之间地位相对平等，当面对不同的声音和意见时，学生彼此更能够质疑、批判、竞争、调节、模仿和进行学习。如班杜拉的社会学习理论揭示，学生通过对和自己能力差不多的榜样进行观察、模仿、交流，能够激发自己的学习动机，产生"榜样能我也能"的自信心理。

在教学场域中，学生与学生之间的共学关系，表现为学生之间相互学习的共同体关系。在理解共同体时，有两个要点值得提出。一方面，学习共同体不是以同质性集体所构成的"珊瑚般的共同体"。学习共同体不同于以班级为单位形成的班集体或组织、因"同伴情缘"结成的"共同体"，表征为学习共同体的共同性不是地域性、血缘性的聚合，因此学习共同体是由叙事、言辞等构成的富于想象力的共同体。② 共同体内的成员可以自由的表达、交流、展开对话，他们共享彼此对问题的见解及看法，在沟通与对话中建构个人的知识和意义。

另一方面，学习共同体是在尊重学生的个体差异、保证学生所具有的个体特征、文化背景和经验的异质性的基础上建立的，正如佐藤学所言："学习共同体是通过针对'同一性'的格斗而实现的尊重'差异'的共同体。"③ "同一性"存在于以往教学中所"塑造"出来的学生中，

---

① 吴康宁：《教育社会学》，人民教育出版社2009年版，第284页。
② [日]佐藤学：《学校的挑战——创建学习共同体》，钟启泉译，华东师范大学出版社2010年版，第214页。
③ [日]佐藤学：《学习的快乐——走向对话》，钟启泉译，教育科学出版社2004年版，第384页。

他们具备同样的知识和大脑。"同一性"完全消除了学生的个体差异,而真正的学习正是在差异中产生的。在学习过程中,每个学生个性化地表达自己的理解方式及思考过程,学习在相互切磋中形成"交响乐般的共同体"。学习共同体是每个学生通过亲力亲为的探究,形成与自我共生的众多异质的他者的关系,从而构成自我参与其中的共同体。①

合作学习是学习共同体开展学习的方式,通过与他人的合作、同多样的思想的交流和对话,学生与学生之间形成一种双向的共学互学的关系,学生也能够发挥"支架"的作用,促进"最近发展区"的发展。

三 "参与学习"的特征

(一)合作性

合作性突出了学习的社会性,知识的建构源于学习共同体。从"参与学习"的社会性维度可知,学习包含着教师与学生的理解与对话,包含着学生与学生之间的沟通与交流。在学生与教师、学生与学生的关系中,最核心的纽带是合作。教学的顺利开展,有赖于学生主动参与、积极与教师配合,没有教师与学生之间的合作,教学将无法顺利进行;在师生的合作之外,同样需要生生之间开展合作学习,在互帮互学、相互启发中共同进步。只有通过同他人的合作,同他人的思想碰撞,才能实现同客观世界的对话、同自我的对话,正如《学记》中所记:"独学则无友,则孤陋而寡闻",学习原本就是合作性的。

(二)体验性

体验性强调的是学生在学习过程中的亲身体验、亲自探究、亲自感受、亲力亲为,是学生手、脑、心的完整投入。"参与学习"不是"坐学"中用视觉和听觉代替学生的触觉和行动的学习方式,而是在做中基于体验的学习行为,是学生"以身体之,以心验之"的学习方式。华盛顿儿童博物馆里的格言"听到的,过眼云烟(I hear, I forgot);看见的,铭记在心(I see, I remember);做过的,沦肌浃髓(I do, I understand)"是对参与学习最好的解释。我国先秦时期的思想家荀子在《荀子·修身》

---

① [日]佐藤学:《学校的挑战——创建学习共同体》,钟启泉译,华东师范大学出版社 2010年版,第214页。

所说明的"不闻不若闻之，闻之不若见之，见之不若知之，知之不若行之"也突出了学习的体验性，在荀子那里，学习是闻、见、知、行的多感官参与，学习的发生，是学习者主体的整体参与和经历。

（三）情境性

情境性是指学习发生在一定的时间、空间和社会关系的框架中，学校和学习的知识都具有情境性，学习总是在特定的情境中建构起来的。课堂教学中知识的学习是发生在学习者与教师的对话、与同学之间的相互交流、与知识的相遇和建构的情境脉络之中的。"参与学习"强调学习者在社会情境或物理情境中对知识的建构和意义协商。

第三节 走向"参与学习"的实践策略

教育是教师、学生、课程教学和学校环境等因素交互作用的复杂系统，走向"参与学习"，必须各因素协同转变，彼此发挥积极的促进作用，使整个教育系统进入良性循环。通过第四章对学生学习参与影响因素的分析，指明影响学生学习参与的因素主要有作为学习者的个人和最近过程中的学生成绩、同辈群体、教师的教学模式。我将从学生学习参与的生态模型由内而外的主要影响因素和可控因素寻找策略，从内向式的学生与自我的关系和外向式的学生与他人的关系、学生与环境的关系三个方面提供实践策略。为了表述上的清晰，我将分别进行论述，但实际上这三个方面是紧密联系的，它们彼此交织、相互影响。

一 反抗"平庸"：培养学生的积极自我

第四章已经指出，影响学生学习参与的内在因素是学生自己，表现为学生的学习兴趣、学习习惯和自我概念，它们之间是相互联系的，彼此也可能相互制约，且学习兴趣、学习习惯和自我概念都是学生自我的方面。在三者的相互作用中，自我概念是影响学生学习参与的深层机理。当学生有积极的自我概念时，他的自我体验才是自尊的、自信的和有成就感的，他在学习过程中采取的调节策略才有助于培养学习兴趣，而兴趣又有助于获得积极的自我体验，促进学习习惯的保持。因此，培养学生的积极自我，可以从培养学生积极的自我概念和培养学生的学习兴趣两个方面进行努力。

（一）培养学生积极的自我概念

走向"参与学习"，要培养学生积极的自我概念。学习是在人的自我概念之光照耀下的个人行为，从学习的价值定位来说，学习的内在价值在于培养具有积极自我概念的人。这样的人对学习是什么、为什么进行学习有着清醒的认识，对自身的行为具有反思和改进能力。学生自我概念的培养，可以依据学校教育目标进行导引，让学生以"自我"的身份，实现自我存在的价值。前文的研究发现，学生在学习参与中，形成了不同的自我概念，大多数学生形成的是"平庸之人"的消极的自我概念。实际上，我们知道教育的可教性正是在于每个学生的差异，大多数学生也并不是"平庸之人"，不是学习的局外人，所有的学生都处在学习场域的内部，不是要他们"融入"学习，而是要培养他们积极的自我概念。

第三章已经揭示出，学生自我概念的形成主要受社会比较、成功和失败的经验、反射性评价和周围环境的影响，因此，结合影响学生自我概念的社会因素，可以从以下几个方面进行努力，培养学生学习过程中积极的自我概念。

其一，基于学生整全发展的教学评价，保护学生的自尊。当前的教学评价主要是成绩导向的终结性评价，终结性评价具有社会选拔的功能，但在教学过程中，这样的评价方式被工具化、符号化和模式化。教师"以成绩论英雄"的评价方式忽视了学生作为不同的生命个体所具有的差异性，让学生形成了按统一的标准进行社会比较的倾向。然而，不是所有的学生都能"高于平均分"，统一的评价标准容易挫伤学生的自尊心，形成消极的自我评价。形成积极的自我概念，首先得具备积极的自我评价，即高自尊，因此，教师在教学评价中要尊重学生的个体差异，减少学生个体之间的横向比较，多从纵向的角度动态分析学生个体整全的发展；多发现学生的优点，尽量使用一些鼓励的话语评价学生。

其二，帮助学生形成正确的归因，增强成功的体验。成功的体验是改变消极自我概念的一个重要的手段。由于受评价机制和竞争机制的影响，学生们倾向于用外部归因的方式来解释自己学业上所取得的成功，而用内部归因的方式来解释自己的失败，这是一种典型的归因偏差，容易形成消极的自我概念。教师在教学过程中，首先要引导学生设置适当的学习目标，并帮助学生一步步取得成功；其次当学生取得成功后，教师要引导学生正确归因，认可自己的努力和付出，增强成功的体验。

（二）培养学生的学习兴趣

由于自我概念和学习兴趣是相互依存、相互影响的，培养学生的积极自我，也可以从激发和培养学生的学习兴趣入手。兴趣是人的意识的内在动力，是一种人的心灵的"内在的力量"，这种力量把某一思想对象保持在意识中，使人保持专心和产生坚持性。兴趣是教育学家和心理学家十分关注的主题。早在1806年赫尔巴特在《普通教育学》中就提出把培养学生多方面的兴趣作为教育的目的之一。[①] 赫尔巴特认为兴趣应该是深远的、直接的和全面的。深远的兴趣能够对学习产生持久的影响力；直接的兴趣在于防止片面性，指兴趣指向对象本身，内在于对象之中；全面性指兴趣存在于有趣的事物中，而事物是多方面的。据此他将兴趣分为经验的兴趣和同情的兴趣，进而又将经验的兴趣发展为经验的、思辨的和审美的兴趣；同情的兴趣发展为同情的、社会的和宗教的兴趣。赫尔巴特认为教学是由经验产生的知识和交际产生的观念衔接起来的。因此兴趣的多方面性的培养有赖于教学。

杜威从个人与环境的交互作用的角度强调兴趣的重要性。他认为兴趣决定了人在解决问题时的态度，态度将影响事情的结果。兴趣取决于人"参与"的程度。旁观者对正在进行的事情漠不关心，而参与者和正在进行的事情休戚与共，事情的结果和参与者息息相关，因此，他将尽其所能地影响事情的结果。杜威举例说，旁观者就像一个身在监狱，注视着窗外下雨的囚徒，对他来说，窗外下不下雨都是一样的。参与者就像一个计划着第二天要去郊游的人，下雨会破坏他的郊游计划，虽然他不能用现在的反应影响第二天的天气，但是只要推迟郊游计划，就可以影响未来的事情。[②] 所以，兴趣使人具有参与者的处事态度，保持对事情的关心和渴望，具有采取行动的趋向来保证得到较好的结果。正如研究过程所揭示的，学生对有兴趣的学科总是保持高度的专注，投入更多的

---

① ［德］赫尔巴特：《普通教育学》，李其龙译，人民教育出版社1989年版，第8页。
② ［美］约翰·杜威：《民主主义与教育》，王承绪译，人民教育出版社2001年版，第137页。

时间和精力进行学习，在学习过程中获得较强的"存在感"，从而产生较好的学习结果。因此，转变学生的学习方式，改变学生在学习过程中的"旁观者式"的态度，将学生从"边缘游离"的状态拉回到学习的"中心"，必须培养学生的学习兴趣。

首先，教师要利用各种途径激发学生的求知热情。杜威认为，兴趣这个名词的通常用法有三种：一是活动发展的全部状态；二是预见的和希望得到的客观结果；三是个人的情感倾向。① 个人的情感倾向是教育中最重要且贯穿在求知过程中的。然而，个人的情感倾向一直被科学的客观知识所掩盖，波兰尼以化学家的身份试图揭示个人情感是科学知识的一部分。波兰尼的个人知识强调个人的情感倾向在知识学习中发挥着重要的作用。这种情感倾向表现为求知的热情。正如他在《个人知识》中所言："科学被视为客观地建立的，尽管它起源于热情……我要表明种种科学热情绝不仅是心理上的副产品，它们是具有逻辑功能的，它们给科学贡献了一个不可缺少的因素。它们相当于一个科学命题中的一种基本性质。"② 波兰尼认为这种基本性质就是热情，热情赋予事物感情，使物体变得吸引人的兴趣或者让人讨厌。因此，在学习过程中，教师激发学生的求知热情，要从建立学生对学科知识的喜爱、对教师的喜爱、对学习的喜爱这种感情开始，因为爱的情感将带来兴趣的产生。正如冯老师说的："要想培养学生的兴趣，第一你要和学生零距离接触，要和他的关系融洽，首先要让他喜欢你这个老师，喜欢你他就会渐渐地喜欢你的课堂，喜欢你的课堂他就愿意参与你的课堂，那你所教的这门学科他就渐渐地喜欢了，这是一个连锁反应。"求知热情不仅引起兴趣，还能唤起对未来成功的信念，因此使人持之以恒，年复一年地进行辛勤的追踪求索。③ 这也说明，求知热情能培养学习者的坚持性和毅力，对发展良好的学习习惯具有定向指引的作用。

---

① [美] 约翰·杜威：《民主主义与教育》，王承绪译，人民教育出版社2001年版，第139页。
② [英] 迈克尔·波兰尼：《个人知识》，许泽民译，贵州人民出版社2000年版，第204页。
③ [英] 迈克尔·波兰尼：《个人知识》，许泽民译，贵州人民出版社2000年版，第217页。

其次，教师要对课程进行二次开发，吸引学生的兴趣。课程内容和学生的学习兴趣直接相关，赫尔巴特认为只有与儿童经验相联系的内容，才能引起儿童浓厚的兴趣。因为兴趣本身就存在于经验中。因此他根据兴趣的分类对课程内容进行了划分和归类。杜威也认同经验和兴趣的相互联系，他认为兴趣从英语词源上分析，具有将两个事物联系起来的意思。学生学习兴趣的激发，需要教师使用教学手段和方法，将课程知识和学生的经验联系起来，增加课程知识的趣味性。"通过使学生了解存在的联系，从而使材料有趣，这不过是一种常识，通过外部的和人为的诱因，使材料有趣。"① 如果教师将课程看成是静态的、高高在上的权威文本，只会照本宣科的传授知识，那么这些和学生的经验毫不相关的教学内容将会把许多学生抛在教学之外。对课程进行二次开发，也即教材心理学化，教师在教学过程中通过创设情境，将课程知识"加工"为和学生经验相联系的知识，或者打破学生心智模式的平衡，将学生的生活经验和课程知识形成对比和对照，在认识失衡的状态下激发学生的求知欲。

再次，教师要启发学生质疑，保持学习兴趣。教师的教授方法、课程知识和教师本人是激发学生学习兴趣的媒介，学生自己才是兴趣的持有者。保持学生学习兴趣，需要师生之间、生生之间不断地交流和对话，引发学生积极的思维，让紧锁的打开，让封闭的开启。打破"学生带着问号进学校、带着句号出校门"的紧箍咒，让学生思考的不仅是"这是什么""那是什么"，而且还有"可能是什么""可能不是什么""估计是什么""为什么是这样""为什么是那样"，② 使学生在质疑中学会思考，在思考中学会质疑，保持对事物源源不断的探索力。

二 超越"模式"：转变教师的教学行为

（一）更新教师的课程教学观

传统的课程观和教学观认为：课程是学校场域中的实体内容，是有关"教什么"的知识，教学是教学时空中的方法和手段，是有关"怎么

---

① ［美］约翰·杜威：《民主主义与教育》，王承绪译，人民教育出版社2001年版，第140页。

② 张楚廷：《课程与教学哲学》，人们教育出版社2003年版，第139页。

教"的学问。传统的课程观和教学观将课程与教学看成内容与过程、目标与手段,且它们彼此是相互分离、相互独立的,① 二元论的课程教学观导致教学过程远离课程规划,教师重教,教学仅仅成为完成教学目标的手段和工具。

课程与教学之间的分离由来已久,其根源是主客二分、身心分离的知识观。前文已述,客观主义的知识观将知识看成普遍的、客观的、外在于人类的普遍真理,人类的任务就是去发现这些先在的知识。虽然唯理论和经验论对知识的来源有不同的看法,它们所主张的获得知识的方法不一样,但是经验论和唯理论始终没有超越主客二分的认识论传统,进而对心理学中的学习理论产生了深远的影响,经验论对行为主义理论的影响正如唯理论对认知主义的影响,将这种主客二分的思维方式浸染了课程论与教学论,导致课程论与教学论的长期分离。

从教育的发展史来看,课程与教学论的分离与教学论和课程论发展的科学化进程有关。17世纪捷克的教育理论家夸美纽斯的《大教学论》的出版,代表了独立形态的教育学的开端,据考证,夸美纽斯是最早使用教学论这个术语的人,②《大教学论》开篇即阐明,教学是把一切事物教给一切人们的全部艺术,指出教学论是教学的艺术。③《大教学论》的内容虽然涉及教育的目的和作用、教学的原则和方法,学校的组织形式、学年计划、学校制度等,但夸美纽斯花了很大的篇幅系统地论述教学原则和学科教学方法,提出了一个比较完整的教学论体系。19世纪初,瑞士著名的民主主义教育家裴斯泰洛齐发表的《方法》一文,首次明确提出:"我正在试图将人类的教学过程心理学化……"④ 裴斯泰洛齐是西方教育史上第一个明确提出"教育心理学化"口号的教育家。无独有偶,德国教育家赫尔巴特提出把教育学建成一门独立学科的设想,并为此提出了一个较为完整的教育思想体系。赫尔巴特努力的方向主要是通过将教育学建立在心理学的基础上,从而将教育学建立在科学的基础上,赫

---

① 张华:《课程与教学论》,上海教育出版社2000年版,第79页。
② 王策三:《教学论稿》,人民教育出版社2005年版,第1页。
③ [捷]夸美纽斯:《大教学论》,傅任敢译,教育科学出版社1999年版,第1页。
④ 吴式颖:《外国教育史教程》,人民教育出版社1999年版,第294页。

尔巴特理论体系中，影响最大的是他严格按照心理过程规律提出的教学形式阶段理论，即包含明了、联想、系统和方法的"四步教学法"，他对教学活动中的因素和活动进行了高度的概括和抽象，从而提出一种规范化的教学模式。可以说，赫尔巴特的"四步教学法"一直是教学中挥之不去的"魅影"，将教学固定在一套机械的、线性的过程中。至此，教学论的科学化进程基本完成。

20世纪初，博比特和查特斯第一次把课程研究作为一个独立的研究领域进行课程开发，提出课程目标是课程开发的依据。拉尔夫·泰勒继承了博比特和查特斯的思想，于1949年出版《课程与教学的基本原理》一书，提出课程开发的经典模式"泰勒模式"，泰勒被认为是"现代课程教学理论之父"。"泰勒模式"又称目标模式，课程开发围绕着目标进行确定和评价，包括确定教育目标、组织教育经验、选择教育经验和评价教育计划，"泰勒模式"主要围绕着这四个问题展开，与赫尔巴特的"四步教学法"一样，这一模式虽然备受指责，却成为日后课程开发的经典范式。

从教学论和课程论各自的发展历程可以看出，它们脱胎于教育学，却孤立地言己不顾它，教学论以心理学为基础，到了20世纪，随着心理学中行为主义和认知主义的发展，教学研究成为对学生行为的控制和记忆的开发，教学的机械性反应在程序教学等教学模式上。泰勒的目标模式是在继承博比特和查特斯课程开发的基础上形成的，有着明显的时代色彩，由于受"泰罗主义"对企业生产过程的影响，他们把课程开发当做一种产品进行"顶层设计"，因此课程开发模式具有统一和线性的特征，忽视了教学过程中学校、教师、学生的差异，遮蔽了教师对课程开发的能动性。理论上的教学论和课程论日益分化，造成实践中教师重教学轻课程，对课程的抗拒和忽视使得教师不考虑课程设计，更不会进行课程开发，这造成了教师的惰性思维，教学成为教师忠实地传递教材内容的过程。

二元分离思维方式的产生以及教育学科学化的发展，使得课程论和教学论日益分离。在教育史上，杜威深刻地批判课程与教学的二元分离，指出非此即彼的二元论对教育的戕害。杜威认为，主客二分的二元论形成了"旁观者知识观"，教学成为一种单向的传递过程。他主张课程与教学统一，用一种"参与者知识观"去实践课程和教学的统一。杜威提出，整合课程与教学的方法主要有两个：一是"教材心理学化"，将间接经验还原为被抽象出来以前的经验，这一任务由教师在教学过程中完成，使课程、教学和学生的经验得以整合；二是"主动作业"，杜威认为，教学应从学生的经验和能力出发，在游戏和工作中采用与儿童、青年在校外所从事的活动类似的活动形式。① "主动作业"既是连接学生校外经验的教学形式，又是能激发学生兴趣的课程。可用的作业作为一种课程形式广泛的存在于学校中，教师需要使学生在活动中不仅获得手工的技能和技艺的效率，还要使这些结果从属于教育——从属于智育的结果和社会化倾向的形成。② 正是在从事主动作业的过程中，教师将课程内容的选择、教学的开展及学生的发展联系起来。可以说，杜威对课程与教学二元分离的批判是对现代教育最大的贡献，整合课程与教学的理念也具有重要的教育指导意义。

然而，课程论与教学论在理论上的整合虽然早已开始，但在实践中课程论与教学论依然分离，教学实践中重教学轻课程的习惯依然存在。通过教师访谈可知，谈起教学来，任何一个教师都能侃侃而谈——如何进行教学设计、如何在最短的时间内教授更多的知识、如何进行课堂管理——好像这就是一个教师的本分。当问教师什么是课程时，教师一般将课程等同于自己所教的学科、教材或者课程标准。对课程的片面理解导致教师忠实取向的课程实施观，使教师的课程教学呈技术化特征。

转变学生的学习方式，首先要更新教师对课程和教学的认识，指出课程与教学之间本然的内在联系。从英语词源学分析课程的内涵，"curriculum"意为"跑道"，指静态的教学内容的系统组织；而当代许多课程学者从"curriculum"的词源"currere"的原意——"跑的过程"出发，把课程的含义表征为学生与教师在教育过程中的活生生的经验或体验。③ 如杜威批判传统教育只注重教材，传授间接经验，而忽视学生的直接经

---

① [美]约翰·杜威：《民主主义与教育》，王承绪译，人民教育出版社2001年版，第211页。

② [美]约翰·杜威：《民主主义与教育》，王承绪译，人民教育出版社2001年版，第213页。

③ 张华：《课程与教学论》，上海教育出版社2000年版，第66页。

验，课程与学生生活经验相脱离，课程只是一些外在于学生的无意义的符号。因此，他提出注重学生与特定环境的交互作用。后现代主义对课程的解构有过之而无不及。美国著名后现代主义代表人物威廉·E. 多尔（William E. Doll）提出"4R"课程观，即课程应该具有丰富性、回归性、关联性、严密性，他反对将课程作为一种线性的、封闭的、预先设定好的工艺学模式，指出课程应该是开放的系统，是学生与教师、文本在实际的教学过程中生成的。① 这样的课程观本身就包含了教学的过程，课程与教学是使教育得以开展的统一体。

在汉语语境下，从教学的词源来分析，教的篆文为𣁾，左边由"爻"和"子"构成。"爻"的本义是绳结，含有计算的意思，后逐渐成为卦相的符号，指课程内容，"子"代表学习者，右边的"攴"，指教师手持教鞭进行教学，暗含引导、启蒙儿童心智的意思。② 学的篆文为𦥯，与教有很多相似之处，下边的"子"代表学习者，③ "子"上面的部分为解释为"双手护爻"，"双手护爻"可以图解我国古代最早关于关于"课程"的文字记录"以教护课程，必君子监之，乃得依法制"。④ 从课程和教学的词源分析可以看出课程与教学本来具有的内在联系性。课程教学整合后，课程不再是高高在上的、静态的权威文本，课程成为学生与教师在动态的教学过程中共同创造教育经验的过程。在新课程改革背景下，为了发挥学生的主体性，体现教师作为课程开发者的角色，教学应成为学生和教师共同的创造活动。也只有在课程教学整合的思想下，学生的学习方式才能从旁观者式的被动接受转变为"参与学习"，凸显学生的此在，将学生由认识主体提升为存在主体，课程知识不再是学习的目的，而产生了通过对课程的学习丰富学习者的意义。

（二）突破教师的教学行为"模式"

一般来说，教学行为包含教师教的行为和学生学习的行为，这里主

---

① 马蕾迪、范蔚：《从两极到融合：教师知识观的局限与突破》，《当代教育科学》2015年第15期。
② 象形字典：http://www.vividict.com/WordInfo.aspx?id=1608。
③ 象形字典：http://www.vividict.com/WordInfo.aspx?id=1609。
④ 吴晓玲：《论课程与教学的深度整合》，《教育发展研究》2014年第24期。

要取其狭义范围，指教师的课堂教学行为，即"教师基于自身的教育思想、教学理念、教学技能、实践经验和个性心理特征，在准备、实施和评价教学的过程中采取的行为方式的总和，是教师在教学过程中，围绕教学目的和要求，由教师在整个教学过程中所体现出的各种显性的和隐性的行为的总体"①。教师的教学行为规定、引导和调节着学生的学习行为，可以说，课堂教学中，教师有什么样的教学行为，将决定学生的学习行为和学习方式。如《说文解字》有："教，上所施，下所效也。"

教师的教学行为是教师教育教学理念、教学能力的外在表现，也是教师的专业学科知识、教学技能和教育智慧在教育实践中的具体体现。教师的教学行为是教师的个人内在素养和外在能力的结合，同时也受到社会文化氛围、学校的办学理念等因素的影响，通过访谈和课堂观察发现，影响教师教学行为的因素主要有教师的教育教学理念、教师的专业知识和技能。因此，要突破教师的教学行为"模式"，需要教师认识自我、完善自我和超越自我。

第一，基于教师心智模式转变的自我认识。自我认识不仅是哲学的最高命题，也是人类不断探索攀登的高峰。对于教师来说，改变教学行为必须从认识自身开始，从改变习以为常的"当下"开始。正如叶澜教授所言：教学改革要改变的不只是传统的教学理论，还要改变千百万教师的教学观念，改变他们每天都在进行着的、习以为常的教学行为。这几乎等于要改变教师习惯了的生活方式。②

日常的课堂教学中，不管是文科班还是理科班，不管语文课上还是数学课上，教师的教学行为都出奇"雷同"，教学步骤步步分明，这虽然不是坏事，但是所有教师都呈现一个样态时，却并不是什么好事。因为教师教学行为的重点不在于按步骤向学生传授"有价值"的知识，而在于启发学生的心智、激发学生的想象力和创造力，与学生一起共同创造教育经验。当面对由每一个独立个体组成的集体时，教师是如何保持统一的教学行为呢？心智模式可以解释这一现象。

---

① 高巍：《教师行为与学生行为的关系解析》，《教育研究》2012 年第 3 期。
② 叶澜：《让课堂焕发出生命活力——论中小学教学改革的深化》，《教育研究》1997 年第 9 期。

彼得·圣吉（Peter M. Senge）是学习型组织之父，他在《学习型组织》一书中将心智模式的改变作为建设学习型组织的核心素养，并且认为心智模式是决定我们对世界的理解方法和行为方式的那些根深蒂固的假设、归纳，甚至就是图像、画面或形象。① 每个人的行为都受既定的心智模式的影响，且大部分人都不自知。柏拉图的"洞穴喻"② 就说明了这一点：一群人在一个洞穴式的地下室中，一条长长的通道通向外面，可让和洞穴一样宽的光照进来，有一些囚徒从小就住在洞穴中，头颈和腿脚都被绑着，不能走动也不能转头，只能朝前看着洞穴后壁，在他们后面有一道矮墙，一些人举着各种器物沿着墙来回走动，这些人时而交谈，时而又不作声，墙和洞口之间燃烧着一堆火，火光将那些器物的影子投射到洞的后壁上，囚徒只能看见投射在他们面前的墙壁上的影像，他们会把这些影像当作真实的东西，他们也会将回声当成影像所说的话；此时有一个囚徒被解除了桎梏，被迫突然站起来，可以转头环视，抬头看到火光，看到事物本来的样子，但他却会认为他最初看见的影像才是真实的。可见心智模式不仅影响着人们对事物的认知，而且会影响人们的行动。

柏拉图的囚徒们因受到光线的明暗、身体被禁锢等因素影响而被心智模式禁锢。同样地，教师的心智模式也可能受到许多先在因素的影响。在成为教师以前，一名教师可能受到中小学所接受教育的方式的影响、受到师范生培养模式的影响、受到自己对教育的理想和理念的影响；在成为教师之后，教师可能会受到实践经验、与同行的交流及自我反思的不同程度的影响而形成固定的心智模式。模式没有对错之别，但是模式把一切事物简单化和程序化。在课堂观察中，有的教师用相同的教学方式上所有的课，用着"万古不变"的方法传授知识，课堂被学生戏称为"绝望的死水"，学生甚至认为"跟老师提建议也没有用，他已经50多岁了，也不可能再改变他的教学方法，我们只能去适应"。心智模式的修炼告诉我们，人们可以通过改变心智模式而改变的行为。

关键的是，心智模式的修炼要从审视自己开始，学习如何把我们内

---

① ［美］彼得·圣吉：《第五项修炼》，张成林译，中信出版社2009年版，第8页。
② ［古希腊］柏拉图：《理想国》，郭斌和、张竹明译，商务印刷馆1986年版，第275页。

心的、有关世界的图像披露出来，让它们"浮出水面"，并严格仔细地加以审查。① 教师"同事性"的共同体开展深度会谈是突破心智模式的禁锢最好的途径。在深度会谈中，教师需要悬挂对教育、课程教学的一切想法，将自己的理念、认知拿出来放在自己和别人面前，接受检验，通过与别人"共同思考"，倾听他人，让群体的思想和意识在集体中自由流动和碰撞，把内心对教育、课程教学的固定"假设"和"图像"逼出来，帮助自己意识到自己"假设"中的不足或可以改进的地方。

教师认识自己的心智模式，有利于帮助教师形成正确的自身认同/身份认同。教师的自身认同不仅会表现在教学行为中，也是学生自我身份认同的榜样，是教师教学能力的体现。正如帕克·帕尔默所说："真正好的教学不能降低到技术层面，真正好的教学来自教师的自身认同和完整。"②

教师的自身认同，正如恩斯特·布洛赫（Ernst Bloch）对方法的理解③："我在。但没有我。所以我们生成着。"（I am. But not me. So we have produced.）"我在"，是教师对自我身份最起码的认同——我是教师，我在教室里教一群学生，这就是我，这是无可争辩的事实；"但没有我"，教师的存在是一份职业，是一个制度性的身份，是把"我"隐藏在"教师"中，隔离到讲台后面，利用自己可以用成绩来控制学生的地位，获得教师的权力；④ "所以我们生成着"，当教师形成了正确的自我认同，产生我的个性和我的天职意识时，威信就树立起来了，这时教学就能够发自我自己真实的内心深处——这是一种有机会在学生的内心深处获得默契的回应、共鸣的真实，⑤ 从而能够将自己、学生、学科知识联系起来，以此让学生学会编织属于他们自己的世界。

---

① ［美］彼得·圣吉：《第五项修炼》，张成林译，中信出版社 2009 年版，第 8 页。
② ［美］帕克·帕尔默：《教学勇气》，吴国珍等译，华东师范大学出版社 2014 年版，第 2 页。
③ ［德］希尔伯特·迈尔：《课堂教学方法》（理论篇），尤岚岚、余茜译，华东师范大学出版社 2011 年版，第 45 页。
④ ［美］帕克·帕尔默：《教学勇气》，吴国珍等译，华东师范大学出版社 2014 年版，第 27 页。
⑤ ［美］帕克·帕尔默：《教学勇气》，吴国珍等译，华东师范大学出版社 2014 年版，第 27 页。

第二，基于教师教学知识学习的自我完善。教师的教学知识可以为教师的教学行为提供方向性引导和决策性的解释。当一个教师凭直觉做出正确的行为时，很多时候是教师的教学知识在发挥作用，当然教学知识和教学行为的发展并不成正比，但缺乏教学知识引导的教学行为必定会失去方向。

舒尔曼（Lee S. Shulman）最早注意到教师教学知识是教育研究中缺失的范式，他认为教学的知识基础至少包含内容知识，一般教学法知识，课程知识，学科教学知识，有关学习者及其特性的知识，教育情境知识和有关教育目的、目标、价值和其哲学和历史基础的知识。[①] 舒尔曼划分的教学知识的基础，是教师在教学情境中可能用到的所有知识，这些知识的来源主要有属于学科内容的专业知识、教育教学领域内的理论知识和教师在实践中获得的实践知识。教师所表现出的教学行为受这三类知识的影响。其中，实践知识将在后文中具体讨论，在此不再赘述。

属于学科内容的专业知识是教学知识基础中最核心的部分，是学生在学校需要向教师学习的知识。教师的学科专业知识一般是在师范教育阶段所选择的专业中学习的，也靠教师个人源源不断的学习而获得。一门学科所包含的内容非常丰富，在大学阶段所进行的专业学习是远远不够的，需要教师不断地钻研。再加上知识内在的关联性，教师还需要学习与本专业内容相关的知识，从而在广博的知识基础上建构自己专业的知识。教师需要对本专业的学科知识有深刻的理解，因为他是学生理解所学学科知识的最主要源泉。如我所追踪研究的冯老师，他基本上是自学数学，但从课堂观察和访谈中可知，他对数学有深刻的理解和扎实的功底，他会给学生讲数学发展史，告诉学生用不同的思维方式看待和解决学习中的问题和生活中的问题，他不按照教材中的结论来教授学生，而是和学生一起推演为什么会有这样的结论。冯老师认为数学教材中的很多知识具有"突然性"，学生虽然能听懂，但并没有真正理解。教师具有扎实的专业知识，不仅可以在教学中游刃有余，也能影响学生对学科的兴趣和理解。

---

① ［美］L. 舒尔曼：《实践智慧》，王艳玲等译，华东师范大学出版社2014年版，第155页。

教育教学领域内的理论知识是实践中不受教师重视的知识,但却是支持教学最为重要的知识。教育教学领域内的理论知识包括教育学的一般知识、教与学的知识、课程知识等。接受过师范教育的教师,在一般的教育学知识上有一定的基础,但关于教与学的知识和课程知识却需要教师从不同的途径学习。套用怀特海(Alfred North Whitehead)的话:"当理论知识降低到实践的水平时,其结果便是停滞不前了。"① 持续不断的学习是对教师教学的要求。正如拉尔夫·泰勒在的采访时所说:"生命的意义在于学习。一旦一个人停止学习,他的生命将不会更加丰富……教学是一个需要持续学习的复杂过程。在睡觉前,我总是会问自己三个问题:一是我今天学习到了什么;二是它意味着什么;三是我怎样才能应用它。"②

教师在职后的学习中需要注重理论知识的学习,学习有关教学法、学习理论、课程开发及课程内容选择方面的知识,有助于帮助教师解释为什么要这样做而不是那样做,帮助教师选择正确的教学行为。特别是对于教育领域内的一些学术研究成果的了解和学习,有助于教师更新自己的教育观念和提高教学的有效性,也有利于教师成为教育场域中的行动研究者,利用理论知识与实践的结合,提高教师的教学能力。

第三,基于建构教学行为能力的自我超越。希尔伯特·迈尔(Hilbert Meyer)认为,教师的教学行为能力是指在不断更新的、无法精确预计的课堂教学情境中,目标明确、独立自主地,并在符合体制框架条件下,组织学生学习的能力。③ 迈尔认为教师的教学行为能力是一种"理论构建",类似于范梅南所提出的教学智慧,因为他认为建构教学行为能力的意义在于教师能够掌控、应付新的情境。但我认为教学行为能力是教师在教学实践中为了更好地教学而发展或建构起来的一种教学影响力,是教师对"当前我"的不断超越。

---

① [英]怀特海:《教育目的》,徐汝舟译,生活·读书·新知三联书店2002年版,第42页。
② [美]约翰·I. 古德莱德:《学校罗曼诗:一种教育的人生》,周志平等译,教育科学出版社2010年版,第70页。
③ [德]希尔伯特·迈尔:《课堂教学方法》(理论篇),尤岚岚、余茜译,华东师范大学出版社2011年版,第3页。

教学行为能力是看不到的，但我们可以从观察教师的教学行为和与教师访谈中推断出来。一般来说，课堂中对教师的评课也是一种对教师行为能力的评价。教师一旦建构起教学行为能力，这种能力可以不断地促进教师在实践中反思，并思考怎样可以做得更好，如何在现有能力的基础上发展更好的能力，从而超越自己现在的水平。

　　可以说，教学行为能力是一种在课堂上得心应手、与学生心有灵犀的教学智慧和教学能力，是教师在教学实践中形成的实践知识。如我的研究对象冯老师为了随时关注学生的一举一动，让学生更好地参与到教学中来和引起学生的兴趣，更为了让学生在40分钟里不走神、不瞌睡、不感到无聊和痛苦，特地发展了一套身体语言。他通过使用肢体语言：跺脚、用粉笔在黑板上敲、手舞足蹈、保持微笑、声音提高或减小、语调变化等来提醒学生课堂进入了高潮，或者暗示走神的学生专心听讲。此外，他还在长期的教学实践中学会了和每个学生对视，用目光给走神的学生送去提醒，用目光表扬专心听讲的学生，用目光告诉所有学生：我在关注你。冯老师在开发自己身体语言的时候，也在教育学生学习是脑与身体的联合。学生们在冯老师课堂上更能够融入课堂气氛，表现得更专心、更投入。冯老师认为这是一种只能意会不能言传的能力，他说："这个无法用语言来形容，这是在长期的具体教学过程中形成的，是一个长期的过程，也不是一天两天形成的。"

　　肢体语言虽然一直是备受强调的教师不可缺少的教学行为，但是几乎很少能见到教师将肢体语言使用得如此精妙，不仅和课堂教学融为一体，更重要的是将肢体语言发展为一种教学方法，创造了一种"学习氛围"，并努力将自己对学习内容的好奇心传递给学生，借助声音、表情和手势进行"情感教学"，转移全班同学的紧张情绪，并用肢体语言表达适当的表扬和批评，从而"留住了学生的心"。更为可贵的是，教师言传身教的表达了学习不是行为主义强调的刺激—反应的联结，也不是认知主义强调的认知结构的改变，学习是学习者主体的整全参与。

　　冯老师创造性发展的教学行为能力，是在不断地自我超越中，在"为了学生的一切""一切为了学生"的愿景中形成的，这种教学行为能力不断地自动生成新的意义联系，不断地在反思实践中得到完善。

三 重建"家园":平衡学校的生态秩序

学校是教育生态系统中一个重要的子系统,对于生活在学校这个空间中的教师和学生来说,学校是保障教师的教学顺利开展和学生充分发展的外部环境。布朗芬布伦纳提出的人类发展生态学理论认为:个体在发展过程中并非是孤立的存在,而是能动地与周围的环境相互依赖、相互依存、相互作用。学生在学校中与教师、同学以及自然环境、物质环境和文化环境等潜在课程发生着千丝万缕的联系和交互作用。学生是学校中的主要成员,革新学生的学习方式要平衡学校的生态秩序,使各个因素协同发挥积极的作用。

学校是一个由"人—活动—环境"构成并以人为主体的复合生态系统,包括自然生态和社会生态两个子系统。① 自然生态包括学校所处的地理位置、校园内的空气、光线、声音、温度及花草树木等。社会生态包括学校的建筑、教学设施、人工景观等组成的人工环境,以及学生和教师、学校的传统、规章制度、价值观念等组成的社会环境。

第四章已经指出,影响学生学习的学校方面的因素主要有成就本位的学校考试文化和成绩本位的教师评价标准、同辈群体之间的相互影响和师生之间的人际交往。这些因素并非单独发生作用,而是各个因素相互交织共同发生作用。以下将围绕这些因素提供改进的方向。

学校生态系统有两个基本特征,其一是整体关联性,表现为学校生态系统与社会大系统的整体关联和学校生态系统内部各要素的整体联络;其二是动态平衡性,表现为学校生态系统与社会大系统之间的动态稳定和学校生态系统内部的动态稳定。本研究关注学校生态系统内部的整体性和动态性,将学校作为一个整体改进系统的着力点,从以下几个方面努力。

(一)建设和谐生态环境

学校的生态环境是自然环境、人工环境和社会环境的有机体,学校的生态平衡是这三个环境系统的优化共存。首先是学校的自然环境,学校要选在有利于学生进行学习的地方,有安静的学习空间、充足的阳光、

---

① 胡继飞:《论大班额背景下的我国学校教育生态》,《教育研究与实验》2006年第4期。

广阔的活动场所，应避免在喧闹的市中心和公路边上，如我国历史上著名的"孟母三迁"的故事，就是家长对孩子居住地的选择。在一个什么样的环境下学习和生活，对学生的成长具有潜移默化的影响。

其次是学校中的人工环境，现代的学校建筑受到越来越多的批评和指责。福柯将学校和监狱相提并论，佐藤学认为学校就像监狱和医院一样，是体验不到色彩、触感和体温的无机空间，学校的建筑体现出越来越多的地理政治学，助长权力的滋生和人性的隔绝。生态学视角下的学校人工环境，应该是教师和学生一起栖息的场所，是消解权力的绿色空间；教师和学生可以一起装饰班级的教室和走廊，贴上学生自己的作品或者学生喜欢的装饰品，营造一个温馨、安全的学习场所。如日本东京都港区立神应小学的苅宿俊文先生设计的轻松的教室——"像样作坊"，就是打破教室的无机性和权力性的一种尝试。苅宿俊文先生设计的教室里没有黑板，黑板由四个镶嵌素色的"窗"所覆盖，这就消解了教室里的中心，随着教师位置的移动，中心就遍布教室的每一个角落，落座于学生学习的地方；课桌椅不是"秧田式"的摆放，而是犬牙交错地排列，课桌上面有插花，教室里随处摆放盆花、栽种的观叶植物，教室里甚至没有时钟；最吸引学生的是，教室的走廊一侧是配备了计算机的数字空间，有饲养"阿克阿霜"热带鱼的电脑软件，有从商店里买来的仿真的热带鱼并准备了水槽，通过调节水温、氧气量和水质，模拟热带鱼的饲养，而在走廊的对面设置水槽，饲养真正的热带鱼。① 让学生在虚拟世界与真实世界往返，将虚拟世界中所学到的"知识"运用到真实的世界中。

最后是学校的社会环境，是学校生态环境中重要的系统，是影响学生学习的主要环境系统。学校要努力营造民主、和谐、安全、互相尊重的师生关系和生生关系，良好的社会关系有利于学生社会交往能力的发展，并满足学生安全和自尊的需要，学校的规章制度和文化传统是一种隐性课程，是引导学生成长和发展的方向舵，学校的规划要基于学生的发展，保证教学质量和学生学习的质量。

---

① ［日］佐藤学：《学习的快乐——走向对话》，钟启泉译，教育科学出版社2004年版，第343页。

(二) 构筑学校共同愿景

当前学校的成绩本位的价值取向，表现在教师和学生受到学生成绩的宰制，一方面学生成绩和教师的绩效紧密相关，教师"以成绩论英雄"挫伤了许多学生的学习积极性；另一方面学校以成绩甄别良莠，使学校成为筛选机构，绝大多数学生在学校中成为"边缘人"，形成了消极的自我概念，学校的精神价值和信念处于失序的状态，使得学校中的主体被成就本位的考试文化束缚，学校成为训练场和加工厂。这种缺少师生共同发展愿景的学校只能成为束缚人心灵的"牢笼"。

学习型组织大师彼得·圣吉认为共同愿景是任何组织都不可缺少的共同目标。他认为愿景不是理念，或者不是重要的理念。相反，它是人们内心的愿力，一种由深刻难忘的影响力所产生的愿力。[①] 学校愿景是全校师生内心的一幅相似的图景，它贯穿学生的学习活动、教师的教学活动和学校的管理，且大家为这一愿景而共同努力。可以说，共同愿景是牵引全校师生的"魂"，是学校挺立的精神。同时，共同愿景有利于激发师生的内在驱力和创造力，在共有目标的指引下，超越功利主义的价值取向，为共有的目标而奋力，也有助于师生克服学习过程中的困难。

愿景的独特性体现为共有，即组织内的所有成员有共同认可和共享的内心图景，真正的愿景不是校外专家团队给学校注入的精神文化，也不是校内领导们共同谋划的学校未来蓝图的理想图景，因为外来的愿景只是个人的或官方的，即使强制师生服从也不会使他们产生真心地追随。在教育史上，进步主义教育对学校愿景的构筑是深刻的，但却是不成功的。杜威提出学校即社会，他认为学校的共同愿景是建立民主社会，民主社会是杜威的理想国。乔治·康茨（George S. Counts）提出学校不是提供知识的场所，学校应该提供儿童一种未来的可能愿景，帮助学生塑造新的社会秩序的愿景：这种新的社会向企图制造社会隔离与阶级的所有势力宣战；抑制所有形式的特权与经济寄生现象；对弱者、无知者与不幸者，展现一种体贴的考量。[②] 康茨的新的社会秩序并没有建立，正如柏

---

① [美] 彼得·圣吉：《第五项修炼》，张成林译，中信出版社2009年版，第203页。
② [美] 乔治·康茨：《学校敢勇于建立新的社会秩序吗？》，白亦方等译注，台北：联经出版公司2014年版，第141页。

拉图的理想国不可能建立一样,而杜威和康茨的学校愿景也没有实现,因为这只是他们个人心中的图像,而不是所有人共同的愿景。愿景具有一致性和连贯性,是组织内所有成员的共同愿力。亚当斯(J. T. Adams)在《美国史诗》一书中创造了"美国梦"① 一词,"美国梦"是所有美国人的愿景,大家因此而有共同的目标,朝同一方向合力拼搏,继而产生"美国精神"。

构筑学校的共同愿景,首先,学校里要有具有愿景意识的领导者,创造鼓励学校成员分享个人愿景、聆听他人愿景的氛围,在自由开放的校园内,具有愿景意识的领导者关注学生和教师的点滴,善于发现和开启人们心中的美好图景。其次,要激励个人愿景。共同愿景个人愿景的结晶,有了共同愿景,个人愿景才能产生出力量,使人承诺投入和奉献。② 学校的成员主要包含学生和教师,具有愿景意识的领导者要从学生和教师的角度出发,激励每一个人的愿景。学生方面可以采用灵活多样的形式加强学生和教师之间的对话,因为对话是促进交流和理解的最好的方式,如在班级内分享个人愿景,教师在与学生课外的交往中激励学生说出个人愿景。教师群体的个人愿景也不能忽视,需要具有愿景意识的领导者组织与教师的沟通和分享。最后实现从个人愿景到共同愿景的飞跃,这是愿景的领导艺术,需要领导者用整体性的系统思维,将个人愿景汇聚起来。共同愿景的形成不是一蹴而就的,是由个人愿景互动沟通而汇聚起来的,它也不是个人愿景的简单相加,而是在交流、分享与理解中融汇共生的。共同愿景是所有成员的个人愿景在具有愿景意识的领导者那里的螺旋上升而汇聚成的共有梦想。

(三) 创建学习共同体

自斐迪南·滕尼斯(Ferdinand Tonnies)1881 年在他的社会学名著《共同体与社会》中提出共同体的概念后,共同体本身的概念内涵随着时代的发展不断演进。共同体超越了血缘共同体、地域共同体,日益发展为一种生物共同体。生态学的研究揭示了所有的生物都处于共同联系的关系网中,在这张包罗万象的生物网中共存与合作。物理学的研究揭示

---

① "美国梦"指美国人依靠自己的天赋和才能,通过勤奋工作和自由选择而获得美好生活。
② [美] 彼得·圣吉:《第五项修炼》,张成林译,中信出版社 2009 年版,第 208 页。

了构成世界的原子并非彼此分离的个体,而是不管时空相隔多远,彼此之间都有联系的相互依存的共同体。社会学家认为人类的活动处在一张由意义关系组成网中,人类的存在是一种关系式的存在,现实是群体共享的。

在学校中创建学习共同体,是对目前学校结构中统一的整体主义和竞争的个人主义的超越,是学校的成员以合作为基础,将学校建成"人们相互学习、一起成长、心心相印的公共空间"。[①] 学校中的学习共同体主要指教师之间相互学习、交流切磋的"同事性"共同体;课堂上师生之间相互倾听、理解对话的师生互学共同体;学生与学生之间合作共存的同辈共同体。具体来说,创建学校中的学习共同体,需要推进各共同体的发展。

首先,教师之间"同事性"共同体。教师的教学被教室的门窗封闭在教室内,教学成为教师"个人主义"的事情,除非有公开课,教师们需要一起备课、磨课,在日常的教学中、教师习惯"关起门"上课。如果一个教师不上公开课,他将长年累月地在封闭的空间中"独奏"。将同事、专家关在门外不利于教师发展教学行为能力。正如帕尔默所说:"世界上没有优质教学的公式,而且专家的指导也只能是杯水车薪。如果想要在实践中成长,我们有两个去处,一个是达成优质教学的内心世界,另一个是由教师同行组成的共同体,从同事那里我们可以更多地了解我们自己和我们的教学。"[②] 帕尔默和佐藤学都致力于建构教师学习共同体,前者强调改善教师教学,后者强调改进学校、变革教学的方式。佐藤学认为,学校是一个保守的场所,教育改革的关键在学校的变革,而学校自身的变革又有赖于教师之间形成相互开放、彼此合作、共同创造的"同事性"共同体。[③] 对于创建"同事性"共同体,他们的主张是相同的,即教师打开教室的门,教师之间观察彼此的教学,花时间讨论,接

[①] [日]佐藤学:《学习的快乐——走向对话》,钟启泉译,教育科学出版社2004年版,第103页。

[②] [美]帕克·帕尔默:《教学勇气》,吴国珍等译,华东师范大学出版社2014年版,第136页。

[③] [日]佐藤学:《学习的快乐——走向对话》,钟启泉译,教育科学出版社2004年版,第103页。

受同事的批评和赞扬；教师之间彼此分享各自的经验，进行诚实的对话，建立持久不断的对话交流关系。

"同事性"的共同体需要以校本教研、学校教师与校外专家的对话交流等方式来推进。因此，创建"同事性"的学习共同体，每个教师每学期必须上一次公开课，将教师从日常封闭性的教学中或教学琐事中解放出来，将教学提升到专业化的对话平台中，让教师接受自我和他人的检验。

对话无疑是"同事性"共同体最重要的原则。帕尔默认为，教学之所以有被简化为技术问题的倾向，是因为教师同事之间缺乏有广度和有深度的对话。教师之间以学科、兴趣、年级等组建的"同事性"共同体，在展开对话时需要有共同研究的主题或课题，可将某一个教师的关键性"问题"作为对话的焦点；教师之间的对话还需要有一个"护持场境"的领导，引导对话顺利开展，或形成教师之间的深度会谈，帮助教师认识自己的心智模式，从而认识自我，认识自己的教学。

其次，师生之间的师生互学共同体。在教学场域中，教师和学生之间是一种相互依存的关系。但是并不是所有的师生关系都是共存的，大多数的师生关系是"授—受"的关系，教师要和学生形成学习共同体，需要教师改变客观主义的知识观，认识到知识不是放之四海皆准的客观真理，是教师和学生在合作、对话中建构起来的；学生不是空空的容器、不是无知者，教师也无须将备好的知识传递给学生；教学是教师为学生创造的学习时空，需要开放更多的空间给学生，让学生与知识对话、与教师对话、与自己对话。

师生之间的学习共同体并没有固定的模式，正如我研究追踪的冯老师，他与学生建立了学习共同体的关系，在共同体建立的背后，是冯老师发自内心的自我认同和对学生深切的关怀。冯老师认为教师就是一个表演者，演员的任务在于吸引"观众"参与其中，他用实际行动践行了自己的理念，冯老师在课堂上努力"演出"，学生们也就自然而然地进入了他的"剧目"中。戈夫曼的剧班理论认为："当某一剧班在表演时，观看表演的其他参与者，也在进行若干回应性的表演，这时他们自身也构成了一个剧班。"他进一步指出，"在大型社会机构中，通常都有许多不同的身份等级，然而我们却发现，在任何特定的互动过程中，众多不同身份等级的参与者一般都会暂时分成两个剧班集团"。① 如在课堂教学中，相对于学生这个观看表演的参与者而言，教师就形成了一个演出的剧班，课堂教学就是教师和学生两个剧班之间的对话和相互作用。教师既是控制和操纵前台/舞台设置的表演者，又是整个剧班运行的导演。

教师作为表演者和具有管理权力的导演，他们和学生通过相互之间的密切合作和互动来维持课堂中特定的情境定义。作为表演者的教师，其职责在于吸引观众的目光和注意力，因此教师需要用一切手段和方法让观众融入自己的剧中，和自己一起参与剧中的角色表演。冯老师经常说，"让学生愿意参与自己的课堂之前，必须让学生先喜欢自己，然后才能对你所教的科目感兴趣，最后才喜欢你上的课，乐意参与其中"。为了让学生参与表演，教师可谓用尽一切演技和手段，不管是刚开始接触时的关心和辅导，还是第一堂的魅力表演、课堂中教师的音量控制和手舞足蹈，目的都在于让学生参与戏剧互动中。而学生除了观看教师的表演，还要积极参与和跟上表演者的进度，与教师共情，从而将表演推向高潮，在这个过程中形成了师生之间的学习共同体。

再次，在冯老师的课堂上，他时时处处都在观察学生的反应和教学知识之间的联系，将戏剧表演的两大主体和剧本作为一种共在的关系进行考虑。教师拥有在前台/舞台上指导和控制戏剧行为和戏剧互动的权力，当不当的表演行为发生时，教师有责任纠正表演不当的剧班成员，使他们与整个剧班保持一致，实现"全体一致原则"，当剧班成员专注演出和互动时，教师采取的暗示表扬强化了整体的一致性，使得整个剧班的互动合作完满。如冯老师提到的在课堂教学中，当学生走神或瞌睡的时候，他会采用提高讲课声音的方式进行暗示；当学生专心听讲时，用赞扬的眼神传递对学生行为的肯定，这一切源自冯老师对学生真正的关心，这种关心还延伸到了课外。冯老师强调在备课中要考虑到自己的要求与学生能力之间的差距，从而通过教学来调和这种差距。冯老师的说法类似于维果茨基提倡的最近发展区，即教师的要求是希望学生达到的能力，是学生潜在的能力，学生表现出来的能力是暂时的，但是通过教

---

① [美]欧文·戈夫曼：《日常生活中的自我呈现》，冯钢译，北京大学出版社2014年版，第79页。

学这种具有支架性的活动可以促进其能力发展。

最后，生生之间的同辈共同体。学生与学生的关系，在课外通过非正式组织的同辈群体发挥着作用，而在课内，特别是在高中的课堂常规教学中，学生之间作为学习共同体的关系几乎"销声匿迹"，难觅其踪。现实的课堂教学中，学生们作为独立的学习者进行个人学习，竞争的压力让他们的学习很少具有合作性。但事实上，生生之间的合作、协同学习有利于激发学生的学习动机。当学生之间形成学习共同体，合作讨论学习的氛围将感染每一个参与的学生；他们有机会从同伴那里听到不同的观点，从而能够审视自己的思维和视野；他们能够在相互学习中发展交际的能力，用互帮互助、相互启发替代恶性竞争。

第六章

结　　语

　　乌申斯基站在教育人类学的立场提出：人是教育的对象。他认为要正确进行教育，就必须正确了解教育对象，研究教育对象的生理和心理特点，研究社会对人的影响。按照乌申斯基的观点，对于当下的学校教育来说，学生是教育的对象，要正确有效地教育学生，了解学生是前提。我选择"学生学习参与"作为研究的问题，是想了解当下学校教育中，学生学习的生存状态，以及学生关于"学习"的所思和所想。抱着这样"单纯"的想法，我开始到高中进行"蹲点"研究，刚进入学校的第一周，我听遍了所扎根的两个班级所有老师的课，和学生一起上课下课，在"局内人"与"局外人"的体验中来回转换视角，但是由于没有既定的框架要验证，也没有研究提纲待解答，因此常有"不知道风往哪里吹"的虚无感。第二周我开始做学生问卷调查，调查大样本的学生学习参与情况，发现了一些比较"有意思"的情况，如这些高中生（77.4%的学生）对数学的学习投入是最多的，但与之形成反差的是，只有25.2%的学生对数学学习感兴趣。而此时我也在课堂观察中发现了理科班的数学课上学生的学习参与较高，我开始集中观察扎根班级的数学课。第三周我开始约"选好"的学生进行个人深度访谈，对进行课堂观察的教师进行深度访谈，在课余时间和其他教师进行非正式访谈，在离开学校之前和所有访谈的学生进行焦点团体访谈。整个研究的过程伴随着不知道最后会"打捞"出什么的焦虑和与教师交流和学生交往中的感动，以及资料整理过程中研究图景浮现时的欢欣鼓舞。

　　正如费孝通所言：社会学离开了实际接触人，不可能有什么新东西出来。① 教育学的研究对象是人，研究教育问题，也必须和人接触。本研究通过走进学校，扎根现场，与教师和学生的接触，试图在以下方面作一些新的解释。

其一，本书以横向和纵向交织的线路考查学生学习参与的现实样态。横向上说，基于当下时空背景，学生对学校、学习的认知及课堂教学中学生学习参与的情况。研究发现，现时态下学生学习参与具有五种样态：他控下的被动参与、他控下的主动参与、自控下的被动参与、自控下的主动参与和选择性参与。这五种样态不是孤立存在的，它们常常是相互交织，同时存在的。其中，他控下的被动参与是学生学习参与的普遍样态。具体来说，主要指在课堂教学中，学生的学习是受教师控制的被动参与，表现为课堂教学中师生互动均由教师发起和生生互动的缺乏。在学校场域中，受学校时空观和管理制度的约束，认知主义传统在学校盛行，学生的学习是在制度规约下和知识"训练"下的被动参与。选择性参与是学生学习参与中的一种特殊样态。选择性参与的表现之一是学生在课堂教学中主动脱离教师的教学步伐，做其他科目的作业或刷题；表现之二是学生背离教师意志的有意和无意的走神行为。一般来说，国内现有研究中，教师认为走神是偏离教学轨道的行为，是对制度权威的挑战，是干扰教学的偏差行为，因此是需要禁止的。② 但是这样的研究仅从教师或成人研究者的视角出发，而本研究基于学生的视角，提出走神是学生自由意志的体现，是学生在班级授课制下采取的一种学习的调节方式。而且，国外研究也证明：走神可以缓解学生的紧张情绪、满足学生需要释放的心理需求，有助于学生的心理健康。③ 另外，高中生已经具有理性思维，他们对事物的认知不再单一化和平面化，他们能够从多个方面看待事物和建构意义。如学生们认为学校像"牢笼"，但同时也认为学校是同学之间嬉戏的"游戏场"，是青春的象征物，更像"家"。同样地，他们认为学习是"掌握知识"、是"机械劳动"，但同时学习也象征着

---

① 费孝通：《怎样做社会研究》，上海人民出版社2013年版，第6页。
② 孙野、胥兴春：《小学生课堂走神的特点及教师应对分析》，《教学与管理》2011年第22期。
③ ［德］希尔伯特·迈尔：《课堂教学方法》（实践篇），冯晓春、金立成译，华东师范大学出版社2011年版，第43页。

"好工作和好生活"，学习能"提升素质和培养能力"。这是学生在他控和自控的环境下进行的主动和被动的参与学习，也是在这个过程中，他们进行学习的自我调节。

纵向上，从学生十年的受教育历程中，刻画学生学习参与的轨迹。这些学生学习参与的轨迹呈动态趋势，有从中心移至边缘的离心、完全的离心、从边缘移至中心的向心、完全的向心四种样态。同时，与学生学习参与轨迹相对应的是学生自我概念的形成。离心的参与轨迹或处于离心状态让学生形成"平庸之人"的自我概念；向心的参与轨迹和处于向心状态则使学生形成"充分参与者"的自我概念；而在错综复杂的参与轨迹中，学生共同的自我概念是"保送生"。研究揭示出学生学习参与与学生自我概念之间的关系，从而建构出学生学习参与中自我概念的形成途径。自我概念的形成是一种由外而内、内外交互作用的过程。自我知觉是自我概念形成的内部途径，主要通过自我图式和可能自我来确立；镜像自我是自我概念形成的外部途径，也是主要途径，主要通过社会比较、成功和失败的经验、反射性评价和周围环境来确立。其中，自我概念的形成社会关系，通过比较的特征产生的自我，因此自我概念的比较特征决定了自我概念由外而内、内外交织的历程。

其二，通过从横向上和纵向上考察学生学习参与的现时样态和历时轨迹，得出影响学生学习参与的生态模型。值得一提的是，学生的学习成绩一直被认为是学生学习参与的结果。其实，通过研究表明，学生的学习成绩不仅是学生学习参与的结果，成绩也是影响学生学习参与的重要因素。同样，学习兴趣、学习习惯和自我概念也被认为是影响学生学习参与的因素，但通过研究发现，它们同时也是学生学习参与的结果。基于此，本研究认为单一的线性思维不能解释学生学习参与的影响因素，只有用一种生态的、系统性的思维方式，才能揭示出学生学习参与的影响因素，且各因素可能处于一种相互依存、互为因果的关系中。因此，本研究提出了影响学生学习参与的生态模型，该模型主要包括"过程—学习者—环境—时间"四个核心内容。进而指出作为学习主体的学习者和最近过程中的成绩、同辈群体和教师的教学是影响学生学习参与的主要因素。学生自己作为影响学生学习参与的内在因素只有通过和外在的教师教学、学生之间的人际交往、学校的物质和人文环境发生交互作用才能对学习产生持久影响。这同时也验证了学生学习参与是学生与周围世界、学生与他人、学生与自我的交互作用，为提出"参与学习"的学习方式奠定了基础，最后结合影响学生学习参与的主要因素和可控因素，从学生的自我、教师的教学和学校方面提出走向"参与学习"的实践策略。

以上是本研究所做的一些工作，未来的研究将会集中探讨学生学习参与对个体自我产生的影响。虽然现在的研究揭示出学生学习参与与学业自我概念之间的关系，归纳出学生学习参与中产生了不同的学业自我概念及其学业自我概念的形成途径，但是限于个人的时间和精力，研究没有进一步地"深挖"，即对学生在学习参与中形成的自我和自我认同进行深层分析。我认为，教育或者学习的价值，从个体角度来说，就是在个人与周围世界、个人与他人、个人与自我的交互作用中"成为"自己。这将是作者后续研究的着力点。

参考文献

一 中文部分

（一）专著类

安小兰译注：《荀子》，中华书局2007年版。

陈琦、刘儒德主编：《教育心理学》，高等教育出版社2005年版。

陈向明、林小英：《如何成为质的研究者——质的研究方法的教与学》，教育科学出版社2004年版。

陈向明：《旅居者和"外国人"——留美中国学生跨文化人际交往研究》，教育科学出版社2004年版。

陈向明：《在参与中学习与行动》（上），教育科学出版社2003年版。

陈向明：《质的研究方法与社会科学研究》，教育科学出版社2000年版。

丛立新：《课程论问题》，教育科学出版社2000年版。

邓晓芒：《康德〈纯粹理性批判〉句读》（上），人民出版社2010年版。

范国睿：《教育生态学》，人民教育出版社2000年版。

费孝通：《江村经济》，上海世纪出版集团2013年版。

费孝通：《乡土中国》，人民出版社2008年版。

费孝通：《怎样做社会研究》，上海人民出版社2013年版。

高慎英：《体验学习论：论学习方式的变革及其知识假设》，广西师范大学出版社2008年版。

高文等编著：《学习科学的关键词》，华东师范大学出版社2009年版。

郭元祥：《生活与教育——回归生活世界的基础教育论纲》，华中师范大学出版社2002年版。

黄济：《教育哲学通论》，山西教育出版社1998年版。

金生鈜：《理解与教育——走向哲学解释学的教育哲学导论》，教育科学出版社1997年版。

靳玉乐、于泽元：《后现代主义课程理论》，人民教育出版社2005年版。

孔企平：《数学教学过程中的学生参与》，华东师范大学出版社2003年版。

李定仁、徐继存主编：《教学论研究二十年（1997—1999）》，人民教育出版社2006年版。

李召存：《课程知识论》，华东师范大学出版社2009年版。

李子建、黄显华：《课程：范式、取向和设计》，中文大学出版社2002年版。

刘放桐等编著：《新编现代西方哲学》，人民出版社2000年版。

刘晶波：《社会学视野下的师幼互动行为研究》，南京师范大学出版社2006年版。

牟宗三：《中国哲学的特质》，上海古籍出版社2007年版。

牟宗三：《中西哲学十九讲》，吉林出版集团有限责任公司2010年版。

牟宗三：《中西哲学之会通十四讲》，吉林出版集团有限责任公司2010年版。

倪梁康：《现象学及其效应》，商务印书馆2014年版。

任凯、白燕：《教育生态学》，辽宁教育出版社1992年版。

施良方、崔允漷：《教学理论：课堂教学的原理、策略与研究》，华东师范大学出版社1999年版。

施良方：《课程理论：课程的基础、原理与问题》，教育科学出版社1996年版。

施良方：《学习论》，人民教育出版社2001年版。

石中英：《知识转型与教育改革》，教育科学出版社2001年版。

孙亚玲：《课堂教学有效性标准研究》，教育科学出版社2008年版。

王策三：《教学论稿》，人民教育出版社2005年版。

王升：《主体参与型教学探索》，教育科学出版社2003年版。

吴康宁：《教育社会学》，人民教育出版社2009年版。

吴式颖主编：《外国教育史教程》，人民教育出版社1999年版。

项贤明：《泛教育论》，山西教育出版社2000年版。

谢地坤主编：《西方哲学史》（学术版第七卷），江苏人民出版社2011年版。

杨伯峻译注：《论语译注》，中华书局1980年版。

叶秀山：《思·史·诗》，人民出版社1988年版。

叶秀山：《哲学要义》，世界图书出版公司2010年版。

余家菊：《教育哲学论稿》，华中师范大学出版社2008年版。

余泽元：《课程变革中的学校课程领导》，人民出版社2014年版。

张楚廷：《课程与教学哲学》，人民教育出版社2003年版。

张华：《课程与教学论》，上海教育出版社2000年版。

赵汀阳：《论可能生活：一种关于幸福和公正的理论》，中国人民大学出版社2005年版。

赵祥麟、王承绪编译：《杜威教育名篇》，教育科学出版社2006年版。

朱文蔚、吴鼎福：《教育生态学》，江苏教育出版社2000年版。

（二）译著类

[巴] 保罗·弗莱雷：《被压迫者教育学》，顾建新等译，华东师范大学出版社2001年版。

[德] O. F. 博尔诺夫：《教育人类学》，李其龙等译，华东师范大学出版社1999年版。

[德] 赫尔巴特：《教育学讲授纲要》，李其龙译，人民教育出版社2015年版。

[德] 赫尔巴特：《普通教育学》，李其龙译，人民教育出版社2015年版。

[德] 胡塞尔：《欧洲科学危机和超验现象学》，张庆熊译，上海译文出版社2005年版。

[德] 库尔特·勒温：《拓扑心理学原理》，高觉敷译，商务印书馆2003年版。

[德] 马克斯·舍勒：《知识社会学》，艾彦译，译林出版社2012年版。

[德] 希尔伯特·迈尔：《课堂教学方法》（理论篇），尤岚岚、余茜译，华东师范大学出版社2011年版。

[德] 希尔伯特·迈尔：《课堂教学方法》（实践篇），冯晓春、金立成译，华东师范大学出版社2011年版。

［俄］列夫·维果茨基：《思维与语言》，李维译，北京大学出版社 2010 年版。

［俄］列夫·维果茨基：《维果茨基教育论著选》，余震球译，人民教育出版社 2005 年版。

［法］爱弥尔·涂尔干：《社会学与哲学》，梁栋译，上海世纪出版集团 2002 年版。

［法］卢梭：《爱弥尔》，李平沤译，商务印书馆 1978 年版。

［法］卢梭：《忏悔录》，黎星、范希衡译，人民文学出版社 1992 年版。

［法］卢梭：《社会契约论》，何兆武译，商务印书馆 2003 年版。

［法］卢梭：《一个孤独的散步者的遐想》，张弛译，湖南人民出版社 1985 年版。

［法］米歇尔·福柯：《疯癫与文明》，刘北成、杨远婴译，生活·读书·新知三联书店 2012 年版。

［法］米歇尔·福柯：《规训与惩罚》，刘北成、杨远婴译，生活·读书·新知三联书店 2012 年版。

［法］莫里斯·梅洛庞蒂：《知觉现象学》，姜志辉译，商务印书馆 2001 年版。

［古希腊］柏拉图：《理想国》，郭斌和、张竹明译，商务印刷馆 1986 年版。

［加］马克斯·范梅南等：《儿童的秘密：秘密、隐私及自我的重新认识》，陈慧黠、曹赛先译，教育科学出版社 2004 年版。

［加］马克斯·范梅南等：《教学机智——教育智慧的意蕴》，李树英译，教育科学出版社 2001 年版。

［加］马克斯·范梅南等：《生活体验研究——人文科学视野中的教育学》，宋广文等译，教育科学出版社 2003 年版。

［捷］夸美纽斯：《大教学论》，傅任敢译，教育科学出版社 1999 年版。

［美］Bruce Joyce、Marsha Weil、Emily Calhoun：《教学模式》，荆建华等译，中国轻工业出版社 2002 年版。

［美］C. 赖特·米尔斯：《社会学的想象力》，陈强、张永强译，生活·读书·新知三联书店 2012 年版。

［美］D. C. 菲利普斯、乔纳斯·F. 索尔蒂斯：《学习的视界》，尤秀译，

教育科学出版社 2006 年版。

［美］J. 莱夫、E. 温格：《情景学习：合法的边缘性参与》，王文静译，华东师范大学出版社 2004 年版。

［美］L. 舒尔曼：《实践智慧》，王艳玲等译，华东师范大学出版社 2014 年版。

［美］M. P. 德里斯科尔：《学习心理学——面向教学的取向》，王小明等译，华东师范大学出版社 2008 年版。

［美］R. 基思·索耶主编：《剑桥学习科学手册》，徐晓东等译，教育科学出版社 2010 年版。

［美］阿历克斯·英格尔斯：《社会学是什么》，陈观胜等译，中国社会科学出版社 1981 年版。

［美］艾伦·C. 奥恩斯坦等：《课程：基础、原理和问题》，柯森主译，江苏教育出版社 2012 年版。

［美］爱莉诺·达克沃斯：《精彩观念的诞生——达克沃斯教学论文集》，张华等译，高等教育出版社 2005 年版。

［美］安塞尔姆·施特劳斯、朱丽叶·科宾：《质性研究入门：扎根理论研究方法》，吴芝仪，廖梅花译，涛石文化事业有限公司 2001 年版。

［美］彼得·圣吉：《第五项修炼》，张成林译，中信出版社 2009 年版。

［美］大卫·M. 列文：《倾听着的自我》，程志民等译，陕西人民教育出版社 1997 年版。

［美］戴维·迈尔斯：《社会心理学》，张智勇、乐国安等译，人民邮电出版社 2006 年版。

［美］菲利普·津巴多、迈克尔·利佩：《态度改变与社会影响》，邓羽、肖莉等译，人民邮电出版社 2007 年版。

［美］弗兰克·梯利：《西方哲学史》，贾辰阳、解本远译，光明日报出版社 2014 年版。

［美］卡洛琳·爱德华兹等编著：《儿童的一百种语言》，罗雅芬等译，南京师范大学出版社 2014 年版。

［美］柯尔斯腾·奥尔森：《学校会伤人》，孙玫璐译，华东师范大学出版社 2014 年版。

［美］拉塞尔·L. 阿克夫、丹尼尔·格林伯格：《21 世纪学习的革命》，

杨彩霞译，中国人民大学出版社2010年版。

［美］理查德·格里格、菲利普·津巴多：《心理学与生活》，王垒、王甦等译，人民邮电出版社2003年版。

［美］罗洛·梅：《人的自我寻求》，郭本禹、方红译，中国人民大学出版社2013年版。

［美］莫里斯·L.比格：《学习的基本理论与教学实践》，张敷荣等译，文化教育出版社1984年版。

［美］诺伯特·威利：《符号自我》，文一茗译，四川教育出版社2011年版。

［美］欧文·戈夫曼：《日常生活中的自我呈现》，冯钢译，北京大学出版社2014年版。

［美］帕克·帕尔默：《教学勇气》，吴国珍等译，华东师范大学出版社2014年版。

［美］乔纳森·布朗：《自我》，陈浩莺等译，人民邮电出版社2004年版。

［美］乔治·赫伯特、米德：《心灵、自我和社会》，霍桂恒译，北京联合出版公司2014年版。

［美］乔治·康茨：《学校敢勇于建立新的社会秩序吗?》，白亦方等译注，台北：联经出版公司2014年版。

［美］谢利·E.泰勒等：《社会心理学》，崔丽娟、王彦等译，上海人民出版社2010年版。

［美］伊万·伊利奇：《非学校化社会》，吴康宁译，桂冠图书股份有限公司1994年版。

［美］英格尔斯：《社会学是什么》，陈观胜等译，中国社会科学出版社1981年版。

［美］约翰·杜威：《民主主义与教育》，王承绪译，人民教育出版社2001年版。

［美］约翰·杜威：《确定性的寻求》，傅统先译，上海人民出版社2005年版。

［美］约翰·杜威：《我们怎样思维·经验与教育》，姜文闵译，人民教育出版社1991年版。

［美］约翰·杜威：《学校与社会·明日之学校》，赵祥麟等译，人民教育

出版社 2005 年版。

［美］约翰·D. 布兰思福特等编著：《人是如何学习的：大脑、心理、经验及学校》，程可拉、孙亚玲等译，华东师范大学出版社 2013 年版。

［美］约翰·I. 古德莱德：《学校罗曼诗：一种教育的人生》，周志平等译，教育科学出版社 2010 年版。

［美］珍妮·H. 兰坦·教育社会学：《一种系统分析法》，朱志勇、范晓慧主译，江苏教育出版社 2005 年版。

［日］佐藤学：《静悄悄的革命》，李季湄译，长春出版社 2003 年版。

［日］佐藤学：《学习的快乐——走向对话》，钟启泉译，教育科学出版社 2004 年版。

［日］佐藤学：《学校的挑战——创建学习共同体》，钟启泉译，华东师范大学出版社 2010 年版。

［瑞士］皮亚杰：《皮亚杰教育论著选》，卢濬选译，人民教育出版社 2015 年版。

［英］Judy Pearsall 编：《牛津简明英语词典》，外语教学与研究出版社 2004 年版。

［英］怀特海：《教育目的》，徐汝舟译，生活·读书·新知三联书店 2002 年版。

［英］罗素：《西方哲学史》（下），马元德译，商务印书馆 1976 年版。

［英］迈克尔·波兰尼：《个人知识》，许泽民译，贵州人民出版社 2000 年版。

［英］伊恩·基伯特：《社会性自我》，李康译，北京大学出版社 2012 年版。

（三）论文类

期刊论文：

陈婷婷、姚继军：《学校规模与学生学习状态关系的实证研究——以南京市普通高中为例》，《教育科学研究》2015 年第 10 期。

程天君：《教育改革的转型与教育政策的调整——基于新中国教育 60 年来的基本经验》，《北京大学教育评论》2012 年第 4 期。

程天君、吴康宁：《当前教育学研究的三个悖论》，《教育研究》2006 年第 8 期。

崔允漷：《面向高中学生的课程表编制》，《当代教育科学》2003 年第 20 期。

丁芳：《一种正在演进着的人类发展观——人的发展的生物生态学模型述评》，《华东师范大学学报》（教育科学版）2009 年第 2 期。

董奇：《"翻转课堂"是解放学生学习力的革命》，《中国教育学刊》2014 年第 10 期。

范魁元、杨家福：《论学生学习方式的转变》，《教育科学研究》2012 年第 2 期。

范蔚：《论教学交往活动》，《教育理论与实践》1999 年第 7 期。

范蔚：《三类教学目标的实践意义及实现策略》，《教育科学研究》2009 年第 1 期。

范蔚：《小学语文教科书的基本结构及其教育功能负载》，《课程·教材·教法》2005 年第 7 期。

范蔚：《新课程标准视野下的课堂教学审美化》，《西南师范大学学报》（人文社会科学版）2003 年第 3 期。

冯建军：《论教育学的生命立场》，《教育研究》2006 年第 3 期。

冯建军：《主体间性与教育交往》，《高等教育研究》2001 年第 6 期。

高凌飚：《教师的教学观对学生学习的影响（上）》，《学科教育》2002 年第 10 期。

高巍：《教师行为与学生行为的关系解析》，《教育研究》2012 年第 3 期。

郭法奇：《"学生参与"：一个历史与现实的话题》，《高等师范教育研究》2003 年第 3 期。

郭戈：《关于兴趣教学原则的若干思考》，《教育研究》2012 年第 3 期。

郭戈：《我国的乐学思想传统》，《课程·教材·教法》2014 年第 5 期。

郭元祥：《论课堂生活的重建》，《教育研究与实验》2000 年第 1 期。

郭元祥：《新课程背景下课程知识观的转向》，《全球教育展望》2005 年第 4 期。

何旭明、陈向明：《教师的自我表露影响学生学习兴趣的质的研究》，《全球教育展望》2008 年第 8 期。

胡惠闵、陈桂生、王建军：《教育叙事研究中的"叙事"与"研究"》

《当代教育科学》2008年第4期。

胡继飞：《论大班额背景下的我国学校教育生态》，《教育研究与实验》2006年第4期。

胡瑜、刘开练：《学生学习策略的应用及其教师调控》，《心理科学》2004年第4期。

黄甫全：《普通高中新课程培养目标变革的文献分析》，《课程·教材·教法》2004年第10期。

黄甫全：《让学校成为学习的天堂——校本学习研究引论》，《教育发展研究》2008年第10期。

黄忠敬、邵亚芳：《问诊课堂提问，提高教学的参与度——上海进城务工人员随迁子女学校课堂质量观察报告》，《基础教育》2014年第3期。

靳玉乐：《普通高中课程改革的文化转向》，《全球教育展望》2003年第8期。

李宝庆、靳玉乐、樊亚峤：《新课程改革下学生学习方式的转变》，《教育研究与实验》2012年第6期。

李茂：《齐头并进——关注第2级段的落后生》，《基础教育课程》2007年第8期。

李森、杜尚荣：《课堂教学中的"边缘人"及其转化策略》，《教育研究》2014年第7期。

李森、于泽元：《对探究教学几个理论问题的认识》，《教育研究》2002年第2期。

李晓东、聂尤彦、林崇德：《初中二年级学生学习困难、人际关系、自我接纳对心理健康的影响》，《心理发展与教育》2002年第2期。

李子建、尹弘飚：《课堂环境对香港学生自主学习的影响——兼论"教师中心"与"学生中心"之辨》，《北京大学教育评论》2010年第1期。

李子建：《中国迈向21世纪的学校环境教育研究》，《华东师范大学学报》（教育科学版）1998年第3期。

廖哲勋：《革新学生学习方式推进高中教学改革》，《课程·教材·教法》2014年第5期。

林毓锜：《学生学习素质论——一个有待重视、探讨与利用的范畴》，《高等教育研究》2011年第9期。

刘儒德、宗敏、刘治刚：《论学生学习观的结构》，《华东师范大学学报》（教育科学版）2005 年第 3 期。

刘旭东：《行动：教育理论创新的基点》，《教育研究》2014 年第 5 期。

刘宇：《论课程变革中的学生参与》，《全球教育展望》2010 年第 3 期。

卢乃桂、张佳伟：《学校改进中的学生参与问题研究》，《教育发展研究》2007 年第 8 期。

鲁洁：《教育的原点：育人》，《华东师范大学学报》（教育科学版）2008 年第 4 期

鲁洁：《教育：人之自我建构的实践活动》，《教育研究》1998 年第 9 期。

骆映：《体育教学学生主体参与价值略论》，《北京体育大学学报》2003 年第 26 期。

马蕾迪、范蔚：《从两极到融合：教师知识观的局限与突破》，《当代教育科学》2015 年第 15 期。

马蕾迪、范蔚、孙亚玲：《学习参与度对初中生数学成绩影响研究》，《中国教育学刊》2015 年第 2 期。

马维娜：《初中发展：那些熟悉的陌生问题》，《中国教育学刊》2016 年第 1 期。

马维娜：《学校场域：一个关注弱势群体的新视角》，《南京师大学报》（社会科学版）2003 年第 2 期。

马勇军：《提问与学生学习之关系：西方课堂提问研究的新重心》，《全球教育展望》2014 年第 10 期。

倪明：《增强学生参与程度 提高数学课堂教学效率》，《上海教育科研》2009 年第 7 期。

庞维国：《自主学习理论的新进展》，《华东师范大学学报》（教育科学版）1999 年第 3 期。

齐学红：《教学过程中知识的社会建构———一种知识社会学的观点》，《南京师大学报》（社会科学版）2003 年第 1 期。

齐学红：《考试压力下的教师和学生——个案研究》，《教育理论与实践》2001 年第 1 期。

任友群等：《我国五城市初中生学业成就及其影响因素的研究》，《教育研究》2012 年第 11 期。

闫龙：《课堂教学行为：内涵和研究框架》，《全球教育展望》2007 年第 36 期。

石中英：《关于当前我国普通高中教育任务的再认识》，《清华大学教育研究》2015 年第 1 期。

石中英：《"狼来了"道德故事原型的价值逻辑及其重构》，《教育研究》2009 年第 9 期。

帅飞飞、李臣之：《中学教师对新课改认同感的调查研究》，《全球教育展望》2009 年第 5 期。

孙唯、董双威：《小学课堂教学中信息技术支撑学生学习方式转变的研究》，《中国电化教育》2013 年第 2 期。

孙野、胥兴春：《小学生课堂走神的特点及教师应对分析》，《教学与管理》2011 年第 20 期。

田慧生：《论教学环境对学生学习活动的潜在影响》，《课程·教材·教法》1993 年第 10 期。

田慧生：《认知理论与学习策略》，《比较教育研究》1993 年第 5 期。

万明钢：《从"差异"走向"承认"的多元文化教育》，《教育研究》2008 年第 11 期。

王本陆：《面向 21 世纪的学生观》，《课程·教材·教法》1998 年第 10 期。

王策三：《对"新课程理念"介入课程改革的基本认识——"穿新鞋走老路"议论引发的思考》，《教育科学研究》2012 年第 2 期。

王策三：《"新课程理念""概念重建运动"与学习凯洛夫教育学》，《课程·教材·教法》2008 年第 7 期。

王翠萍、张大均：《学教学中培养学生学习自我效能感的实验研究》，《心理发展与教育》2007 年第 3 期。

王鉴：《合作学习的形式、实质与问题反思——关于合作学习的课堂志研究》，《课程·教材·教法》2004 年第 8 期。

王鉴：《课堂志：回归教学生活的研究》，《教育研究》2004 年第 1 期。

王升：《论学生主体参与教学》，《教育研究》2001 年第 2 期。

王升：《试论主体参与的教学价值》，《中国教育学刊》2000 年第 2 期。

魏立言：《教育主体性论争述略（上）》，《上海教育科研》1994 年第

3 期。

吴刚平：《知识分类视野下的记中学、做中学与悟中学》，《全球教育展望》2013 年第 6 期。

吴康宁、程晓樵、吴永军、刘云杉：《课堂教学的社会学研究》，《教育研究》1997 年第 2 期。

吴康宁：《学生仅仅是"受教育者"吗？——兼谈师生关系观的转换》，《教育研究》2003 年第 4 期。

吴晓玲：《论课程与教学的深度整合》，《教育发展研究》2014 年第 24 期。

吴永军、吴康宁、程晓樵、刘云杉：《我国小学课堂交往时间构成的社会学分析》，《上海教育科研》1995 年第 5 期。

吴永军：《再论影响学习方式的主要因素》，《当代教育科学》2004 年第 20 期。

徐学福：《获得学习模型的困境与参与学习模型的转向》，《教育学报》2014 年第 2 期。

许亚锋、塔卫刚：《学习空间对学生学习的影响研究》，《远程教育杂志》2014 年第 5 期。

姚瑞荣：《中学数学课堂学生学习方式转变：因素分析与对策》，《课程·教材·教法》2011 年第 12 期。

叶澜：《让课堂焕发出生命活力——论中小学教学改革的深化》，《教育研究》1997 年第 9 期。

叶澜：《"生命·实践"教育学派——在回归与突破中生成》，《教育学报》2013 年第 5 期。

叶澜：《思维在断裂处穿行——教育理论与教育实践关系的再寻找》，《中国教育学刊》2001 年第 4 期。

易进：《课堂要为学生学习创造条件——变异理论运用于教学实践的探索与思考》，《课程·教材·教法》2014 年第 6 期。

尹弘飚、靳玉：《现象—诠释学课程理论及其对基础教育新课程的启示》《外国教育研究》2002 年第 12 期。

尹弘飚、李子建：《论学生参与课程实施及其研究》，《课程·教材·教法》2005 年第 1 期。

于泽元、田慧生：《教师的生命意义及其提升策略》，《课程·教材·教法》2008年第4期。

余文森：《简论学生学习方式的转变》，《课程·教材·教法》2002年第1期。

曾静、张侗：《教学数学史可改变学生学习态度》，《中国教育学刊》2016年第2期。

曾琦：《小学生的课堂参与的类型研究》，《心理发展与教育》2001年第2期。

曾琦：《小学生的课堂参与结构及特点的研究》，《心理科学》2001年第2期。

曾琦：《学生的参与及其发展价值》，《学科教育》2001年第1期。

张楚廷：《元学习概念及其教学论意义》，《教育研究》1999年第1期。

张华：《核心素养与我国基础教育课程改革"再出发"》，《华东师范大学学报》（教育科学版）2016年第1期。

张华：《论我国普通高中教育的性质与价值定位》，《教育研究》2013年第9期。

张华：《试析儿童学的内涵》，《教育发展研究》2015年第4期。

张华：《学习哲学论》，《全球教育展望》2010年第6期。

张俊卿、张希贤：《如何让学生参与教学》，《山东教育科研》2002年第1期。

赵丽敏：《论学生参与》，《中国教育学刊》2002年第4期。

钟启泉：《"课堂话语分析"刍议》，《全球教育展望》2013年第11期。

钟启泉：《维果茨基学派儿童学研究述评》，《全球教育展望》2013年第1期。

周伟锋：《以生为本的中学数学课堂教学改革》，《人民教育》2009年第3期。

周文良等：《有效促进学生学习和发展的深度体验》，《中国教育学刊》2012年第12期。

周勇：《艰难的书写：学校生活的社会学叙述及其力量》，《教育研究与实验》2011年第4期。

周勇：《学生、知识与命运——课程文化研究的生活史路向》，《全球教育展望》2004 年第 6 期。

朱德全:《基于行为的问题诊断式教学设计的表征》,《教育研究》2011 年第 2 期。

博硕士论文:

李丽:《追寻学习的生存论意义》,博士学位论文,华东师范大学,2007 年。

李玉春:《数学课堂教学中提高学生参与度的研究》,硕士学位论文,华中师范大学,2006 年。

刘宇:《意义的探寻》,博士学位论文,华东师范大学,2009 年。

马蕾迪:《昆明市初三学生数学学习参与度及对其数学影响》,硕士学位论文,云南师范大学,2013 年。

马维娜:《局外生存:相遇在学校场域》,博士学位论文,南京师范大学,2002 年。

潘洪建:《知识视域中的教学革新》,博士学位论文,西北师范大学,2002 年。

司洪昌:《嵌入村庄的学校》,博士学位论文,华东师范大学,2006 年。

唐荣德:《学生学习生活研究》,博士学位论文,华东师范大学,2005 年。

王文静:《基于情境认知与学习的教学模式研究》,博士学位论文,华东师范大学,2002 年。

王永锋:《从"建构性学习"到"学生有效参与"》,博士学位论文,东北师范大学,2009 年。

吴海荣:《中学物理教学过程中学生参与及影响因素研究》,博士学位论文,西南大学,2010 年。

吴支奎:《课堂中的意义建构》,博士学位论文,西南大学,2009 年。

向葵花:《中小学学生学习行为研究》,博士学位论文,华中师范大学,2014 年。

闫旭蕾:《教育中的"肉"与"灵"》,博士学位论文,南京师范大学,2006 年。

张乐:《学生课堂学习行为的发生学研究》,博士学位论文,西南大学,2015 年。

赵健:《学习共同体》,博士学位论文,华东师范大学,2005年。

赵义泉:《超越式学习论》,博士学位论文,东北师范大学,2005年。

二 外文参考文献

Bronfenbrenner U., Morris and P. A., "The Bioecological Model of Human Development", in W. Damon & R. M. Lemer (eds), *Handbook of Child Psychology*, Vol 1, No. 6, 2006, Hoboken, New York: Wiley.

Bronfenbrenner U., *The Ecology of Human Development Experiments by Nature and Design*, Cambridge, MA: Harvard University Press, 1979.

Connell, J. P., Spencer, M. B., Aber and J. L, "Educational Risk and Resilience in African-American Youth: Context, Self, Action, and Outcomes in School", *Child Development*, No. 65, 1994.

Ekstrom, R. B., Goertz, M. E., Pollack, J. M., Rock and D. A., "Who Drops out of High School and Why? Findings from a National Study", *Teachers College Record*, No. 87, 1986.

Etienne Wenger., *Communities of Practice: Learning, Meaning, and Identity*, UK: Cambridge University Press, 1998.

Finn and J. D., Folger, J., and Cox, D., "Measuring Participation among Elementary Grade Students", *Educational and Psychological Measurement*, No. 51, 1991.

Finn and J. D., "Withdrawing from School", *Review of Educational Research*, No. 59, 1989.

Fredricks, J. A., Blumenfeld and P. C., "Paris School Potential Engagement: Potential of the Concept, State of the Evidence", *Review of Educational Research*, Vol. 74, No. 1, 2004.

Guthrie, J. T., and Wigfield, A., "Engagement and Motivation in Reading", In M. Kamil & P. Mosenthal (Eds.), *Handbook of Reading Research*, Vol. 3, No. 403-422, 2000. Mahwah, NJ: Lawrence Erlbaum.

Helen M. Marks, "Student Engagement in Instructional Activity: Patterns in the Elementary, Middle, and High School Years", *American Educational Research Association*, Vol. 37, No. 1, 2000.

JK Norem and N. Cantor, "Defensive Pessimism: Harnessing Anxiety as Motivation", *Journal of Personality & Social Psychology*, Vol. 51, No. 6, 1986.

JK Norem, N. Cantor. "Defensive Pessimism: Harnessing Anxiety as Motivation", *Journal of Personality & Social Psychology*, Vol. 51, No. 6, 1986.

Kindermann and T. A., "Natural Peer Groups as Contexts for Individual Development: The Case of Children's Motivation in School", *Developmental Psychology*, No. 29, 1993.

Lois Ruth Harris, "A Phenomenographic Investigation of Teacher Conceptions of Student Engagement in Learning", *The Australian Educational Researcher*, Vol. 35, No. 1, 2008.

Ma Leidi and Fan Wei., "The Present Situation and Reflection of Student Engagement", *Cross-Cultural Communication*, No. 6, 2015.

Manlove, J., "The Influence of High School Drop out and School Disengagement on the Risk of School-aged Pregnancy", *Journal of Research on Adolescence*, No. 82, 1998.

Nystrand, M. and Gamoran, A., "Instructional Discourse, Student Engagement, and Literature Achievement", *Research in the Teaching of English*, No. 25, 1991.

Ryan, A. M., "Peer Groups as a Context for the Socialization of Adolescents' Motivation, Engagement, and Achievement in School", *Educational Psychologist*, No. 35, 2000.

Skinner, E. A., Belmont and M. J., "Motivation in the Classroom: Reciprocal Effect of Teacher Behavior and Student Engagement Across the School Year", *Journal of Educational Psychology*, No. 85, 1993.

Steven J. Sherman, Richard B. Skov, Esther F. Hervitz and Caryl B. Stock. "The Effects of Explaining Hypothetical Future Events: From Possibility to Probability to Actuality and Beyond", *Journal of Experimental Social Psychology*, Vol. 17, No. 2, 1981.

Stipek, D., "Good Instruction is Motivating", In A. Wigfield & J. Eccles (Eds.), *Development of Achievement Motivation*, San Diego, CA: Academic Press, 2002.

Voelkl and K. E. , "Identification with School", *American Journal of Education*, No. 105, 1997.

Yazzie-Mintz, E. , *Engaging the Voices of Students: A Report on the 2007 & 2008 High School Survey of Student Engagement*, Bloomington, IN: Center for Evaluation & Education Policy press, 2009.

Yazzie-Mintz. E. , *Voices of Students on Engagement: A Report on the 2006 High School Survey of Student Engagement*, Bloomington, IN: Center for Evaluation & Education Policy Press, 2007.

附录一

高中学生学习参与问卷调查

亲爱的同学们：

你们好！

感谢你们参与本次调查！为了改进课堂教学，提高教学质量，更好地为同学们服务，我们特做此次调查，请同学们如实地回答以下问题。本调查结果只供研究使用，所以你们反映的情况对研究的客观性和真实性有非常重要的意义，你们的回答只有研究人员才能看到，我们负责保密，你们不必留下姓名，请根据自己的实际情况在合适的选项"□"中打上"√"或自由作答。

1. 你的性别是： □男 □女
2. 你希望自己最后能够……？（单选）

□高中毕业

□大学毕业

□研究生毕业

□博士毕业

3. 多大程度上，你同意或者不同意以下的说法？

	完全同意	同意	不同意	完全不同意
A. 总体来说，我在这个学校感觉良好	□	□	□	□
B. 我关心这所学校	□	□	□	□
C. 在学校里，我感到安全	□	□	□	□
D. 在学校里，我的想法被尊重	□	□	□	□

	完全同意	同意	不同意	完全不同意
E. 学校里至少有一个成年人了解我	☐	☐	☐	☐
F. 我感到被学校里的这些人所支持				
a. 教师	☐	☐	☐	☐
b. 行政人员（校长，副校长，院长等）	☐	☐	☐	☐
c. 其他教职工	☐	☐	☐	☐
d. 同学	☐	☐	☐	☐
G. 教师使我参与课堂讨论	☐	☐	☐	☐
H. 在班级活动中我具有创造性	☐	☐	☐	☐
I. 在学校里我感到舒适	☐	☐	☐	☐
J. 我是学校里重要的一员	☐	☐	☐	☐
K. 学校的规则是公平的	☐	☐	☐	☐
L. 学校规则推行和实施是一致的	☐	☐	☐	☐
M. 如果现在我可以重新选择高中，我还会选择这所	☐	☐	☐	☐

4. 多大程度上，以下的班级活动使你感兴趣或吸引你参与？

	非常多	有一些	很少	一点也不
A. 教师讲授	☐	☐	☐	☐
B. 讨论和辩论	☐	☐	☐	☐
C. 自主阅读	☐	☐	☐	☐
D. 写作	☐	☐	☐	☐
E. 开展探究学习	☐	☐	☐	☐
F. 小组合作学习	☐	☐	☐	☐
G. 汇报或演讲	☐	☐	☐	☐
H. 艺术、戏剧活动和角色扮演	☐	☐	☐	☐
I. 运用多媒体的课	☐	☐	☐	☐

5. 多大程度上，你所在的学校强调以下的方面：

	非常多	有一些	很少	一点也不
A. 记忆事实和数据	☐	☐	☐	☐
B. 理解信息和论点	☐	☐	☐	☐

	非常多	有一些	很少	一点也不
C. 深入分析论点	☐	☐	☐	☐
D. 在家学习和完成学校任务	☐	☐	☐	☐
E. 花时间准备比较重要的考试（省/区/市统测等）	☐	☐	☐	☐
F. 使用计算机和其他技术完成课堂任务	☐	☐	☐	☐
G. 在学校外接受进一步教育或培训	☐	☐	☐	☐
H. 注重与不同背景的学生之间建立良好的关系	☐	☐	☐	☐

6. 多大程度上，你认为自己在学校的学习对以下能力的发展起到帮助：

	非常多	有一些	很少	一点也不
A. 毕业后找工作的能力	☐	☐	☐	☐
B. 有效写作的技能	☐	☐	☐	☐
C. 有效演讲的技能	☐	☐	☐	☐
D. 批判性思维的能力	☐	☐	☐	☐
E. 创造性思维和解决问题的能力	☐	☐	☐	☐
F. 阅读并理解有难度的阅读材料	☐	☐	☐	☐
G. 使用技术收集和交换信息	☐	☐	☐	☐
H. 与其他人合作完成任务	☐	☐	☐	☐
I. 独立学习	☐	☐	☐	☐
J. 在生活中运用学校所学知识	☐	☐	☐	☐
K. 在生活中，向你所在社区的其他人学习	☐	☐	☐	☐
L. 发展职业目标	☐	☐	☐	☐
M. 明白为什么在学校的学习会对以后的生活很重要	☐	☐	☐	☐
N. 理解自己	☐	☐	☐	☐
O. 尊重别人	☐	☐	☐	☐
P. 发展个人信念和价值观	☐	☐	☐	☐

7. 在以下活动中，你每天花多少时间：

	一小时或更少	2至3小时	3至4小时	4小时以上
A. 完成家庭作业	☐	☐	☐	☐
B. 为了测验或考试而学习	☐	☐	☐	☐
C. 阅读自己感兴趣的书/杂志/报纸/网络文章	☐	☐	☐	☐
D. 参加学校的社团活动	☐	☐	☐	☐
E. 锻炼身体	☐	☐	☐	☐
F. 看电视、玩游戏	☐	☐	☐	☐
G. 使用手机	☐	☐	☐	☐

8. 你做以下活动的频率是多少？

	经常	有时候	很少	从来没有
A. 在课堂上问问题	☐	☐	☐	☐
B. 在课堂上回答问题	☐	☐	☐	☐
C. 和教师谈论你的课堂任务	☐	☐	☐	☐
D. 做班级汇报	☐	☐	☐	☐
E. 在写作之前打草稿	☐	☐	☐	☐
F. 创新性写作（反思、日志、小故事和诗）	☐	☐	☐	☐
G. 正式写作（研究报告、演讲、实验报告和工作报告）	☐	☐	☐	☐
H. 收到教师对于作业或学习活动的反馈	☐	☐	☐	☐
I. 按时完成所有任务	☐	☐	☐	☐
J. 完成需要你做指定文本以外研究的论文或学习项目	☐	☐	☐	☐
K. 完成需要你与校外人员进行交流（访谈、观察等）的论文或学习项目	☐	☐	☐	☐
L. 和其他学生合作完成任务	☐	☐	☐	☐
M. 在课堂上讨论没有明确答案的问题	☐	☐	☐	☐

	经常	有时候	很少	从来没有
N. 在课堂任务和讨论中联想到其他科目的知识	☐	☐	☐	☐
O. 和教师讨论成绩	☐	☐	☐	☐
P. 在课后和教师讨论阅读中或学习中的想法	☐	☐	☐	☐
Q. 在课后和其他人讨论阅读中或学习中的想法（朋友、家人、小组成员等）	☐	☐	☐	☐
R. 在学校和教师谈论事业规划	☐	☐	☐	☐
S. 在学校和教师谈论考大学的事宜	☐	☐	☐	☐

9. 在学校中，你被捉弄或被欺负的频率是？

经常	有时候	很少	从来没有
☐	☐	☐	☐

10. 在学校中，你见到其他同学被捉弄或欺负的频率是？

经常	有时候	很少	从来没有
☐	☐	☐	☐

11. 逃课、假装生病不去上课，或因为不感兴趣而故意上课迟到的频率是？

经常	有时候	很少	从来没有
☐	☐	☐	☐

12. 你有过在课堂上感到无聊的经历吗？
☐从来没有（转14题作答）
☐很少（转13题作答）
☐有时（转13题作答）
☐经常（转13题作答）

13. 你为什么会感到无聊？（选择你认为重要的三个选项或自由补充）
☐学习没有挑战性　　☐学习内容和我无关

☐学习太难　　　　　☐和教师没有互动

☐学习内容无趣　　　☐和同学没有互动

其他原因

14. 你是否想过转学？

☐从来没有

☐很少（转 15 题作答）

☐有时候（转 15 题作答）

☐经常（转 15 题作答）

15. 你想去什么类型的学校，为什么你想转学？（自由作答）

16. 你想过从这所学校退学吗？

☐从来没有

☐很少（转 17 题作答）

☐有时候（转 17 题作答）

☐经常（转 17 题作答）

17. 你为什么想过退学？（选择你认为重要的三个选项或自由补充）

☐学习太难　　　　　☐在学校没有人关心

☐学习太简单　　　　☐我觉得无法顺利毕业

☐我不喜欢这里　　　☐我考试/测验很失败

☐我不喜欢老师　　　☐有人鼓励我退学

☐我看不到我学习的价值　☐个人或家庭的原因

☐我在学校受到捉弄和欺负　☐我需要工作赚钱

其他原因

18. 以下陈述，你在多大程度上同意或是不同意？

	完全同意	同意	不同意	完全不同意
A. 我掌握了完成学校学习的技巧，并有能力完成	☐	☐	☐	☐
B. 在完成学校学习的时候，我需要投入大量的努力	☐	☐	☐	☐

	完全同意	同意	不同意	完全不同意
C. 我学习是为了获得知识	☐	☐	☐	☐
D. 我学习是为了考试考高分	☐	☐	☐	☐
E. 老师对我的鼓励激励我学习	☐	☐	☐	☐
F. 我学习是为了将来在社会上取得成功	☐	☐	☐	☐
G. 对于学校的学习，我认为自己完成得很好	☐	☐	☐	☐
H. 在学校学习，我比自己预期的要努力	☐	☐	☐	☐
I. 我喜欢讨论没有明确答案的问题	☐	☐	☐	☐
J. 在学校，我喜欢创造性思维	☐	☐	☐	☐
K. 我喜欢需要很多思考和脑力劳动才能完成的任务	☐	☐	☐	☐
L. 学校课业使我想要去学习其他东西	☐	☐	☐	☐
M. 总的来说，我对学校的课程感到很兴奋	☐	☐	☐	☐
N. 我明白现在所学习的东西将怎样在我高中毕业后有助于我	☐	☐	☐	☐
O. 作为一名学生，我感觉良好	☐	☐	☐	☐

19. 哪几门课程，你付出了最大的努力

20. 哪几门课程，你只付出了一点努力

21. 哪几门课程，你最喜欢或吸引你的兴趣

22. 多大程度上，你同意或不同意以下陈述：

	完全同意	同意	不同意	完全不同意
A. 我去学校是因为我喜欢待在学校里	☐	☐	☐	☐
B. 我去学校是为了在课堂上学习东西	☐	☐	☐	☐
C. 我去学校是因为我的老师	☐	☐	☐	☐

	完全同意	同意	不同意	完全不同意
D. 我去学校是因为我的朋友	☐	☐	☐	☐
E. 我去学校是因为我的父母	☐	☐	☐	☐
F. 我去学校是因为法律要求我们去	☐	☐	☐	☐
G. 我去学校是我为了参加体育运动	☐	☐	☐	☐
H. 我去学校是为了参加乐队或合唱队	☐	☐	☐	☐
I. 我去学校是因为我想毕业后考入大学	☐	☐	☐	☐
J. 我去学校是为了学习找到好工作的技巧	☐	☐	☐	☐
K. 我去学校是因为除此没什么事情可做	☐	☐	☐	☐
L. 我去学校是为了避开麻烦	☐	☐	☐	☐
M. 我去学校是为了从家里出来	☐	☐	☐	☐

23. 你父亲的最高学历是？

☐小学或以下

☐初中

☐高中或中专、中师毕业

☐大学毕业

☐研究生毕业

24. 你母亲的最高学历是？

☐小学或以下

☐初中

☐高中或中专、中师毕业

☐大学毕业

☐研究生毕业

25. 你的父母希望你最后能够？

☐高中毕业

☐大学毕业

☐研究生毕业

☐博士毕业

26. 最近一次考试，你以下各门成绩是？如果用优良中差来对你的学习情况进行自我评价，你给自己的评价是？

语文　　　　　数学　　　　　　英语　　　　　　生物
政治　　　　　历史　　　　　　地理　　　　　　化学
物理　　　　　　　　　　　　　　　　　　　　　总体评价

27. 你有什么想补充说明，或是想对自己所在这个学校或教师说些什么：

附录二

参与研究同意书

亲爱的同学们：

你们好！

很高兴在那么多学生中，与你们六位成为共同的研究伙伴，感谢你们参与我的研究，参与我的思考，同时让我参与你们的生活，走进你们的心灵世界。本研究在于调查和了解高中生学习的现状及日常生活，了解你们对学校和学习的所思所想，进而探析影响学生学习的因素。我们将会进行两次正式的访谈和课间的一些非正式访谈（聊天），我承诺绝不泄露你们的个人信息及隐私。

另外，如果你们在学习生活中需要帮助，可以随时与我联系。（手机号码、QQ号码和电子邮件在此处省略）

如果你同意参与本研究，请在下面签名并填写联系方式：

参与者姓名   参与者QQ号

移动电话   父母的联系方式

参与者签字   日期

附录三

访谈提纲

一、学生访谈提纲

1. 请你描述一下你的教育经历?
2. 学校吸引你,或你对学校感兴趣吗?你会如何定义学校?
3. 你积极参与学习吗?你如何定义学习?你认为学习的意义是什么?
4. 你在小学、初中是积极参与学习的吗?
5. 你认为学生参与教师的教学共同学习是重要的吗,为什么?你如何理解参与?
6. 在课堂上你认为什么因素促进或支持你参与学习?
7. 在课堂上你认为什么因素抑制或阻碍你参与学习?
8. 你喜欢哪个科目?对你喜欢的科目,你是如何学习的?
9. 你认为班上其他同学是积极参与学习的吗?为什么?
10. 你喜欢数学吗?你花多少时间学习数学?你认为学习数学重要吗?
11. 你认为你能够在数学中取得高分吗,能解决数学难题吗?
12. 你积极参与数学学习吗?为什么?
13. 你在学习当中最主要的体验是什么?
14. 最后,你有什么想补充或说明的吗?

二、教师访谈提纲

1. 您的职称?
2. 您的教龄?
3. 可以了解您师范学习阶段的学习经历吗?工作以后的经历吗?

4. 您的课非常吸引学生参与，您在备课中是怎么考虑的？

5. 对新课改提的合作学习、自主探究，您是怎么认为的？

6. 您怎么理解学生参与学习？

7. 教学中需要注意学生的学情吗？通过什么方式了解？

8. 您认为对学生的学习来说什么是重要的？

9. 在教学中什么会促进学生参与？什么会抑制学生参与？

10. 怎么做到让学生积极参与学习？

11. 问卷调查显示，学生对数学投入时间最多，但是兴趣普遍较低，您怎么看？

12. 您的课堂上师个互动比较少，主要是师班互动，您是怎么考虑的？

13. 您在教学中几乎不用多媒体，您是怎么考虑的？

14. 您怎么看待讲授法？

15. 您同意教师是表演者吗？为什么？

16. 您导课的方式很多，新课喜欢用情境创设，您是怎么考虑的？

17. 您产生过职业倦怠吗？有的话追问如何调节？

18. 您对教育的理解？

附录四

课堂观察提纲

时间:　　　　　　地点:　　　　　　班级:

数学课堂互动行为主体类型出现次数统计表

	L1/次	L2/次	L3/次	L4/次	L5/次	平均次数/次
TI						
TC						
II						
IC						

注：代码 TI 取 Teacher 和 Individual 的首字母；代码 TC 取 Teacher 和 Class 的首字母；代码 II 取 Individual 和 Individual 的首字母；代码 IC 取 Individual 和 Class 的首字母。

文、理科班数学课互动形式统计表

	文科班	L/次	理科班	L/次
教师行为	全班讲解		全班讲解	
	个别指导		个别指导	
	全班命令		全班命令	
	个别命令		个别命令	
	评价		评价	
	总结		总结	

续表

	文科班	L/次	理科班	L/次
学生行为	部分回答		全班回答	
	部分回应		全班回应	
	个别回答		个别回答	
	上讲台练习		上讲台练习	
	全班练习		全班练习	
	记笔记		记笔记	

附录五

联系信件

一、

亲爱的各位同学：

假期好！

之前我们已经做过两次交流，在前两次交流的基础上，我们彼此都相互有了认识和了解。正如你们所说的那样，学习的过程是一个不断反思的过程，我希望你能结合你自己的教育经历或成长经历写一个自述，描述一下或者反问一下自己"我是谁"，即"我的自述"，这不是作文中的我的自我画像，因为作文有时候不能表达你们的真实的声音，因此我希望你们：

1. 结合过去、现在、未来这样三个层面去推进思考我是谁，我的位置在哪里，为什么会是这样的我，我期待怎样的自己。

2. 请你真实细致，深入坦诚的表达自己，我希望与你进行心灵的交流，并且保证你我的交流，不会有第三人知道或看见，除非你同意。这不是写作文，不要求文采，只追去真实的声音。

3. 既然你们走入了研究的世界，希望你们能坚持（如果这次的任务稍微有点难，但是相信与我一起走过研究的历程，你们会收获不一样的自己。）同时我也会坚持，作为高校的研究者，或者作为你的研究伙伴，我将一如既往的关注你。因此，生活或学习中，如果你因为任何事烦躁不安、抑郁忧伤，快乐幸福时，我都愿意与你一起分享。你们有我的QQ，可以留言，或者打电话，可以随时联系我。

4. 完成后发我QQ邮箱，我会结合之前的访谈，对你们进行反馈，帮助你们更好的认识自己。

　　期待各位的佳音……

2015.7.29

二、

　　A：

　　新年好！

　　首先感谢你参与我研究的始终。去年六月是研究开始的阶段，你们提供给我丰富的资料；现在是研究的中间阶段，同样需要你们参与；到今年六月的时候，研究应该可以告一段落了，到时候完整的研究成果也会发给你们。当然我也会持续关注你们。

　　我现在把论文的一部分发给你，首先，希望你作为第一读者阅读研究结果，因为研究的材料来源于你们，我只是一个叙事者或报告者，虽然我努力在研究过程中保持客观，但是每个人都有局限性，我不知道有没有正确的理解你们所表达的观点，所以我需要你们阅读以及给我反馈，你可以直接在论文中进行批注或标记（要让我看得出来哦），任何你有异议或者有更好的建议的地方，或者是你表达的意思我没有很好的理解的地方，非常乐意听你们的建议。你的参与是最大的支持，这个研究不是我一个人的，是我们共同完成的。

　　另外，我在研究中用了化名，你们是参与者，我想你们读了便知道谁是谁。我希望你们不要和其他同学议论论文中同学们所说的，请一定保密，这涉及研究的伦理道德问题，也希望是我们共有的"秘密"。在研究过程中，我只是对我所理解的事实进行描述，并没有将某位同学置于不好的地方。如果文中哪里让你们不舒服了，请告诉我。还有这半年来你们的所思所想，你们的近况如何，有什么要分享的，还望告知我。

　　PS：阅读指南

　　导论是研究的背景，第一章是研究的设计和过程，第二章至第四章是叙述学校场域中你们的故事，如果不嫌麻烦可以读绪论和第一章，当然也可以直接进入，更可以浏览以后跳读，怎么阅读，读什么取决于你，希望能听到你们的声音。

2016.2.10

后　　记

本书是在我博士论文的基础上修改而成的。自 2006 年学习教育学开始，我就被卢梭的"儿童权利宣言"、杜威的"儿童中心"深深吸引，这些思想饱含着对学生天性的解放的追求，作为学生的我，时常感觉到在教育场域中得不到的理解和尊重，在卢梭和杜威那里得到了理解和共鸣。因此，"学生研究"成为我热爱的研究领域。本科学位论文探讨小学生、硕士学位论文关注初中生，博士学位论文研究高中生。至此，我的"学生研究"的心愿和图景终于暂时完成了，这也汇集成了我平生的第一部著作。

本书稿得以出版，首先要感谢云南省哲学社会科学给予的出版资助，其次要感谢中国社会科学出版社以及编辑高歌老师，最后要感谢在我多年学习和生活中给我帮助的亲朋好友。

本研究自始至终是在西南大学范蔚老师的指导下完成的。从论文开题过后，当我为得不到研究场地"守门人"的同意犯难时，是老师为我顺利进入研究场地提供帮助；当我在撰写论文过程中，遇到绕不过去的"山"、蹚不过的"河"时，是老师与我共同思考，帮我渡"难过的河"，摘我够不到的"桃子"。当论文初稿写就，随之而来的自我怀疑甚而自我否定时，是老师求真、平实的做学问之道鼓舞我。说实话，我不是一个好"教"的学生，任性且盲目的追求自己想要的"自由"，是老师以宽容和包容之心"护持"我的"不规则"，保护我的"棱角"。

云南师范大学的孙亚玲老师在生活和学业上一直鼓励我。孙老师严谨、认真、求实的教学风尚深深的嵌入我的骨髓，让我不敢惰怠。孙老师秉持"教是为了让人去学"的原则要求自己,是所谓教学相长,与老师十年的相处中,老师言传身教的是让我们去学习。

吕永淑老师引我进教育学的大门,是她对教育学的热爱深深地感染了我。

还有我高中、初中、小学时的老师们,是他们一路"护持"我。

我所扎根的未来中学,以及我访谈和追踪的六位学生和一位数学老师,他们丰富了我的研究,使我的研究具有了血肉。我在反复阅读访谈材料和写作里来回穿梭,学生们奋力"生长"的坚决和毅力增加了我写作的耐力,教师得天下英才而教之的快乐让我更加坚信教育是人类美好的事业,这种体会伴随我完成研究。

在我成长的历程中,感谢一直陪伴我的朋友们。王国珍和马凤春,我们一直保持着高中奋斗时的革命情谊;马腾、刘永飞、龙旭东从大学认识以来,一如既往的关心我;马平凡、王浩禹是热爱书籍的朋友,他们相信阅读的力量。

家人的支持是不倒的后盾,家人的期盼是甜蜜的泪水。爸妈电话里多少次的追问:什么时候回来?这次回来会待的久一些吧?姨父和姨妈待我如亲生女儿般疼爱,哥哥和姐姐们在我升初中的时候就为我转学到乡镇中学,他们一直在物质上和精神上支持我鼓励我。每次回家,可谓"姊妹既翕,和乐且湛"。家里的五个孩子(侄儿和侄女)已经长大,愿他们能宽阔地成长。

成长最大的代价,就是感受奶奶的离世。奶奶是一位坚强、包容、有爱的老人,每次准备回家,奶奶总是坐在客厅的门口守望着我。奶奶由于腿脚不方便走路,活动的范围仅限于家里,所以我们姐妹回家,总让她充满了欢喜。每次我都在内心感叹,老人的时光里,总在等待儿孙回家,等我毕业工作后,一定要好好孝敬奶奶。然而,人在康乐的时候总会得意忘形,我们一家人相亲相爱,其乐融融,我们都忘记了奶奶已经进入耄耋之年,本不应该把对她的爱寄托在未来。在我即将博士入学的那个暑假,奶奶去了天堂,留下了爱。是奶奶让我明白什么是"老吾老,以及人之老;幼吾幼,以及人之幼"的道理。

伴侣胡远南十年来用宽厚的肩膀让我倚靠,在外求学的日子里我们经历了数不清的离别,而点点滴滴的呵护让心柔软得要化掉。念君心,知我意，无论是我带上一本书去流浪的情怀，还是追求精神自由的念想，你都执我之手，陪我同行。

感谢这些人，这些事，为生命底色画上浓墨重彩的一笔；感谢这些人，这些事，让我看见一个更广阔的世界透出的光亮；感谢这些人，这些事，让我成为自己，让灵魂芳香四溢。

谨以此感谢和纪念。

马蕾迪

2020 年 8 月 10 日于昆明崇真书斋